# IPHONE UND IPAD

# FÜR EINSTEIGER

PC-SCHULE FÜR SENIOREN

# IPHONE UND IPAD

für Einsteiger

Thomas Feibel

Stiftung Warentest

09:43
test Probeabonnement - Das Sparpaket von test - Stiftung Warentest
www.test.de/abo/test/test-probeabo/...
Stiftung Warentest
test.de
Abo > test-Abo
Das Sparpaket von test

12:19
ARTE
barcoo
AroundMe
Aboalarm
Flashlight
Fahrplan
Cat Physics
fotopedia
Nordkorea
ZDF
KAYAK
IMDb
iBooks
Navi 2
radio.de
ON AIR
Pages
traffic4all
Musik
Safari
Mail
Fotos

# IPHONE & IPAD

Das iPhone hat den Mobilfunkmarkt revolutioniert und das iPad den Markt der Tabletcomputer. Inzwischen gibt es Alternativen, doch die Faszination ist ungebrochen. Woran das liegt, zeigen wir Ihnen in diesem Buch: Eigentlich sind iPhone und iPad ganz einfach zu bedienen, aber das Einsatzspektrum ist fast unbegrenzt.

## DIE VIELFALT DER MÖGLICHKEITEN

Das iPhone zählt laut den Ergebnissen unserer Tests zu einem der besten und vielseitigsten Telefone der Welt – elegant ist es noch dazu. Und das iPad sieht wie der große Bruder des iPhones aus. Doch der enorme Zuspruch dieser beiden Wundermaschinen ist nicht allein ihrer ausgeklügelten Technik oder dem schicken Design zuzuschreiben. In einer technischen Welt, die täglich komplexer wird, entwickelt Apple Geräte, die in ihrer Bedienung vergleichsweise unkompliziert sind. Das mag wie ein Widerspruch klingen, ist aber das wahre Erfolgsrezept des kalifornischen Konzerns. Wir sollen diese Produkte benutzen können, ohne groß überlegen zu müssen. Vieles erklärt sich von selbst – aber eben doch nicht alles.

### Wie dieses Buch funktioniert

Das vorliegende Buch richtet sich an Einsteiger ohne jegliche Vorkenntnisse. Sie sehen auf einen Blick, wie Sie E-Mails und Internetdienste optimal nutzen können, welche Apps unverzichtbar sind und worauf Sie bei der Wahl des Mobilfunkanbieters achten sollten. Dieser Ratgeber zeigt Ihnen, welche Funktionen nützlich, hilfreich und klug sind. Er erklärt Ihnen, wie Sie mithilfe von iPhone und iPad kommunizieren, wie sie unterwegs die Hilfe des Internets nutzen, wie die Geräte Sie an bestimmte Termine und Ereignisse erinnern oder wie Sie damit fotografieren, filmen und die Ergebnisse gleich versenden können. Mit iPhone und iPad können Sie nicht nur vielfältige Optionen nutzen, sondern auch eine Menge Spaß daran haben.

## APPLES WUNDERFLUNDERN IPHONE UND IPAD

iPhone und iPad brauchen den Vergleich nicht zu scheuen, wenn es um die vielfältigen Möglichkeiten eines gewöhnlichen Computers geht. Denn es gibt kaum etwas, zu dem iPhone und iPad nicht auch in der Lage wären:

- Informationen und Wissen abrufen
- Karten anzeigen
- Notizen speichern oder sogar längere Texte
- Termine und Adressen verwalten
- PDF-Dokumente (z. B. Bedienungsanleitungen) oder E-Books darstellen
- Musik, Filme und Videos abspielen
- Als Spielmaschine dienen

Der entscheidende Unterschied zu einem normalen Computer: Das iPhone passt in die Hosen- und das iPad in die Handtasche. Außerdem können sie Dinge, die ein Computer eher schlecht oder gar nicht kann:

- Fotografieren und Videos machen
- Navigieren und Informationen bereitstellen, die zur Umgebung passen, in der Sie sich gerade aufhalten
- Telefonieren und SMS versenden
- Mithilfe der GPS-Funktion die Karte einer gefahrenen oder gewanderten Route anzeigen

Wo immer Sie sich auch aufhalten, haben Sie alle diese Funktionen mit dabei. Möglich machen das die Apps. Apps werden kleine Programme genannt, die auf Smartphones und Tabletcomputern laufen. Sie erfreuen sich auf Geräten wie dem iPhone und iPad großer Beliebtheit, weil sie einfach und unkompliziert in der Handhabung sind. Der Begriff App ist die Kurzform des englischen Wortes Application, was unter den Entwicklern von Computersoftware ein kleines Programm für einen bestimmten, eng umrissenen Zweck beschreibt. Mehr dazu finden Sie auf Seite 47.

## Was Sie mit dem iPhone alles machen können

Allein wegen seiner Telefonfunktion braucht niemand ein iPhone – es gibt viele preisgünstige Handys, mit denen Sie besser telefonieren können, das haben unsere Tests gezeigt. Interessant wird es dann, wenn die vielen Sensoren und Funktionen, die Apple in das iPhone eingebaut hat, Lösungen für bisher ungelöste Probleme bieten. Ein paar Beispiele, die tagtäglich helfen:

- Die nächste Apotheke finden: Sie sind gerade mit dem Einkauf fertig und stellen fest, dass Sie vergessen haben, Ihr Rezept in einer Apotheke einzulösen. Mithilfe der App AroundMe (siehe Seite 86), die Ihre gegenwärtige Position prüft, zeigt Ihnen das iPhone an, welche Apotheken sich gerade in Ihrer unmittelbaren Umgebung befinden: mit Adresse und Telefonnummer, manchmal sogar mit Öffnungszeiten. Falls Sie fragen wollen, ob das Medikament auch vorrätig ist, können Sie die Telefonnummer sofort durch bloßes Drauftippen anwählen.
- Der Bus fährt, bloß wann: Die Zeiten sind vorbei, in denen Sie sich umständlich die Fahrzeiten des öffentlichen Nahverkehrs abschreiben oder einen Blick in den viel zu klein gedruckten Fahrplan werfen mussten. Das iPhone zeigt Ihnen die Fahrzeiten. Entweder wühlen Sie sich selbst durch das Internet – der dazu nötige Webbrowser bei iPhone und iPad heißt nicht Firefox oder Internet Explorer, sondern Safari (siehe Seite 34) – oder Sie nutzen auch hier eine der vielen Apps. Wir zeigen Ihnen später, welche am besten funktionieren.

- **Nie wieder verirren:** Sie besuchen jemanden in einer fremden Stadt und haben die Orientierung verloren. Das integrierte Navigationssystem Karten weist Ihnen den Weg und zeigt Ihnen auch die zugehörige Route an.
- **In Ruhe E-Mails lesen:** Sie sitzen in einem Café und genießen Sonne und Cappuccino. Mit dem iPhone lesen Sie nun Ihre E-Mails und antworten gleich darauf – ist das nicht viel besser, als in der Wohnung vor dem PC zu sitzen?
- **Schirm oder nicht Schirm:** Shakespeare wäre nass geworden. Ihnen aber erspart das iPhone böse Überraschungen mit dem Wetter. Ein kleiner Blick auf die App Wetter (siehe Seite 44) prognostiziert es stündlich. Und sollte es tatsächlich zum Wolkenbruch kommen, können Sie sich innerhalb von Sekunden mit einer App wie Regenradar (siehe Seite 143) anschauen, wann sich die Wolken wohl wieder verziehen.
- **Geld sparen leicht gemacht:** In einem Elektromarkt betrachten Sie argwöhnisch das Sonderangebot eines Druckers. So richtig günstig kommt Ihnen der Preis nicht vor. Und tatsächlich: Sie starten den Barcode-Scanner Barcoo und richten die Kamera des iPhones auf den gestreiften Code. Es piept und Sie stellen fest, dass das Gerät im Versandhandel glatte 50 Euro billiger ist. Nun können Sie entweder mit dem Abteilungsleiter verhandeln oder das Gerät noch an Ort und Stelle mit wenigen Klicks bestellen.

## Was Sie mit dem iPad alles machen können

Mit Ausnahme des Telefonierens über das Mobilfunknetz verfügt das iPad nahezu über alle Funktionen, die auch das iPhone innehat. Ganz gleich, ob Sie ein iPad mit oder ohne SIM-Karte besitzen. Aber während das handliche iPhone das optimale Gerät für unterwegs ist, wird das iPad nicht ständig zu Einkäufen und anderen Erledigungen mitgenommen. Es gilt eher als das perfekte Gerät für zu Hause oder für unterwegs auf Reisen. Da dieser Tabletcomputer mit einem Akku betrieben wird, können Sie sich damit ganz bequem und strippenlos an jedem beliebigen Ort Ihrer Wohnung aufhalten: auf dem Sofa, in der Küche, auf dem Balkon oder im

## DAS BIETEN IPHONE UND IPAD: EIN VERGLEICH

Vielleicht erinnern Sie sich noch an die alten Comics von Walt Disney: Die Enkel von Donald Duck waren bekennende Pfadfinder beim Fähnlein Fieselschweif. Wann immer Tick, Trick und Track in Not gerieten, half ihnen das schlaue Handbuch aus der Patsche. Und als solch ein nützlicher Retter in den vielfältigsten Situationen erweisen sich auch das iPhone und das iPad.

| | iPhone | iPad |
|---|---|---|
| Ein Mobiltelefon | Standard | Nein |
| Ein SMS-Gerät | Standard | Eingeschränkt – mit Message (siehe Seite 62) |
| Ein MMS-Gerät | Standard | Nein |
| Ein Fotoapparat | Standard | Standard |
| Ein Bildtelefon | Standard | Standard |
| Eine Videokamera | Standard | Standard |
| Ein Musikabspielgerät | Standard | Standard |
| Ein Schreib- und Empfangsgerät für E-Mails | Standard | Standard |
| Ein Zugang zum Internet | Standard | Standard |
| Mit der App AroundMe u. a. ein Apotheken-, Arzt- und Restaurantfinder | Standard | Standard |
| Ein Wetterdienst | Standard | Als zusätzliche App |
| Eine Uhr | Standard | Als zusätzliche App |
| Ein Terminkalender | Standard | Standard |
| Ein Adressbuchverzeichnis | Standard | Standard |
| Ein Einkaufsshop für Medien | Standard | Standard |
| Ein Fotoalbum | Standard | Standard |
| Ein Kino | Standard | Standard |
| Ein Kartendienst | Standard | Standard |

Garten. Das iPad ist handlich, leicht, schmal und hat das Format eines Schulschreibheftes. Es übernimmt dabei viele Aufgaben, für die sonst ein Computer genutzt wird. Wie nützlich es im Alltag sein kann, zeigen Ihnen ein paar Beispiele für zu Hause und unterwegs:

- Federleichter Lesestoff: Wozu die dicken Wälzer in den ohnehin zu kleinen Reisekoffer stopfen, wenn sich unzählige Romane auch als E-Book mühelos transportieren lassen.
- Nachschlagen: Gehört tatsächlich Thymian in die Bouil-la-baisse? Noch in der Küche schlagen Sie auf dem iPad das Rezept nach und überprüfen rasch Ihren Kühlschrank, ob alle notwendigen Zutaten vorhanden sind.
- Fernsehen im Bett: Das Bett ist ein gemütlicher Ort, um im Internet den „Tatort" vom letzten Wochenende oder die Nachrichten anzuschauen, wann immer Sie Zeit und Lust dazu haben. Mithilfe eines kabellosen Decoders (Handelsname: Tivizen) machen Sie das iPad zu einem ganz normalen Fernseher mit DVB-T-Anschluss. Auf diese Weise können Sie sogar live durch alle laufenden Sender zappen.
- Diaabend in der Hand: In kleiner Runde ist das iPad ein wunderbares Fotoalbum. Zeigen Sie Ihren Freunden die Fotos von der Taufe Ihres jüngsten Enkels und die tollen Bilder vom letzten Urlaub am Lago Maggiore. Mit einer einfachen Wischbewegung rufen Sie das nächste Bild herbei und zoomen sogar noch kleine Details aus einem Kirchenfresko heran.
- Grüße aus dem Urlaub: Selbstverständlich müssen Sie nicht mehr auf die obligatorischen Postkarten verzichten, aber einen eigenen Schnappschuss mit ein paar Grußzeilen per Mail zu versenden ist einfach schneller und spontaner. Durch den Wechsel von der Außen- auf die Innenkamera können Sie sogar ein Bild von sich selbst machen, während hinter Ihnen die düstere Ruine einer alten Burg stumm vor sich hin bröckelt.
- Thema Gesundheit: Sie können an iPhone und iPad außerdem besonderes Zubehör anschließen, das beispielsweise ein Blutdruck- oder Blutzuckermessgerät ersetzt. Die gemessenen Werte werden

gespeichert, der Verlauf über eine lange Zeitspanne dokumentiert und in übersichtlichen Grafiken dargestellt.

- **Denkspiele halten fit:** Wenn Sie unterwegs Lust auf eine Partie Schach bekommen sollten, hält das iPad für Sie eine muntere Spielesammlung bereit, die Sie sich zuvor als App herunterladen. Gegner mit künstlicher Intelligenz inklusive.

## REINE ANSICHTSSACHE: ALLE WICHTIGEN TASTEN, FUNKTIONEN UND ANSCHLÜSSE

**WICHTIG**
Es gibt inzwischen unterschiedliche Versionen der beiden Geräte, deshalb kann es zu kleinen Abweichungen zwischen den hier beschriebenen Tasten und Funktionen kommen. Und nicht jede Einstellung muss bei jedem Gerät und Telefonanbieter, von dem Ihre SIM-Karte stammt, vorhanden sein. Alle Angaben beziehen sich auf das iPhone 4 (und höher) und das iPad 2.

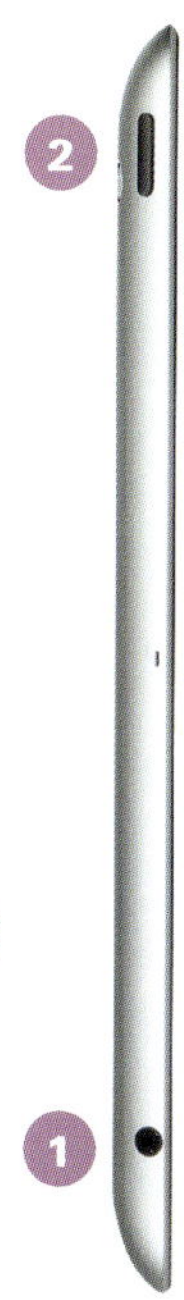


iPad von oben, verkleinert

Kopfhöreranschluss **(1)**: Hier schließen Sie beim iPhone den im Packungsumfang enthaltenen Kopfhörer mit Mikrofon an, wenn Sie telefonieren oder Musik hören wollen. Beim iPad schließen Sie an dieser Stelle zwar auch fast jeden beliebigen Kopfhörer an, müssen ihn aber selbst kaufen. Noch eine Funktion: Über diesen Stecker können Sie das iPhone oder iPad auch an eine Stereoanlage oder ein Autoradio anschließen.
Einschalt-/Ausschalttaste Standby **(2)**: Mit einem längeren Druck leiten Sie das Abschalten ein, mit einem ebenso langen Druck schalten Sie es wieder ein. Kurz gedrückt wird die sogenannte Tastensperre aktiviert.

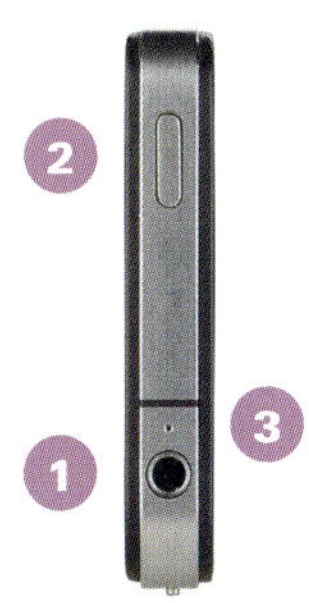


iPhone von oben

iPad
von unten,
verkleinert

iPhone
von unten

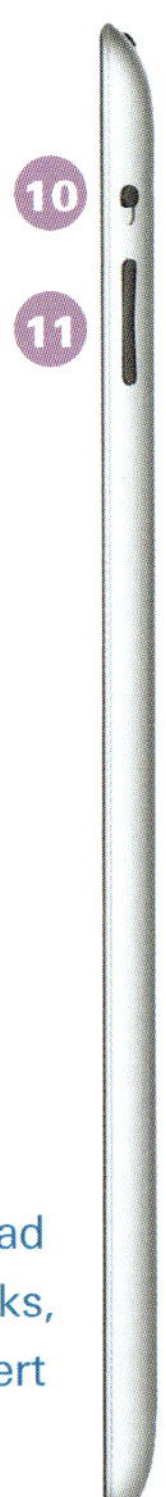


iPad
von links,
verkleinert

iPhone
von links

Oberes Mikrofon (nur iPhone) **(3)**: Dieses Mikrofon nimmt Umgebungsgeräusche auf, damit diese beispielsweise beim Telefonieren vom eigentlichen Gespräch unterschieden und herausgefiltert werden können.

Unteres Mikrofon (nur iPhone) **(4)**: Hauptsächlich für die Sprachübertragung beim Telefonieren zuständig.

Dock-Connector **(5)**: Dieser Anschluss ist nicht nur für das Lade- und Synchronisierungskabel da, sondern kommt auch zum Einsatz, wenn Sie ein Zusatzgerät wie Lautsprecher oder Radiowecker haben oder beim iPhone Zusatzgeräte wie eine Blutdruck-Messmanschette anschließen wollen.

Lautsprecher (nur iPhone) **(6)**: Für die Größe erstaunlich gut.

Klingel Ein/Aus (nur iPhone) **(7)**: Die Stummschaltung für das Läuten des Telefons: Sie ist aktiviert, wenn der Schalter nach unten geschoben und ein schmaler orangeroter Strich zu erkennen ist. Ist das Klingeln ausgeschaltet, vibriert das iPhone stattdessen, wenn jemand anruft oder eine SMS schickt.

Lautstärketasten (nur iPhone) **(8)**: Passen Sie hier die Lautstärke des Klingeltons, aber auch der anderen Klänge Ihren speziellen Bedürfnissen an.

Das SIM-Fach (nur iPad) : Dieser Einschub ist nicht bei jedem iPad vorhanden, sondern nur in der teureren 3G-Variante. Hier können Sie eine Micro-SIM-Karte (siehe Seite 19) einschieben (siehe Seite 28) und dann unterwegs Mails abrufen und surfen. Das kostet Geld. Wenn Sie bereits ein iPhone haben, bieten manche Betreiber eine kostenlose zweite Karte für das iPad an.

Das SIM-Fach (nur iPhone) **(9)**: Hier kommt die Micro-SIM-Karte in Ihr iPhone. Nur mit dieser Karte können Sie mit dem iPhone telefonieren.

Stummschalter (nur iPad) **(10)**: Wenn Sie das iPad senkrecht oder waagerecht halten, springt das Bild in die neue Position mit. Sollten Sie das nicht wollen, schalten Sie diese Funktion hier ab.

Lautstärke (nur iPad) **(11)**: Regeln Sie hier die Lautstärke.

Hometaste **(12)**: Damit wecken Sie iPhone und iPad aus dem Ruhemodus, steigen aus Anwendungen (Apps) aus und kehren auf die Bedienoberfläche zurück. Machen Sie sich keine Sorgen ums Speichern: Das Gerät merkt sich, wo Sie aus der App ausgestiegen sind. Wenn Sie die App beim nächsten Mal starten, haben Sie wieder den letzten Stand auf dem Bildschirm.

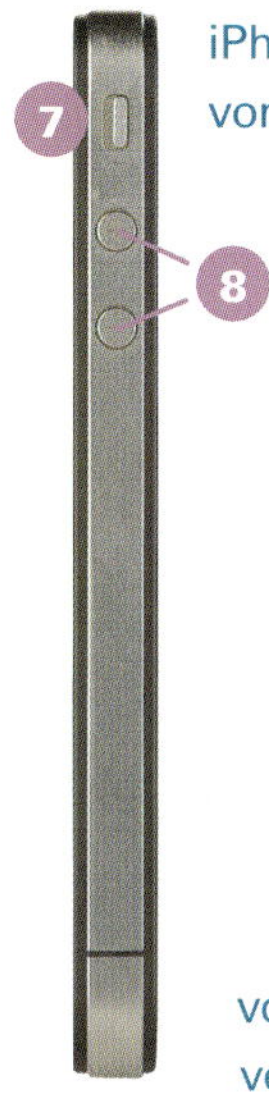


iPhone von rechts

iPad von rechts, verkleinert

iPad von vorne, verkleinert

iPhone von vorne

Hörer (nur iPhone) **(13)**: Hinter diesem Schlitz sitzt der Lautsprecher zum Telefonieren.

Frontkamera **(14)**: Die Frontkamera gibt es nur bei den neueren iPhones und iPads. Mit ihr machen Sie Bilder von sich selbst oder nutzen sie zur Videotelefonie.

Multi-Touch-Bildschirm **(15)**: Diese Oberfläche ist ein sogenannter Touchscreen und reagiert sehr sensibel auf Berührungen. Die Steuerung des iPhones mit verschiedenen Fingerbewegungen (vom Hersteller Gestensteuerung genannt) ist leicht zu erlernen (Seite 34).

App-Symbole **(16)**: Apps heißen Programme für das iPhone und das iPad (ausführlich auf Seite 47). Apps, die für das iPhone programmiert wurden, funktionieren auch auf dem iPad, aber nicht umgekehrt.

Statusleiste **(17)**: Sie zeigt an, wieviel Strom noch im Akku zur Verfügung steht, wie der gegenwärtige Netzbetreiber heißt, wie gut

iPhone von hinten

der Empfang ist und ob Sie in einem drahtlosen Netzwerk (WLAN, siehe Seite 31) sind oder nicht.

Hauptkamera **(18)**: Mit dieser Kamera machen Sie die besten Schnappschüsse, denn sie hat eine höhere Auflösung als die Kamera über dem Bildschirm.

Blitz (nur iPhone) **(19)**: Nur bei neueren iPhones. Die Blitzfunktion verschafft Ihren Bildern das nötige Licht.

Mikrofon (nur iPad) **(20)**: Obwohl das iPad keine richtige Telefonfunktion hat, wird dennoch ein Mikrofon für Diktate, eigene Filmaufnahmen oder auch für Videotelefonie mit FaceTime oder Skype benutzt.

Lautsprecher (nur iPad) **(21)**: Der Lautsprecher gibt alle Klänge wieder. Von Musik, Film bis zur Sprache beim Videotelefonieren.

Dock-Connector-Spezialkabel **(22)**: Dieses Kabel ist Teil Ihres Aufladesteckers und kann auch dazu verwendet werden, das iPhone mit dem Computer zu verbinden. Dabei wird es auch geladen.

Netzteil **(23)**: Damit laden Sie das iPhone über die normale Steckdose auf.

Kopfhörer (nur iPhone) **(24)**: Die beim iPhone mitgelieferten Kopfhörer besitzen im Kabel ein eingebautes Mikrofon. Sie können, wenn die Kopfhörer angeschlossen sind, damit auch Telefongespräche annehmen und Musik an- und ausschalten.

Klammer: Brauchen Sie nur sehr selten zum Einlegen der Micro-SIM-Karte.

## DIESE VORAUSSETZUNGEN SIND UNERLÄSSLICH

Anders als bei einem herkömmlichen Handy ist es beim iPhone nicht mit einem Mobilfunkvertrag getan. Zur Inbetriebnahme brauchen Sie zusätzlich eine sogenannte Apple ID. Falls Sie noch keine haben, wird diese beim ersten Anschalten des Geräts angelegt. Dafür benötigen Sie aber in jedem Fall eine E-Mail-Adresse.

### Mobilfunkvertrag und SIM-Karte

Wenn Sie mit dem iPhone telefonieren wollen, brauchen Sie – logisch – einen Mobilfunkanbieter. Von ihm erhalten Sie die benötigte Micro-SIM-Karte, die in das Gerät eingelegt wird. Nur so können Sie auch auf der Straße Funktionen des iPhones nutzen, die eine Datenverbindung benötigen. Vom iPad gibt es unterschiedliche Versionen – eine bietet die Möglichkeit, Micro-SIM-Karten aufzunehmen und damit auch unterwegs Datenverbindungen aufzubauen, die andere (preisgünstigere) Version hat diese Möglichkeit nicht.

### Einrichten mit und ohne Computer

Eigentlich brauchen Sie seit Einführung des Betriebssystems iOS 5 keinen Computer, wenn Sie zum ersten Mal Ihr iPhone oder iPad einschalten und einrichten wollen. Einzige Voraussetzung ist der Internetzugang mit WLAN (kabelloses Internet) oder Mobilfunk. Soweit die Theorie. In der Praxis geht es mit Computer aber oft einfacher. Der Rechner muss dann folgende Voraussetzungen erfüllen:

Wahlweise Mac oder PC: Beide sollten über einen USB-2.0-Anschluss verfügen. Der Mac braucht das Betriebssystem OS X 10.5.8 oder aktueller. Der PC benötigt Windows 7, Vista oder XP.

### Soll ich mich für ein iPad mit oder ohne Mobilfunk entscheiden?

Das ist keine leichte Entscheidung. Um herauszufinden, was Ihnen nützt und was nicht, sollten Sie die hier beschriebenen Vor- und Nachteile sorgfältig abwägen.

#### iPad mit SIM-Karte

Vorteil: Durch die integrierte SIM-Karte können Sie mithilfe des Mobilnetzes immer und überall das Internet nutzen. Unabhängig von Ihrem jeweiligen Aufenthaltsort.
Nachteil: Neben der Anschaffungssumme kommen monatliche Gebühren hinzu.
Die SIM-Karte lohnt sich, wenn Sie bereits ein Handy haben und von Ihrem Mobilfunkbetreiber eine kostenlose zweite SIM-Karte (Twinkarte) erhalten. Auch wenn Sie keine SIM-Karte nutzen wollen, kann es sich lohnen, ein iPad mit dem Modul zu erwerben. Denn nur das Gerät mit dem 3G-Modul kann auch die Navigationssatelliten des GPS nutzen.
Tipp: Auch Prepaid-Anbieter haben Datenpaketangebote. Für etwa 10 Euro im Monat bekommen Sie bis zu 500 MB in voller UMTS-Geschwindigkeit. Damit lässt sich schon eine ganze Menge anfangen. Wenn Sie feststellen, dass Sie diese Datenverbindungen doch nicht benötigen, kündigen Sie das Datenpaket einfach wieder. Aufpassen bei der Auswahl des Anbieters: Manche verpflichten Sie, das Datenpaket mindestens drei Monate zu abonnieren. Andere verzichten auf diese Frist.

#### iPad ohne SIM-Karte

Vorteil: Zu der Anschaffung des Geräts kommen grundsätzlich keine weiteren Kosten hinzu. Wenn Ihnen zu Hause Internet zur Verfügung steht und Sie das iPad ohnehin lieber daheim benutzen, ist das mit Sicherheit die günstigere Lösung.
Nachteil: Auf Reisen und unterwegs können Sie die Online-Möglichkeiten nur nutzen, wenn Sie in Hotels oder Cafés einen kostenlosen Zugang ins kabellose Netz erhalten. Das kann zumindest in Deutschland anstrengend werden. Im Ausland hingegen ist freier Internetzugang mit WLAN auf dem Hotelzimmer oft Standard.

## Internetzugang mit WLAN

Natürlich brauchen Sie auch nicht zwingend einen eigenen Internetanschluss, aber auch der macht vieles leichter und Sie können auf die Buchung sehr großer Datenvolumen bei Ihrem Mobilfunkanbieter verzichten. Ein schneller DSL-Anschluss ist daher auf jeden Fall ratsam. Heutzutage bieten viele Telekommunikationsanbieter günstige Kombinationstarife für Telefon und Internet schon ab 20 Euro an. Um diesen Anschluss mit iPhone und iPad nutzen zu können, müssen Sie ein drahtloses Netzwerk, ein sogenanntes WLAN, einrichten.

**WICHTIG**

Weder das iPhone noch das iPad mit und ohne Micro-SIM-Karte werden mit einem Kabel am Internet angeschlossen. Es funktioniert nur kabellos! Falls Sie also kein WLAN eingerichtet haben, sollten Sie das jetzt tun. Dafür brauchen Sie einen Router.

## iTunes als App und als Programm am Computer

Manch einer kennt Apples Programm iTunes vielleicht als Onlineshop für Musik, Hörbücher und Filme. Aber das Programm kann noch mehr: Im Zusammenspiel mit iPhone oder iPad wird es zu einer sehr wichtigen Hilfe. Mithilfe von iTunes, das auf Apple-Rechnern genauso wie auf Windows-PCs läuft, können Sie Ihren Computer mit dem iPhone und iPad synchronisieren und komfortabel nach den kleinen Programmen (Apps) stöbern, die die Nutzung von iPhone und iPad eigentlich erst interessant machen. Musik und Apps können Sie auch über die Geräte selber kaufen, auf dem Mac oder PC haben Sie aber einen besseren Überblick über Alternativen oder Sie stellen sich beispielsweise zunächst Wunschlisten als Gedankenstütze zusammen. Sie müssen ja nicht jede App sofort kaufen. Synchronisieren (oder „Syncen“) lautet der Fachausdruck, wenn verschiedene Daten zwischen den Geräten ausgetauscht werden. Das sind unter anderem Adressen, Kalendereinträge oder Musik. Neben vielen Vorteilen heißt das auch, dass Sie nach dem Synchronisieren quasi eine Siche-

rungskopie der Inhalte Ihres iPhones oder iPads auf dem heimischen Rechner haben.
iTunes müssen Sie beim PC unter http://www.apple.com/de/itunes/ herunterladen. Auf Macs wird es schon mitgeliefert. Was Sie sonst alles über iTunes wissen müssen, erfahren Sie ab Seite 113.

### Einkauf mit Kreditkarte oder Gutschein

Der Sinn, weshalb Ihnen Apple das Programm iTunes kostenlos zur Verfügung stellt, ist eigentlich ganz einfach: Mit dem Programm iTunes können Sie bequem im iTunes Store (Apples Supermarkt für digitale Medien und Programme für mobile Geräte) einkaufen. Das Programm übernimmt neben der Verwaltung Ihrer Mediensammlung nämlich auch die Rolle eines spezialisierten Internetbrowsers, der direkt auf die Inhalte des iTunes Stores zugeschnitten ist. Beim Einkauf von Musik, Filmen, Büchern (E-Books) oder Apps im iTunes Store macht die Angabe einer Kreditkarte alles einfacher. Wenn Sie jedoch keine Kreditkarteninformationen preisgeben wollen, können Sie auch mit iTunes-Geschenkgutscheinen einkaufen. Diese gibt es in vielen Geschäften (beispielsweise an der Supermarktkasse), und sie beginnen preislich bei 15 Euro.

## Das eigene Benutzerkonto: Die Apple ID

Wenn das iPhone oder das iPad Ihr erstes Gerät von Apple ist und Sie bislang auch nicht mit iTunes vom PC aus Musik oder Filme digital eingekauft haben, dann benötigen Sie eine Apple ID. Diese Apple ID ist Ihr persönliches Benutzerkonto beim Hersteller. Hier wird gespeichert, wer Sie sind, welche Apple-Geräte Sie besitzen und wie Sie digitale Medien oder als Apps bezeichnete Zusatzprogramme bezahlen wollen.
Ohne diese ID können Sie viele Funktionen nicht nutzen – und dieses Buch geht davon aus, dass Sie sich anmelden. Damit Sie später wissen, was Sie tun, bringt Ihnen dieses Kapitel vor dem ersten Einschalten Apple ID und den Onlinedienst Cloud ein wenig näher.

### Die Papiere, bitte: Apple ID

Sonderlich schwierig ist das Anlegen einer Apple ID eigentlich nicht, aber die Benutzung von iPhone und iPad kann unnötig kompliziert werden, wenn Sie aus Versehen eine zweite Apple ID anlegen. Sollten Sie also bereits ein Kundenkonto bei Apple besitzen, weil Sie am Computer iTunes nutzen, verwenden Sie bitte bei der ersten Konfiguration die Daten jenes iTunes-Accounts als Apple ID.

Falls Sie noch keine Apple ID haben, führt Sie Apple am Bildschirm übersichtlich durch den Einrichtungsprozess. Ihre zukünftige Apple ID besteht aus Ihrer E-Mail-Adresse und einem Kennwort, das einige Anforderungen (siehe weiter unten) erfüllen muss. Wenn Sie noch keine E-Mail-Adresse haben, können Sie sich diese gleich bei der Ersteinrichtung der Apple ID bei Apples eigenem Onlinedienst iCloud besorgen. Sich eine solche Adresse zu sichern, ist immer sinnvoll, selbst wenn Sie schon eine E-Mail-Adresse bei einem anderen Anbieter besitzen. Unten erklären wir Ihnen, wieso das so ist.

### Die eigene E-Mail-Adresse

Falls Sie nun über iCloud eine Adresse einrichten wollen, machen Sie sich bitte zuvor ein paar Gedanken, wie Ihre neue E-Mail-Adresse lauten soll. Die neue E-Mail-Adresse von Apple endet auf „@me.com" – was davor steht, können Sie frei wählen. Üblicherweise besteht der vordere Teil aus Ihrem Namen – Umlaute oder ein „ß" müssen aufgelöst werden.

### Die Macht des Kennworts

Ihre Adresse und Apple ID müssen Sie mit einem Kennwort schützen und das darf nicht zu einfach und von anderen erratbar sein. Viele Internetnutzer gehen zu sorglos mit Passworten um und wählen zum Beispiel den Namen des Haustiers oder einen Begriff, der sich auch im Wörterbuch findet. So etwas ist für Internetkriminelle keine Hürde. Darum verlangen viele Anbieter wie Apple mittlerweile längere Kennworte mit Ziffern sowie Groß- und Kleinschreibung. Tipps zu sicheren Kennwörtern, die sie sich trotzdem merken können, lesen Sie im Serviceteil auf Seite 206. Und sollten Sie trotzdem einmal Ihr Kennwort vergessen, dann können Sie mit der Antwort auf eine „geheime Frage“ und Ihrem Geburtsdatum wieder Zugriff auf Ihr Benutzerkonto bei Apple erlangen. Auch das werden Sie bei der ersten Konfiguration eingeben.

## ICLOUD: DER SPEICHER DER ZUKUNFT IST EINE SCHUBLADE IM HIMMEL

Der neue Trend heißt „Cloud Computing“. So wird es genannt, wenn Computernutzer oder ganze Firmen ihre Daten ins Internet auslagern. Das hat mehrere gute Gründe: Das Speichern von Dateien auf einer Festplatte wird schnell unkomfortabel, weil heutzutage viele Anwender längst mehr als einen Computer haben. Auch viele Anwendungen, die sich früher als echtes Programm auf dem PC installieren ließen, können heute direkt im Internet genutzt werden. Das Speichern und die Programmarbeit übernehmen Großrechner.

Damit das nicht so kompliziert und technisch klingt, haben sich die Anbieter einen „leichten“ Begriff ausgedacht und sprechen lieber von der Wolke (engl.: Cloud), die uns ständig begleitet. Bei diesem neuen Markt wollen alle großen Firmen ein Stück vom Kuchen für sich haben. Wer frühzeitig die meisten Kunden gewinnt, besitzt die Marktmacht. Die Vorgehensweise ist eigentlich fast immer die gleiche: Wenig Speicherplatz bleibt kostenlos, viel Speicherplatz kostet Geld. Seit Jahren gibt es unterschiedliche Angebote, das bekannteste unter ihnen heißt „Dropbox“. Aber auch Apple mischt schon seit einem Jahrzehnt mit. Beim neuen Dienst iCloud gibt es für jeden Nutzer einen fünf Gigabyte großen Speicher kostenlos.

Ein Beispiel: Angenommen, Sie sind viel unterwegs und schreiben gerade Ihre Biografie, dann möchten Sie natürlich immer in der neusten Datei arbeiten. Bisher konnten Sie die Dateien auf einem tragbaren USB-Stick mit sich führen. Aber was ist, wenn der den Geist aufgeben würde oder gar verloren ginge? Mit einer Cloud-Lösung können Sie von jedem Computer der Welt, aber eben auch von iPhone und iPad darauf zugreifen, solange die Geräte Zugriff auf das Internet haben. Zugegeben, das ist sehr praktisch, schon weil iPhone und iPad gar keinen Anschluss für einen USB-Stick besitzen.

## Ist die Wolke auch sicher?

Sie brauchen schon eine gute Portion Vertrauen, um persönliche Daten einem Internetkonzern zu überlassen. Aber ehrlich gesagt, wir alle machen das schon seit Jahren: E-Mails, die wir senden und

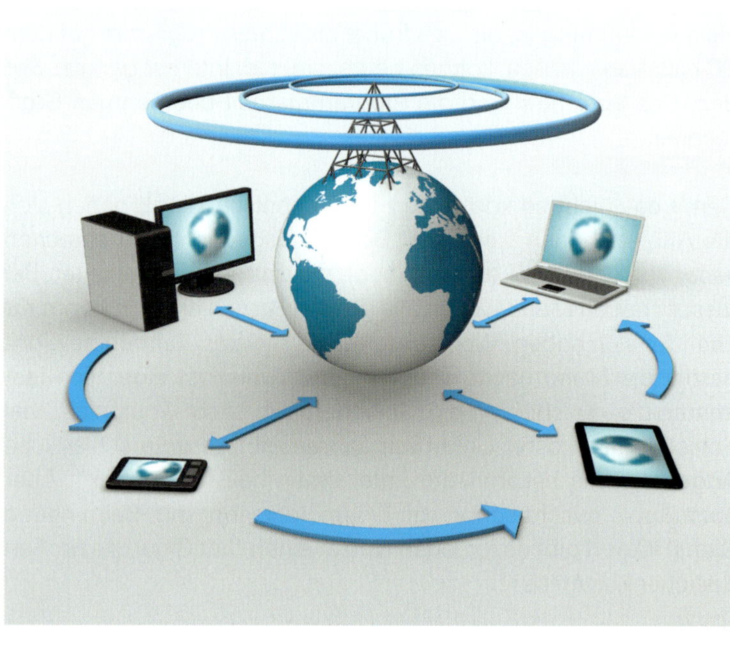

empfangen, rauschen zwar in Sekundenschnelle durch das Internet, doch jede Verteilstation kann sie theoretisch auslesen. Ähnlich ist es mit der Cloud: Apple und die meisten anderen Anbieter versprechen zwar Sicherheit, aber dieses Versprechen lässt sich nicht überprüfen und Gesetze zwingen die Firmen manchmal dazu, Polizei und Geheimdiensten bei Bedarf eine Hintertür zu öffnen. Drastisch gesagt: Wenn Sie das nicht möchten, haben Sie mit iPhone oder iPad (oder praktisch jedem anderen internetfähigen Smartphone oder Tablet) das falsche Gerät gekauft.

## Verführerisch einfach: Diese Vorteile bringt Ihnen iCloud

Apple bietet mit iCloud einen durchdachten Service, der iPhone, iPad und auch Ihren Computer wunderbar miteinander verbindet. Sogar von fremden Computern aus, etwa im Internetcafé oder bei Freunden, können Sie über einen Internetbrowser auf iCloud.com zugreifen. Apple ID und Passwort weisen Sie als berechtigten Benutzer aus.

Dieses Buch geht im Folgenden davon aus, dass Sie von Anfang an eine funktionierende E-Mail-Adresse bei iCloud eingerichtet haben.

### Alle Mails überall

Das Besondere am iCloud-E-Mail-Dienst ist seine Ausrichtung auf mehrere Geräte: Mails, die Sie unterwegs etwa vom iPad versenden, finden Sie am PC ebenfalls im Ordner „Gesendete Mails" wieder. Dahinter steckt iCloud: Der Mailserver behält alle E-Mails und liefert Kopien an die Geräte aus, Veränderungen werden von einem Gerät über iCloud auf das andere Gerät kopiert.

### Adressen, Kalender – alles auf einem Stand

iCloud kann aber noch mehr. Es synchronisiert zwischen iPhone, iPad, Mac, PC und dem Internetportal iCloud.com Notizen, Erinnerungen, Kalendereinträge, Adressen, Lesezeichen, sogar Fotos, Apps, elektronische Bücher und auch Musik.

Der Vorteil der Synchronisation liegt auf der Hand: Hat sich die Telefonnummer eines Freundes geändert, dann tragen Sie dies an einem Gerät ein und wie von Zauberhand erhalten alle anderen Geräte diese Änderung ebenso. Zwar können Sie solche Daten und Änderungen auch mit dem Programm iTunes mit Ihrem PC abgleichen (siehe Seite 117), aber per iCloud ist das viel bequemer.

### Systemvoraussetzungen für iCloud

**iPhone und iPad**
ab iOS 5 oder neuer

**Mac-Computer**
ab OS X Lion 10.7.2
ab iTunes 10.5 oder neuer
ab iPhoto '11 (Version 9.2) oder Aperture 3.2 (für Fotostream)

**PC**
ab Microsoft Windows 7 oder Vista (Service Pack 2 oder neuer)
iCloud-Systemsteuerung (http://support.apple.com/kb/DL1455)
ab iTunes 10.5 (http://www.apple.com/de/itunes/) oder neuer
Outlook 2007 oder 2010 (empfohlen für Kontakte und Kalender)
ab Safari 5.1.1 oder Internet Explorer 8 (für Lesezeichen)

**Der richtige Internetbrowser für iCloud.com**
Safari 5 oder neuer
Firefox 5 oder neuer
Internet Explorer 8 oder neuer
Chrome 12 oder neuer

## DAS ERSTE MAL: EINSCHALTEN UND IN BETRIEB NEHMEN

Wussten Sie, dass iPhone und iPad neben ihrer Mobilität und Bedienungsfreundlichkeit einem Computer gegenüber noch einen Vorteil haben? Um sie zu nutzen, müssen Sie beide Geräte nicht erst hochfahren. Sie sind praktisch sofort betriebsbereit. Das gilt natürlich nur, wenn die Geräte bereits einmal gestartet wurden.

Den Akku laden Sie bei beiden Geräten mit dem mitgelieferten Kabel und dem Netzstecker oder über den Anschluss an einen eingeschalteten Computer. Ist das Gerät am Stromnetz angeschlossen, müssen Sie bis zu den nächsten Schritten warten.

### Woran erkenne ich, ob das Gerät fertig aufgeladen ist?

Drücken Sie auf die runde Hometaste von iPhone oder iPad, um anhand des Ladebalkens den Fortschritt zu erkennen. Leuchtet die abgebildete Batterie vollständig grün (siehe oben), ist der Ladevorgang beendet.

### Woher bekomme ich die SIM-Karte?

Die SIM-Karte erhalten Sie nicht von Apple, sondern von Ihrem Mobiltelefonbetreiber. Fragen Sie bei Ihrem Mobilfunkanbieter nach einer Micro-SIM-Karte für iPhone oder iPad.

## Kein Simsalabim: iPhone und iPad mit SIM-Karte einschalten

### Ich möchte mein Gerät mit SIM-Karte betriebsbereit machen

**1** Schalten Sie erst mal das Gerät aus, indem Sie lange auf den Einschaltknopf oben drücken. Bleibt das Gerät während dieses Vorgangs eingeschaltet, kann die SIM-Karte Schaden nehmen. Fahren Sie also mit dem Finger über den Begriff Ausschalten nach rechts.

**2** Nehmen Sie die mitgelieferte Klammer und drücken Sie die Spitze beherzt in das kleine Loch des SIM-Fachs.

**3** Eine kleine Lade geht auf. Ziehen Sie sie heraus.

**4** Stecken Sie nun die Micro-SIM-Karte so in den Halter hinein, dass die Ecke mit Knick an der entsprechend geformten Stelle der Lade liegt. Beim iPhone zeigt die Chipseite nach unten.

**5** Schieben Sie die Lade wieder zu.

**6** Halten Sie den Einschaltknopf am Gehäuse einen Moment gedrückt. Sie sehen einen silbernen Apfel auf dem Bildschirm.

**7** Nach einer guten halben Minute ist das Gerät betriebsbereit und der Startbildschirm erscheint.

**8** Oben links steht SIM gesperrt. Entriegeln Sie das Gerät. Die gesperrte SIM-Karte wird erkannt.

**9** Gehen Sie auf Entsperren.

**10** Geben Sie die vom Netzbetreiber mitgelieferte vierstellige PIN-Nummer ein und bestätigen Sie mit OK.

**11** Ihr Netzbetreiber wird erkannt und oben links in der Statusleiste angezeigt.

**12** Stellen Sie als Sprache deutsch ein. Wählen Sie bei Land & Region nun Deutschland an. Gehen Sie auf Weiter.

**13** Ortungsdienste müssen aktiviert werden, falls Sie Karten und andere Navigationsmöglichkeiten nutzen wollen. Keine Sorge, das können Sie auch später wieder deaktivieren. Gehen Sie auf Weiter.

**14** Netzwerk auswählen: Erste Möglichkeit: Sie erkennen in der Liste Ihr drahtloses Netz und geben das entsprechende Kennwort ein. Gehen Sie auf Weiter. Zweite Möglichkeit: Sollte Ihr WLAN noch nicht eingerichtet sein, wählen Sie Mobiles Netzwerk verwenden. Gehen Sie auf Weiter.

**15** Die Aktivierung beginnt. Das kann bis zu drei Minuten dauern.
**16** Gehen Sie auf Als neues iPhone konfigurieren/Als neues iPad konfigurieren.
**17** Wenn Sie bereits eine Apple ID haben, melden Sie sich damit an. Weiter geht's dann mit Punkt 22. Falls nicht, gehen Sie auf Gratis Apple ID erstellen. Gehen Sie auf Weiter.
**18** Folgen Sie den Anweisungen auf dem Bildschirm. Verwenden Sie dabei Ihre aktuelle E-Mail-Adresse oder holen Sie sich eine von iCloud (siehe Seite 22).
**19** Wenn Sie Nachrichten von Apple haben möchten, aktivieren Sie E-Mail-Updates. Wenn nicht, lassen Sie es blind geschaltet. Gehen Sie auf Weiter.
**20** Lesen Sie die Servicebedingungen und akzeptieren Sie sie – ansonsten können Sie das Gerät nicht in Betrieb nehmen.
**21** Ihre Apple ID wird nun erstellt oder das Gerät auf Ihre bestehende ID eingerichtet.
**22** Entscheiden Sie sich beim nächsten Dialog für die Verwendung von iCloud und gehen Sie auf Weiter. Dieses Buch geht davon aus, dass Sie iCloud verwenden. Mehr dazu auf Seite 23. Wenn nicht, gehen Sie zu Punkt 33.
**23** Wollen Sie die Datensicherung in iCloud machen oder lieber auf Ihrem Computer? Das Buch erläutert die Unterschiede ab Seite 118. Wählen Sie zunächst als Ziel den Computer aus, den Wechsel zum Backup via iCloud können Sie immer noch zu einem späteren Zeitpunkt durchführen. Gehen Sie auf Weiter.
**24** Wählen Sie unter iPhone suchen: verwenden oder nicht verwenden. Mit dieser Technik können Sie ein verloren gegangenes Gerät wiederfinden und diese Entscheidung jederzeit revidieren. Gehen Sie auf Weiter.
**25** Nur beim iPhone 4S: Jetzt können Sie die Spracherkennungssoftware Siri einschalten. Dieser Helfer ist ein tolles neues Feature. Mehr dazu auf Seite 202. Sie können das auch jederzeit wieder ändern. Gehen Sie auf Weiter.
**26** Damit Apple sein Produkt verbessern kann, können Sie unter Diagnose & Nutzung technische Informationen an den Hersteller senden. Sie dürfen das ablehnen. Gehen Sie auf Weiter.
**27** Sie können, aber müssen sich nicht bei Apple registrieren.
**28** Kaum zu glauben, aber die Konfiguration ist zu Ende.

## Ich habe ein iPad ohne SIM-Karte

Kein Problem, dann geht dieser Vorgang umso zügiger voran. Dennoch sollten Sie Ihre Unterlagen für den WLAN-Zugang bereitlegen. Fangen Sie bei Punkt 6 in der oberen Anleitung an, der Rest ist identisch. Ihnen wird nur kein Netzbetreiber genannt.

## Häufige Fragen

### Sperre: Warum sind iPhone oder iPad vor der Benutzung immer gesperrt?

Tastensperren sind sehr sinnvoll. Sie verhindern zum Beispiel, dass Telefone ungefragt ein Eigenleben entwickeln und ominöse Anrufe eingehen, bei denen nur Geraschel, Schritte und Gemurmel zu hören sind, aber niemand mit uns spricht. Dann hat ein ungesperrtes Telefon durch zufällige Berührungen jemanden aus dem Kurzwahlblock oder der Wahlwiederholung angewählt.

**WICHTIG**
Drücken Sie nach Gebrauch einfach das Gerät am oberen Knopf, um die Arretierung vorzunehmen.

### Automatische Sperre: Muss ich das Gerät immer so schützen?

Nein. Nur sicher ist sicher. Sobald das Gerät eine Weile nicht genutzt wurde, schaltet es sich nach kurzer Zeit automatisch in den Sperrmodus. Mit dem Abschaltknopf kürzen Sie das jedoch ab und sparen dabei sogar noch Strom.

### Entsperren: Und wie wecke ich es?

Sie können die obere Taste auch zum Aufwecken drücken. Oder Sie verwenden die runde Hometaste (siehe Übersicht Seite 15). Schieben Sie auf dem Bildschirm den Knopf zum Entsperren mit dem Finger nach rechts. iPhone und iPad stehen zu Ihrer Verfügung.

### Tiefschlaf: Lassen sich iPhone und iPad auch vollkommen ausschalten?

Ja, das geht: Halten Sie dieselbe Taste einige Sekunden gedrückt, bis der Bildschirm sich verdunkelt und oben ein roter Schieberegler mit der Aufschrift Ausschalten erscheint. Schieben Sie diesen mit dem Finger nach rechts. Danach ist das Gerät vollständig abgeschaltet. Zum Abschalten gibt es kaum einen Grund. Höchstens im seltenen Falle, wenn iPhone oder iPad die Dienste versagen und ein Neustart notwendig wird.

### Wachküssen: Wie schalte ich iPhone oder iPad wieder ein?

Drücken Sie einige Sekunden auf die obere Taste. Der silberne Apfel erscheint. Schieben Sie anschließend den Pfeil mit Entsperren nach rechts.

## WLAN BEI IPHONE UND IPAD

An diesem Symbol erkennen Sie, ob kabelloses Internet zur Verfügung steht. WLAN steht für Wireless LAN: eine kabellose Netzwerkverbindung ins Internet. Sie ist so nützlich wie ein schnurloses Telefon. Würde es sie nicht geben, müssten Sie an jedes mobile Gerät ein Kabel anschließen.
Lange Zeit galten solche Systeme als nicht sonderlich sicher. Fremde Menschen, die auf der Straße in ihrem Auto saßen, konnten in private Netzwerke eindringen, um Passwörter oder andere Daten für sich zugänglich zu machen. Doch heutzutage lassen sich die neuen WLAN-Netze gut abschirmen. Vergleichen Sie dazu den Artikel „Unsicheres WLAN" auf der Seite test.de (http://www.test.de/themen/computer-telefon/meldung/Unsicheres-WLan-Raubkopierer-entern-fremdes-Wlan-4273820–4273822/).

### Gut über WLAN zu wissen:

- Wenn Sie ein iPhone oder ein iPad mit SIM-Karte haben, wechseln die Geräte automatisch von der Datenverbindung des Mobilfunkbetreibers ins WLAN. Das ist meistens schneller und spart Mobilkosten. Bei einem iPad ohne SIM-Karte sind Sie ohnehin auf WLAN angewiesen.

- Am sichersten ist eine Verschlüsselung über WPA. In jedem Fall brauchen Sie den Namen Ihres Netzes und Ihr eigenes Kennwort, um Ihr Gerät am Netz anzumelden. Danach merkt sich das Gerät den Zugang, vergisst ihn aber auch ab und an wieder – also halten Sie das Kennwort auch für zukünftige Fälle bereit.
- Geben Sie Ihrem Netz besser nicht den eigenen Namen. Es geht keinen etwas an, wie der Besitzer und Betreiber des Netzes heißt. Suchen Sie sich einen Kunstnamen oder Begriff. Zum Beispiel „Doktor Schiwago" oder „MeinNetz".

## Gemütlich surfen: WLAN zu Hause

Wenn Sie WLAN zu Hause haben und die Anmeldung einmal erfolgt ist, wird das Netzwerk in der Regel automatisch von Ihrem iPhone oder iPad erkannt. Falls kein bekanntes Netz zur Verfügung steht, zeigt ein Fenster eine Auswahl an Netzen, vielleicht auch das Ihrer Nachbarn. Sollte das Netz einmal nicht automatisch angezeigt werden, müssen Sie lediglich folgende Schritte unternehmen:

#### WLAN auf iPhone/iPad aktivieren

1 Entsperren Sie das iPhone/iPad.
2 Gehen Sie auf Einstellungen (Bild).
3 Wählen Sie WLAN an.
4 Falls ausgeschaltet: Aktivieren Sie WLAN mit dem Schalter.
5 Das Gerät sucht nun nach WLAN-Netzen.
6 Tippen Sie Ihr Netz an, falls es nicht ohnehin schon aktiviert ist.
7 Tippen Sie gegebenenfalls das Kennwort ein.
8 Das kleine Strahlensymbol erscheint nun oben in der Leiste.

## Ich bin dann mal weg: WLAN unterwegs

Heute wird in vielen, aber noch nicht in allen Cafés und öffentlichen Gebäuden WLAN angeboten. Manche Häuser machen offensiv durch Schilder an der Tür Werbung für Ihren sogenannten Hotspot (so heißt ein öffentlicher drahtloser Zugang zum Internet) oder WiFi (spricht sich analog zu HiFi, bedeutet ebenfalls drahtloser Zugang zum Internet). Entweder brauchen Sie gar kein Kennwort oder sie erhalten einen Code, den Sie wie oben beschrieben eintragen.

### Kein WLAN: Was ist, wenn ich kein WLAN habe?

Angenommen, Sie haben zu Hause Internet – allerdings nur über Kabel. Dann können Sie das iPad ohne SIM-Karte zumindest daheim nicht nutzen. Auch beim gewöhnlichen iPhone und iPad mit SIM-Karte würde fehlendes WLAN eine deutliche Einbuße an Funktionen nach sich ziehen.

Die probate Lösung lautet: Kaufen Sie einen Router mit WLAN. Wenn Sie bereits ein Modell ohne WLAN haben, können Sie dieses um einen Access Point ergänzen, den Sie im Fachhandel erhalten. Damit sparen Sie sich die komplette Neukonfiguration Ihres DSL-Zugangs.

## Erster Versuch: Eine Webseite aufrufen

Wagen Sie nun mit Ihrem iPhone und iPad den ersten Schritt ins Internet und schauen mal nach, wie das Nachschlagewerk Wikipedia aussieht.

**1** Gehen Sie nach dem Entsperren auf das Kompasssymbol von Safari, das sich ebenfalls immer in der untersten Zeile des Bildschirms befindet. Sehen Sie keine Symbole, sind Sie vielleicht noch in der Telefon-App oder einer anderen Anwendung. Drücken Sie dann die Hometaste. Spätestens jetzt müssen die App-Symbole auf dem Bildschirm erscheinen.

**2** Tippen Sie oben in die linke Zeile, am rechten Ende der Zeile erscheint ein grauer Kreis mit einem Kreuz. Tippen Sie auf das Kreuz und die Adresszeile wird frei.

**3** Neuerdings verschwindet zur besseren Lesbarkeit der Balken mit der URL-Adresse. Tippen Sie einmal kurz oben und schon ist er wieder da.

**4** Geben Sie über die Tastatur „www.wikipedia.de" ein.

**5** Berühren Sie den Schalter Öffnen.

# BALLETT FÜR DIE FINGER: DIE RICHTIGE HANDHABUNG

Vorbei sind die Zeiten, als Sie noch am Computer eine Maus hin- und herschieben, klicken und doppelklicken mussten. iPhone und iPad bedienen Sie mit einem Instrumentarium, das Sie immer bei sich haben: Ihren Fingern.

Beim Einschalten haben Sie ja schon einige Male auf den Bildschirm getippt und auch Regler zur Seite geschoben. Nun kommen noch mehr Bewegungen hinzu.

## Die Sache mit dem Antippen: Falsche Klicks in letzter Sekunde vermeiden

Auch wir schreiben die ganze Zeit, dass Sie hier oder dort tippen sollen, damit dies oder das passiere. Eigentlich ist das nicht ganz korrekt, denn nicht die Berührung mit dem Finger aktiviert eine Funktion oder öffnet einen Link (die meist farblich hervorgehobenen oder unterstrichenen Begriffe) auf einer Webseite: Dies passiert erst beim Loslassen. Das ist praktisch, wenn Sie auf dem kleinen Bildschirm mit breiten Fingern nicht das richtige Feld oder den Link getroffen haben. Einfach Finger liegen lassen und auf dem Bildschirm vom Link oder Feld wegziehen, erst dann loslassen. So passiert nichts, und die Finger können einen neuen Anflugversuch starten.

## Blättern, anwählen und vergrößern: Fingerfertigkeiten

### Anwählen: Machen Sie Druck

Um eine App zu öffnen, drücken Sie kurz darauf. Mit diesem sanften Fingerdruck tippen Sie auch Buchstaben und Zahlen über die Bildschirmtastatur ein und gelangen im Internet auf verlinkte oder vertiefenden Beiträge.

### Das kleine Schieben: Wie geht Blättern?

Wenn Sie den Zeigefinger auf den Ausgangsbildschirm drücken und dann mit oder ohne loszulassen mit dem Finger leicht nach rechts wischen, öffnet sich die Suchfunktion, die das ganze iPhone/iPad durchpflügt, wenn Sie einen Begriff eingeben. In Sekundenschnelle durchforstet

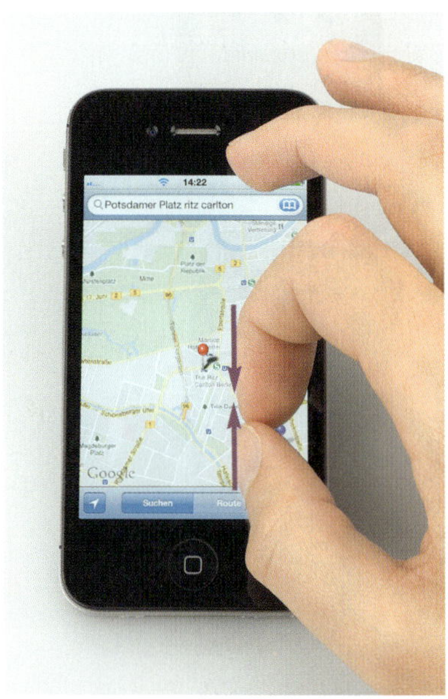


dann das Gerät sämtliche Daten und präsentiert die entsprechenden Fundstellen in den jeweiligen Quellen: etwa eine E-Mail, eine Adresse oder eine Webseite. Gibt es dazu keinen Eintrag, schlägt Ihnen das Gerät die Websuche oder das Nachschlagen beim Online-Lexikon Wikipedia vor. Wischen Sie nach links, kommen Sie wieder zurück in die App-Übersicht.

Falls Sie auf eine Stelle drücken, wo sich ein App-Symbol befindet, und zu lange ohne zu wischen verharren, beginnen alle App-Symbole zu zittern. Drücken Sie einfach auf den Homeknopf und der Spuk ist vorbei. Auf Seite 137 erzählen wir Ihnen, wofür das Zittern gut ist (Löschen und Verschieben von Apps).

Die Wischtechnik funktioniert nach oben und nach unten und fast überall. So können Sie auch längere Menüs (z. B. das lange Menü unter Einstellungen), Webseiten oder Artikel einfach nach oben oder unten, manchmal auch zur Seite verschieben.

### Einfach nur Spreizen: Vergrößern

Wenn Sie Daumen und Zeigefinger auf der Glasoberfläche des Bildschirms auseinanderziehen, können Sie manche Elemente vergrößern, zum Beispiel Fotos, Webseiten und E-Mails. Um sie wieder zu minimieren, machen Sie mit Daumen und Zeigefinger eine Art Kneifbewegung.

### Der Trick mit dem Tippen: Bessere Lesbarkeit von Webseiten

Mit dem Fingerballett bringen Sie aber auch Webseiten auf eine angenehme, lesbarere Größe, indem Sie kurz, aber entschlossen zwei Mal mit dem Finger auf den gewünschten Bereich tippen. Genauso machen Sie diesen Vorgang wieder rückgängig.

**WICHTIG**

Vorsicht: Wenn Sie nur ein Mal tippen, kann es durchaus sein, dass Sie nur auf einer Webseite einen weiterführenden Link angewählt haben. Die Sache mit dem Doppeltippen ist folglich reine Übungssache.

Wenn Sie generell die Schrift in Mail oder Safari leichter lesbar machen wollen, schauen Sie auf Seite 194.

## Multitasking – der Programmumschalter

Die Funktion hilft Ihnen, zwischen aktiven Apps, so heißen die iPhone- und iPad-Programme, zu wechseln. Wenn Sie beim entsperrten Gerät zweimal hintereinander die Hometaste drücken, öffnet sich unten eine Leiste mit Apps. Nun können Sie sie mit Wischbewegungen durchsehen und die gewünschte Anwendung durch einfachen Fingertipp anwählen.

## Hochkant oder waagerecht – Wie herum soll ich iPhone und iPad halten?

iPhone und iPad bieten Ihnen zwei Möglichkeiten der Betrachtung. Sie können die Geräte hochkant oder waagerecht halten. Das ist reine Geschmackssache und kann auch mal so und mal anders gehandhabt werden. Das Bild kippt dann automatisch in die entsprechende Richtung. Dieses Kippen funktioniert am iPad durchgängig. Apps für das iPhone machen nicht immer Gebrauch davon.

Beim iPhone sind E-Mails und Webseiten im Querformat einfach angenehmer zu lesen. Auch das Verfassen von E-Mails und SMS

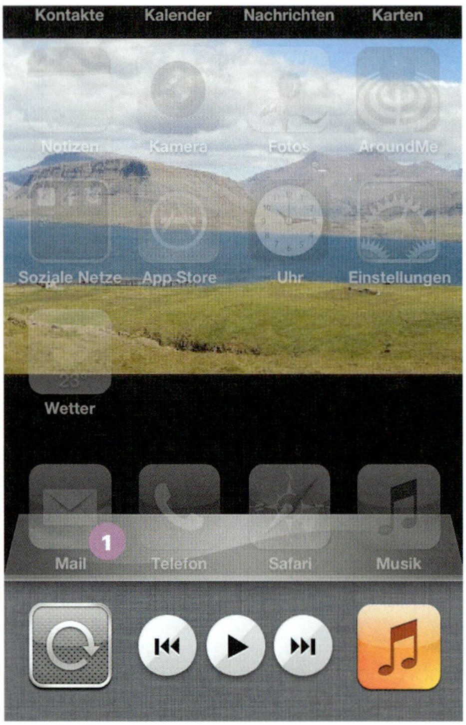


ist so viel komfortabler, weil Sie mit beiden Daumen tippen können.

Beim iPad nimmt sich das Hochformat wie ein Buch oder eine Zeitschrift aus, im Querformat kommt es näher an das „Zeitungsgefühl" heran.

### Kippfunktion beim iPhone abschalten

**1** Schalten Sie Ihr iPhone ein und entsperren Sie es.

**2** Drücken Sie zweimal auf die Hometaste.

**3** „Schieben" Sie die vier unten eingeblendeten Symbole mit dem Finger nach rechts aus dem Bild, sodass neue Symbole ins Bild rutschen.

**4** Drücken Sie ganz links auf den runden Pfeil **(1)**, um die Ausrichtungssperre zu aktivieren.

**5** Wenn Sie noch einmal den Pfeil antippen, deaktivieren Sie die Ausrichtungssperre.

### Kippfunktion beim iPad abschalten

**1** Tippen Sie zwei Mal hintereinander auf die Hometaste.

**2** Am unteren Rand des Displays erscheint die Multitasking-Leiste. Hier sind alle Apps aufgeführt, die zurzeit laufen.

**3** Wischen Sie die Multitasking-Leiste mit dem Finger nach rechts, so dass die Leiste mit den Sonderbefehlen erscheint.

**4** Tippen Sie einmal auf das Symbol ganz links, um die Ansicht zu verriegeln – der Bildschirm wird nun nicht mehr automatisch gedreht.

**5** Um die Kippfunktion wieder zu aktivieren, einfach die Schritte wiederholen.

# TIPPS FÜRS TIPPEN: DIE TASTATUR

Mit den früheren Handytastaturen geriet die SMS zu einer Mischung aus Fummelei und Geduldsprobe. Und da kam Apple auf die sensationelle Idee, die Tastatur nur noch virtuell über den Bildschirm vom iPhone zu präsentieren, dafür aber vollständig. Der Effekt: Bekennende SMS-Muffel fanden plötzlich zu ihrer eigenen Verblüffung Spaß am Verfassen von Kurzmitteilungen.
Beim iPhone ist die Tastatur zwar auch recht klein, aber sobald Sie auf einen Buchstaben tippen, wird dieser sofort und gut sichtbar vergrößert. Auf dem iPad hat die Tastatur größere Ausmaße, sodass Sie auch mal eine längere E-Mail damit schreiben können, ohne rasch zu ermüden.

## Reine Ansichtssache: Die Tastatur

Buchstabentastatur **(1)**: Hiermit schreiben Sie wie auf einem Computer oder einer Schreibmaschine: Über die Shift- oder Hochstelltaste gelangen Sie zur zweiten Ebene mit den Großbuchstaben.

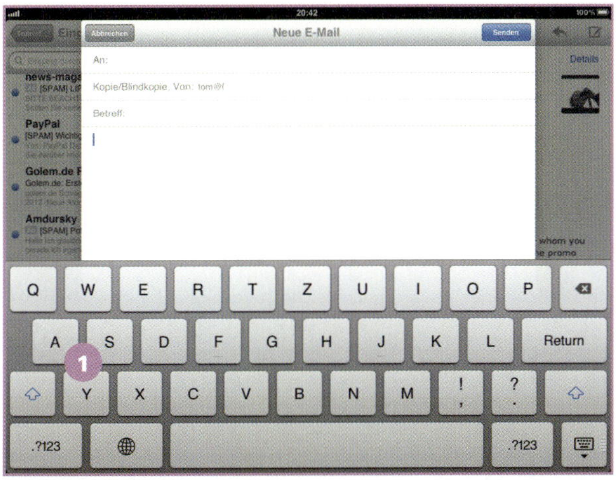


iPad

iPhone

ABC oder .?123 **(2)**: Wechseln Sie zu Zahlen und Symbolen (z. B. @). Über die Taste mit #+=, kommen Sie zu der Ebene der Sonderzeichen, wie zum Beispiel eckige oder geschweifte Klammer.
Öffnen/Return **(3)**: Im Internet öffnen Sie damit Seiten, beim Schreiben ist das die Eingabetaste. Damit kommen Sie zum Beispiel in die nächste Zeile.

 **(4)**: Rückschritttaste, um zu löschen.

Globus **(5)**: Damit wechseln Sie auf Wunsch die Sprache.
Tastatursymbol (nur iPad) **(6)**: Beim iPad auf das Symbol tippen, um die Tastatur auszublenden. Beim iPhone müssen Sie mit einem Finger die Tastatur nach unten wischen.

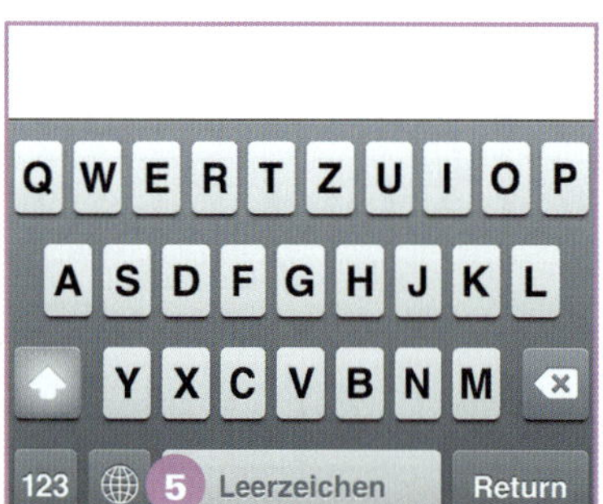

## Ä, Ö & Ü: Wo finde ich denn die Umlaute?

Da nicht so viele Tasten zur Verfügung stehen, kann auch hier eine Taste mehrere Funktionen haben. Alleine das A verfügt über eine Mehrzahl an Varianten: als ä, á und viele andere.

### Umlaute nutzen

1 Gehen Sie auf den Buchstaben a.
2 Halten Sie ihn eine Weile gedrückt.
3 In einem Fenster sehen Sie die möglichen Varianten, darunter auch das ä.
4 Nicht den Finger vom a runternehmen, sondern mit dem aufgedrückten Finger zum ä ziehen und dann erst loslassen.
5 Beim iPad können Sie auch bei a, o und u eine ruckartige Bewegung nach oben machen. Dann wird daraus ä, ö und ü. Leider geht das auf dem iPhone nicht.

## Korrektur: Keine Angst vor Tippfehlern

Wir verschreiben uns eigentlich immer. Auf der einen Tastatur mehr, auf der anderen weniger. Doch was tun, wenn Sie am Ende Ihrer Mail oder mitten in der SMS einen Fehler entdecken?

### Einen Fehler mitten im Text verbessern

1 Drücken Sie mit dem Finger auf den Bildschirm, eine runde Lupe erscheint und vergrößert den Text. Halten Sie den Finger weiterhin auf den Bildschirm gedrückt.
2 Schieben Sie die Lupe zu dem Wort mit dem Fehler, ein blauer Strich (Cursor) zeigt an, wo Sie ansetzen können. Wenn Sie angekommen sind, heben Sie den Finger vom Bildschirm.
3 Mit der Rückschritttaste löschen Sie von hinten nach vorne.

4 Fügen Sie, wenn gewünscht, ein neues Zeichen oder Wort ein.
5 Blättern Sie wieder zurück zum Ende und tippen Sie einmal an das Ende Ihres Textes, bis der blinkende Cursor dort ist.

## Textblöcke an eine andere Stelle bugsieren: Kopieren und Einsetzen

Manchmal stellen Sie beim nochmaligen Durchlesen Ihrer Mail fest, dass Sie ein Wort oder einen ganzen Satz lieber an eine andere Stelle setzen würden: Die betreffende Passage einfach markieren, ausschneiden und andernorts wieder einsetzen.

### Markieren, ausschneiden, einsetzen

1 Suchen Sie die betreffende Passage auf.
2 Tippen Sie auf ein Wort des entsprechenden Satzes und halten es für eine knappe Sekunde gedrückt. Über dem Wort erscheint ein anthrazitfarbener Kasten mit zwei Auswahlmöglichkeiten.

3 Mit Alles markieren wählen Sie den gesamten Text aus.
4 Mit Auswählen wird ein Wort blau markiert.
5 Schieben Sie die kleinen blauen Punkte nach oben, unten, rechts und links, bis der gewünschte Text markiert ist.
6 Wählen Sie Ausschneiden.
7 Der markierte Block verschwindet.
8 Suchen Sie die Stelle, an der er nun wieder eingesetzt werden soll, und drücken Sie mit dem Finger, bis Einsetzen erscheint.
9 Drücken Sie auf Einsetzen.

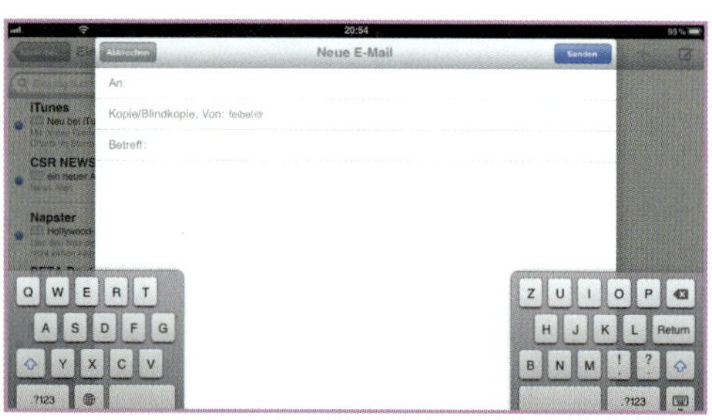

## Nur beim iPad: Die Tastatur teilen

Welcher Tipp-Typ sind Sie? Die einen tippen gerne mit zwei oder zehn Fingern, andere nutzen ihre Daumen. Hierfür kann das iPad die Tastatur teilen. Wenn Sie nun das iPad mit Ihren restlichen acht Fingern halten, erreichen die Daumen mühelos diese Tastatur. Probieren Sie es aus.

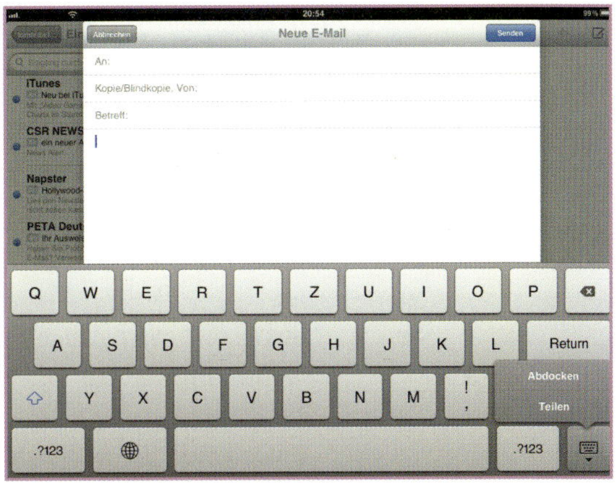

### Tastatur teilen

**1** Gehen Sie auf Einstellungen.
**2** Unter Allgemein tippen Sie auf Tastatur.
**3** Wählen Sie hier Geteilte Tastatur an.
**4** Öffnen Sie nun eine App wie Notizbuch. Möglicherweise müssen Sie mit Tipp die erste Notiz erst anlegen. Gehen Sie auf das Pluszeichen, um die Tastatur zu bedienen.
**5** Bleiben Sie nun mit dem Zeigefinger auf dem Tastaturzeichen unten rechts in der Ecke.
**6** Schieben Sie den Finger auf Teilen und probieren Sie aus, ob Ihnen die geteilte Tastatur liegt.

Wollen Sie lieber doch mit der alten Tastatur arbeiten, drücken Sie erneut auf das Tastatursymbol und schieben Sie den Finger auf Tastatur ins Dock.

## Häufige Fragen

### Kann ich zusätzlich auch internationale Tastaturen verwenden?

Ja. Auf dem iPhone und iPad können Sie mühelos zwischen verschiedenen Sprachtastaturen hin- und herwechseln. Damit schalten Sie dann auch die Rechtschreibprüfung von Deutsch auf die Fremdsprache um.

### Zu einer internationalen Tastatur wechseln

**1** Gehen Sie auf Einstellungen.
**2** Tippen Sie auf Allgemein, dann auf Tastatur rechts weit unten in der Auswahl.
**3** Wählen Sie nun Internationale Tastaturen an.
**4** Drücken Sie auf Tastatur hinzufügen.
**5** Suchen Sie aus der Auswahl die gewünschte Sprache und tippen Sie sie an.

6 Über die Hometaste gelangen Sie wieder ins Ausgangsmenü.
7 Öffnen Sie nun zum Beispiel die App Notizen, um die Tastatur zu benutzen.
8 Auf der Tastatur sehen Sie neben der Leertaste einen kleinen Globusball .
9 Mit einem Tipp darauf wechselt die Tastatur zur gewünschten Sprache.

#### Um es rückgängig zu machen, gehen Sie so vor:

1 Gehen Sie auf oben beschriebenem Weg zu Internationale Tastaturen.
2 Drücken Sie auf Bearbeiten oben rechts.
3 Wenn Sie auf eines der roten Haltschilder drücken und danach auf dem erscheinenden Schalter Löschen tippen, steht die jeweilige Sprache in der Tastatur nicht mehr zur Verfügung, kann aber selbstverständlich jederzeit wieder hinzugefügt werden.

### Kann ich auch eine richtige Tastatur anschließen?

Ja. iPhone oder iPad können Sie auch mit einer kabellosen Tastatur verwenden. Das Apple Wireless Keyboard, das auch beim iMac-Computer beiliegt, verbindet sich dann über die Bluetoothfunktion.

#### Ich möchte eine Apple-Tastatur anschließen

1 Gehen Sie auf Einstellungen.
2 Tippen Sie auf Allgemein.
3 Berühren Sie Bluetooth.
4 Aktivieren Sie, wenn nötig, den Bluetoothschalter.

5 Schalten Sie das Apple Wireless Keyboard ein.
6 Schon kurz darauf teilt Ihnen das iPhone oder iPad auf dem Bildschirm mit, dass die Tastatur erkannt wurde, und zeigt Ihnen einen Zahlencode.
7 Sobald Sie den Code über die echte Tastatur eingeben, ist sie mit dem Gerät verbunden.

## Wohl oder übel: Die automatische Korrekturfunktion

Manchmal kann es beim Schreiben sehr praktisch sein, wenn Ihnen das iPhone oder iPad beim Tippen in einem kleinen Fenster Wortvorschläge macht. Falls das beabsichtigte Wort vorgeschlagen wird, können Sie es mit Tipp auf die Leertaste übernehmen. Das Gerät vervollständigt nun das Wort – und das ist wirklich herrlich bequem. Macht das Gerät aber einen falschen Vorschlag, müssen Sie erst auf das kleine Kreuz im Kästchen tippen, bevor Sie die Leertaste drücken und zum nächsten Wort übergehen. Sonst steht plötzlich ein anderes als das gemeinte Wort im Text. Das kostet viel Zeit und Nerven.

### Autokorrektur abschalten

1 Gehen Sie auf dem Startbildschirm auf Einstellungen.
3 Wählen Sie Allgemein.
4 Tippen Sie auf Tastatur.
5 Schalten Sie Auto-Korrektur ab.

Weitere Hinweise zu persönlichen Einstellungen finden Sie ab Seite 171.

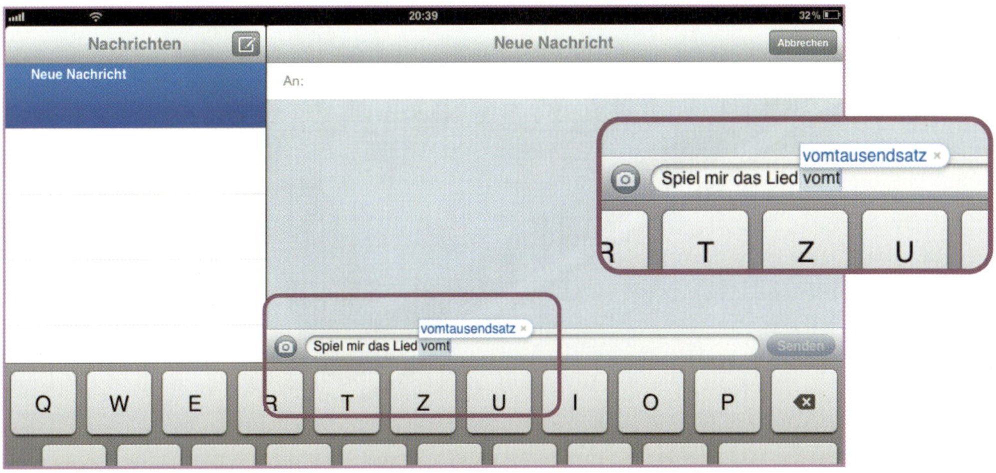

search:
http:
STICK TO IT!
DEADLINE!
BLOG

# STANDARD-APPS BEI IOS

Auf jedem iPhone und iPad gibt es eine bestimmte Anzahl bereits eingerichteter Apps. Dieses Kapitel zeigt Ihnen, wie Sie mit iPhone und iPad Adressen und Termine eintragen, E-Mails schreiben und abrufen oder im Internet surfen.

## DAS ADRESSBUCH: KONTAKTE

Das alte Adressverzeichnis aus Papier kommt irgendwann an seine Grenzen. Über die Jahre sammeln sich zahlreiche Änderungen an, vieles wird durchgestrichen und neu geschrieben, bis kaum noch Platz ist. All diese Daten in ein elektronisches Adressbuch zu überführen, wie es in iPhone und iPad vorhanden ist, lohnt sich. Jede Änderung wird über iCloud mit Ihren anderen Apple-Geräten abgeglichen und eine Sicherungskopie ist dadurch auch vorhanden. Das Adressbuch nutzt man beispielsweise für folgende Zwecke:

- Zum Nachrichtenschreiben mit iMessage, dem kostenlosen SMS-Dienst für iOS-5-Nutzer
- Zum Schreiben von E-Mails
- Um Videotelefonie mit FaceTime zu nutzen
- Um andere Teilnehmer zu Terminen einzuladen
- Um sich an den Geburtstag der jeweiligen Person erinnern zu lassen
- Um sich mit dem Kartennavigationssystem zur eingetragenen Adresse führen zu lassen

- Als ganz normales Adressbuch, wenn Sie mal jemandem aus dem Urlaub eine Postkarte schreiben möchten
- Beim iPhone natürlich zum Anrufen, SMS und MMS verschicken

Übrigens: Auch andere Apps greifen auf die Kontakte zu.

### Wie kommen Adressen und Telefonnummern auf iPhone und iPad?

Während die Eingabe von Adressen am iPad noch okay ist, ist sie auf dem iPhone etwas unbequem. Der komfortabelste und praktischste Weg bleibt der Computer.

Am Mac ist nur das Programm Adressbuch fehlerfrei. Mit der zur Zeit neusten Office-für-Mac-Software funktioniert der Abgleich zur Entstehung dieses Buches mit anderen Geräten nicht.

Am PC wiederum geht es nur mit Outlook. Die Synchronisation erfolgt dann über iTunes oder iCloud. Wie das genau geht, finden Sie ab Seite 113.

## REINE ANSICHTSSACHE: IHR PERSÖNLICHES WHO IS WHO

**(1)** Alphabetische Anordnung für das Namensverzeichnis.
**(2)** Gruppen: Nützlich bei vielen Kontakten zur Ordnung. Gruppen können Sie aber nur am Computer einrichten.
**(3)** Zurück in die Übersicht zu Alle Kontakte.
**(4)** Foto: Fügen Sie an diese Stelle ein Foto der Person ein.
**(5)** Pluszeichen: Hiermit fügen Sie einen neuen Kontakt ein.
**(6)** Nachricht senden: Schreiben Sie eine Mail oder SMS.
**(7)** FaceTime: Rufen Sie die Person mit der Videoapp FaceTime an.
**(8)** Kontakt senden: Schicken Sie jemandem den kompletten Adressdatensatz einer Person.
**(9)** Zu Favoriten: Beim iPhone haben Sie raschen Zugriff auf die wichtigsten Nummern.

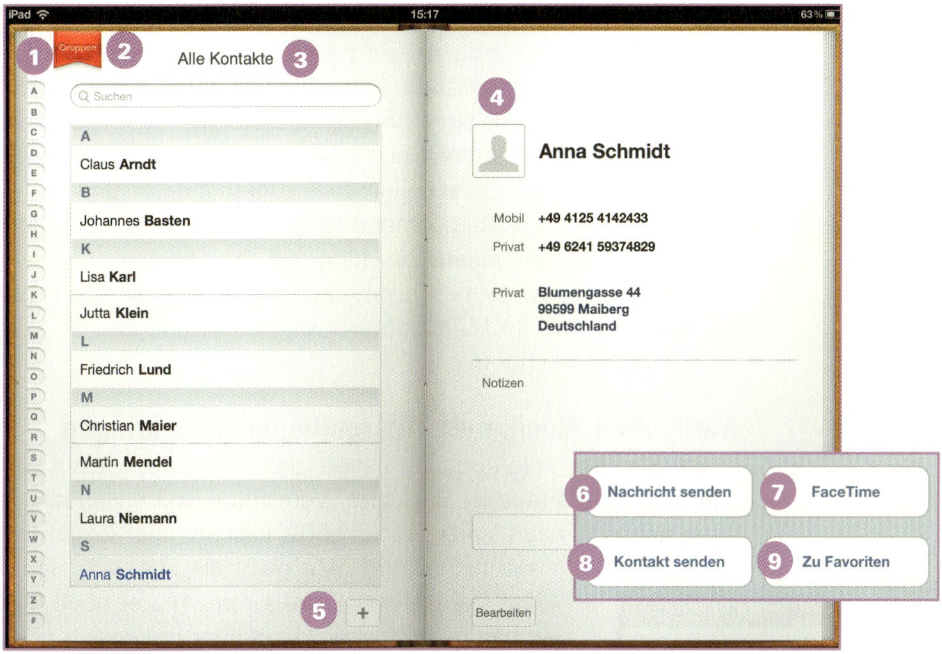


## Einen Kontakt eintragen

**1** Gehen Sie auf Kontakte.
**2** Drücken Sie auf das Pluszeichen.
**3** Tippen Sie auf das erste Feld und fügen Sie den Vornamen ein.
**4** Tippen mit dem Finger in das nächste Textfeld, um den Namen zu schreiben.
**5** Gehen Sie auf Mobil, um das Etikett einer Telefonnummer (z. B. Privat, Arbeit, Fax) hinzuzufügen.
**6** Tragen Sie die Telefonnummer ein.
**7** Nehmen Sie weiterhin E-Mail-Adresse und die Anschrift auf.

**WICHTIG**

Bitte denken Sie daran: Ganz gleich in welcher Stadt die Person lebt, geben Sie immer die Vorwahl mit ein, am besten sogar die Landesvorwahl, selbst wenn der- oder diejenige in Deutschland wohnt. Nur so können Sie die Person auch aus dem Ausland anrufen. Lassen Sie also alle Telefonnummern mit „+" und der jeweiligen Landesvorwahl beginnen. Auf dem Ziffernblock erhalten Sie das Pluszeichen, indem Sie länger auf der 0 bleiben.
Die folgende Ortsvorwahl schließt dann direkt ohne die erste Null an. Eine Nummer in München (Vorwahl 089) sähe also so aus: +4989 (Anschlussnummer).

## Merkhilfen: Noch mehr Informationen unterbringen

Wenn Sie sehr viele Kontakte haben, dann kann auch leicht der Überblick über Freunde, Bekannte, Verwandte und Kollegen verloren gehen. Darum sind manchmal die kleinen, aber feinen Details entscheidend: Wie heißt die Frau von Hansi Müller, bei welcher Firma ist der Müller noch mal beschäftigt und leben die Kinder in Lörrach oder Los Angeles? Jeder Mensch möchte eben, dass Sie sich an ihn erinnern. Wenn Sie dann auch noch den Geburtstag eingeben, wird Sie der Kalender garantiert rechtzeitig daran erinnern, sodass Sie nie wieder eine Gratulation verschwitzen.

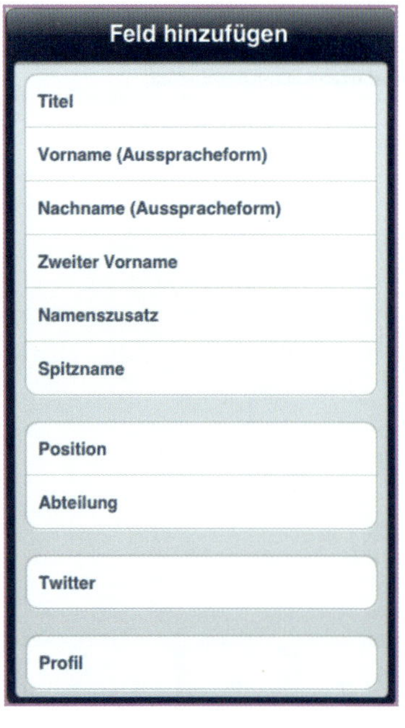


### Mehr Details unter Kontakte eintragen

1 Gehen Sie auf Kontakte.
2 Drücken Sie auf das Pluszeichen.
3 Tippen Sie auf Feld hinzufügen.
4 Tragen Sie ganz unten weitere Details ein, wie Geburtstag oder die korrekte Aussprache des Namens.
5 Unter Bemerkungen fügen Sie Öffnungszeiten oder private Kommentare in das Feld Notizen ein.
6 Gehen Sie auf Fertig.

## Adressbuch aufpeppen: Kleines Foto gefällig?

Sie können der Karteikarte auch ein Foto der betreffenden Person hinzufügen. Falls Sie keines haben, machen Sie einfach beim nächsten Treffen ein Foto vom Betreffenden.

### Ein Foto hinzufügen

1 Gehen Sie auf Kontakte.
2 Drücken Sie auf den Namen der Person.
3 Gehen Sie auf Bearbeiten.
4 Drücken Sie Foto hinzufügen.
5 Suchen Sie mit Foto auswählen das richtige Bild aus.
5b Alternativ: Machen Sie mit Foto aufnehmen ein Bild.
6 Das Bild ist jetzt dem Kontakt zugeordnet.

Tipp: Wenn Ihnen der Bildausschnitt nicht gefällt, können Sie mit Bearbeiten das Bild ein wenig nach rechts, links, oben oder unten platzieren.

## Kein Geschmiere mehr: Änderungen sauber vornehmen

Der Albtraum bei manuellen Adressbüchern ist, dass Sie nach ein paar Jahren kaum noch lesbar sind. Ständig ändern sich Adressen, Telefonnummern oder es kommen Mobilnummern und E-Mail-Adressen hinzu. Das ändern Sie unter Kontakte schnell und unkompliziert.

### Kontakte ändern

1 Gehen Sie auf Kontakte.
2 Drücken Sie auf den Namen der Person.
3 Gehen Sie auf Bearbeiten.
4 Nehmen Sie jegliche Änderungen vor.

Sie dürfen auch löschen: Bei einzelnen Elementen geht dies unter Bearbeiten, indem Sie beim entsprechenden Etikett auf das rote Schild tippen. Wollen Sie den Kontakt komplett entfernen, müssen Sie am Ende des Eintrags den roten Balken mit der Aufschrift Kontakt löschen betätigen.

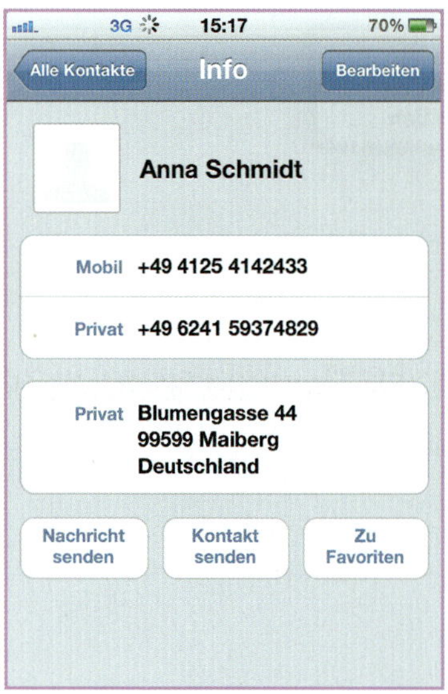


## Kann ich die Adressen an andere weiterleiten?

Ja. Adressen werden in einem sogenannten VCF-Format abgespeichert und lassen sich einfach weiterleiten. Der Transport funktioniert nicht nur von iPhone zu iPhone (oder iPad zu iPhone), sondern auch mit den meisten anderen Smartphones oder Computern – ob Mac oder PC.

### Kontakte weiterleiten

1 Gehen Sie auf Kontakte.
2 Drücken Sie den Namen der Person.
3 Gehen Sie auf Kontakt senden.
4 Entscheiden Sie, ob Sie diesen als E-Mail (E-Mail-Adresse vorhanden?) oder MMS (Handynummer vorhanden?) senden.

# MAIL: SCHREIB MAL WIEDER

Jedes Schreiben hat seine bevorzugte Form und auch seine jeweiligen Vor- und Nachteile. So sind handschriftliche Briefe ganz wunderbar, aber manchmal auch unlesbar, kommen später oder einfach niemals an. E-Mails hingegen sind schnell und unmittelbarer, brauchen weder Briefmarke noch Briefträger, sind aber dafür oft nüchtern und unpersönlicher. E-Mails haben sich dennoch durchgesetzt, weil ihr sekundenschnelles Tempo unschlagbar bleibt.

Mit iPhone und iPad sind Sie beim E-Mail schreiben vollkommen vom Ort unabhängig und alles, was digital ist, lässt sich anhängen. Die App, die Sie dafür benutzen, heißt Mail und befindet sich normalerweise in der untersten Zeile des Startbildschirms: ein blaues Symbol mit einem weißen Briefumschlag.

## Was Mail alles leistet

Mit der App Mail kann man:

- E-Mails schreiben
- E-Mails senden/empfangen
- Anhänge (etwa Bilder, Videos, Texte) senden/empfangen
- E-Mails weiterleiten
- An mehrere Leute gleichzeitig schreiben
- E-Mails verwalten
- In E-Mails nach Begriffen suchen
- Den Link zu einer Webseite beispielsweise an einen guten Freund versenden

## So sieht der Bildschirm aus:

Postfächer **(1)**: Übersicht Ihrer Postfächer, wenn Sie mehrere Mail-Adressen besitzen, etwa für private und offizielle Schreiben.

Alle (Zahl) **(2)**: Zeigt Ihnen die Anzahl der eingegangenen E-Mails.

Accounts **(3)**: Zeigt Ihnen Ihre verschiedenen E-Mail-Adressen an.

Aktualisieren **(4)**: Zum manuellen Abrufen der Mails für alle E-Mail-Adressen.

Bild nächste Seite:

Neue Mail schreiben **(5)**: Hier drauftippen und Sie können eine neue Mail verfassen.

Bearbeiten **(6)**: Mit diesem Schalter entfernen Sie überflüssige E-Mails. Sie können diese auch in einem Rutsch als gelesen oder ungelesen markieren.

Suchfenster **(7)**: Geben Sie einen Suchbegriff in das Suchfenster mit der Lupe ein, wenn Sie nach etwas Bestimmtem suchen.

Alle anderen Einstellungen von Mail, beispielsweise wie oft Ihre E-Mails automatisch abgerufen werden sollen, legen Sie nicht hier, sondern unter Einstellungen fest.

## Was brauche ich, um eine E-Mail zu senden und zu empfangen?

Zum Schreiben von E-Mails bedarf es erst einmal einer E-Mail-Adresse und somit eines E-Mail-Kontos. Die haben Sie aber ohnehin, da die E-Mail-Adresse ja Voraussetzung für Ihre Apple ID ist. Sie können natürlich auch weitere E-Mail-Adressen einrichten. Es gibt sie kostenlos von vielen deutschen und internationalen Anbietern, zum Beispiel von GMX, Google oder Yahoo.

Eine E-Mail-Adresse wie Heinz-Meier@gmx.de besteht aus zwei Teilen:
Heinz-Meier: ist in diesem Fall der Name. Die Groß- und Kleinschreibung spielt dabei keine Rolle.
gmx.de: Das ist die Domain, zu deutsch die Domäne, auf der Ihre E-Mail-Adresse liegt. Das .de ist die Abkürzung für Deutschland. Weitere bekannte Abkürzungen sind unter anderem .com, .info, .org. Übrigens: Dieses Zeichen @ ist das Zuordnungssymbol at (sprich: ät), zu deutsch: an.

Manchmal kann es sinnvoll sein, mehrere E-Mail-Adressen zu haben, wenn Sie zum Beispiel private und berufliche E-Mails voneinander trennen wollen.

### E-Mail-Adresse einrichten mit Computer

Eine E-Mail-Adresse kann auch auf dem Computer eingerichtet werden. Bei der ersten Synchronisation von iPhone und iPad mit dem Computer werden in der Regel alle E-Mail-relevanten Daten auf diese Geräte überspielt.

### E-Mail-Adresse einrichten ohne Computer

Ist kein Rechner vorhanden, geht das natürlich auch mit iPhone und iPad. Dazu gehen Sie zum Beispiel auf die Internetseiten von Mailanbietern wie Google oder GMX.

## Eine E-Mail schreiben

**1** Öffnen Sie **Mail**.
**2** Wählen Sie Ihre E-Mail-Adresse an.
**3** Gehen Sie auf den kleinen Kasten mit dem Stift-Symbol unten rechts.
**4** Schreiben Sie den Empfänger in das Feld **An**.
**5** Im Feld beziehungsweise den Feldern darunter können Sie jemandem eine **Kopie** oder eine **Blindkopie** der Mail zukommen lassen. Eine Blindkopie heißt, dass niemand sieht, dass derjenige ebenfalls diese Mail bekommen hat. Im Feld darunter können Sie die E-Mail-Adresse (Account) auswählen, von der Sie die Mail verschicken wollen.
**6** Tippen Sie in den **Betreff** einen aussagekräftigen Begriff oder Satz.
**7** Im großen Feld darunter können Sie dann Ihren Text tippen. Bereits vorgegeben ist „gesendet von meinem iPhone“. Diesen Text können Sie jedes Mal löschen oder unter **Einstellungen > Mail, Kontakte, Kalender > Signatur** (ziemlich weit unten) ändern. Mehr zur Signatur auf Seite 60.
**8** Wählen Sie **Senden**.

## E-Mails abrufen

Das ist einfach: Ihre E-Mails werden meistens ohnehin im Hintergrund abgerufen. In welchem Turnus das erfolgen soll, legen Sie unter Einstellungen fest, zu erreichen über den Startbildschirm und das Symbol mit den grauen Zahnrädern. Weiter unten im sich dann öffnenden Menü finden Sie Mail, Kontakte, Kalender. Spätestens, wenn Sie Mail öffnen, werden Ihre E-Mails automatisch abgerufen. Wenn Sie auf das geschwungene Pfeilsymbol unten links drücken, erfolgt ein erneuter Abruf.

## Empfangene E-Mails lesen

Empfangene Mails werden untereinander aufgelistet. Sie sehen dabei den Namen des Absenders **(1)**. Der blaue Punkt **(2)** symbolisiert, dass Sie dieses Schreiben noch nicht gelesen haben. Sie erkennen hier bereits den Betreff **(3)** und den Mailanfang. Um die Mail zu lesen, tippen Sie darauf. Schalten Sie Details wie Ihre eigene E-Mail-Adresse über die Fläche Ausblenden weg. Über Details machen Sie diesen Schritt rückgängig.

Die E-Mail geht auf. Falls es ein längeres Schreiben ist, schieben Sie beim Lesen Stück für Stück den Finger auf dem Schirm nach oben. Nach der Lektüre kehren Sie über Eingang oben links zu den anderen Mails zurück. Oder Sie bedienen sich rechts oben der Auf- und Ab-Pfeile, um innerhalb der E-Mails zum nächsten oder vorigen Schreiben zu springen.

## Reaktionen auf gelesene E-Mails

Wenn Sie die E-Mail gelesen haben, können Sie sofort reagieren:

- Antworten

Tippen Sie dazu auf den geschwungenen, nach links weisenden Pfeil unten in der Leiste, wählen Antworten aus und schreiben zurück. Waren mehrere Empfänger eingetragen, können Sie auch An Alle antworten.

- Weiterleiten

Mitunter ist die Aussage in einer Mail auch interessant für einen Dritten. Mit dem Pfeil können Sie diese Nachricht dann entsprechend weiterleiten. Wenn sich eine angehängte Datei (etwa Text, Bild) darin befindet, werden Sie noch einmal gefragt, ob Sie den Anhang übernehmen oder nicht übernehmen wollen.

- Drucken

Wie am Computer können Sie auch E-Mails vom iPhone oder iPad ausdrucken. Dafür bedarf es eines speziellen Druckers. Mehr dazu auf Seite 201.

Hinter den anderen Symbolen unten in der Leiste verbergen sich weitere Aktionsmöglichkeiten. Ganz links können Sie wieder manuell neue Mails abrufen, das Symbol ganz rechts kennen Sie ebenfalls, damit lässt sich eine neue Mail ohne automatischen Bezug zur gerade geöffneten schreiben. Die beiden anderen Symbole bedeuten Folgendes:

- Ordnersymbol = Bewegen

Sie können die E-Mail auch in einen anderen Mailordner verschieben, indem Sie das Ordnersymbol mit dem Pfeil berühren. Dazu müssen Sie ihn jedoch zuvor angelegt haben. Alternativ geht das auch mit dem Schalter Bearbeiten und dann Bewegen.

- Papierkorb = Löschen

Ist die Nachricht nicht mehr relevant, löschen Sie die Mail, indem Sie auf den Mülleimer tippen. Der ist beim iPhone unten und beim iPad oben.

Alternativ gehen Sie in der Mailübersicht auf Bearbeiten. Dann tippen Sie in den Kreis der zu beseitigenden Mails und drücken unten auf das rote Symbol Löschen.

### E-Mails wohnen nicht länger nur auf dem Computer

iPhone und iPad sorgen dafür, dass das Schreiben, Versenden und Empfangen von E-Mails mobil wird. Hauptsächlich wurden bislang E-Mails am Computer geschrieben, sortiert und archiviert. Auf den iOS-Geräten haben Sie zwar kein langfristiges Archiv und greifen nur auf eine bestimmte Anzahl an Nachrichten aus einem bestimmten Zeitraum zu, aber mit der Datenwolke iCloud haben Sie Ihr ganzes E-Mail-Archiv im Internet. Besuchen Sie mit einem Browser Ihrer Wahl die Webseite www.icloud.com, dann können Sie mithilfe Ihrer Apple ID und Ihres Kennworts von jedem Rechner mit Internetzugang darauf zugreifen.

### Vorweg: Ein paar „grundsätzliche" E-Mail-Regeln

- Leider hat sich im E-Mail-Verkehr ein Hang zum Schludern eingeschlichen. Fehlende Anreden, unfreundlicher Ton und Tippfehler sind in dieser modernen Kommunikation keine Seltenheit.
- Auch in E-Mails sollte nicht auf eine freundliche Anrede verzichtet werden.
- Bitte lesen Sie Ihre E-Mails noch einmal gründlich durch, bevor Sie sie absenden.
- Entfernen Sie etwaige Schreibfehler.
- Schließen Sie Ihre E-Mails mit einer Abschiedsformel.
- Wenn Sie Dateien an Ihre E-Mail anhängen wollen, dann seien Sie dabei sehr sorgsam. E-Mails mit zu großen Anhängen erreichen den Empfänger möglicherweise gar nicht oder blockieren dessen Postfach. Fragen Sie also lieber vorher. Es kann sein, dass der andere eine viel langsamere Internetanbindung hat als Sie selbst.
- Leiten Sie nicht bedenkenlos E-Mails weiter, die Sie erhalten. Denken Sie an die Privatsphäre.

Wichtig: E-Mails können an jeden weitergeleitet werden. Und Sie bekommen das nicht mit. Darum sollten Sie sich genau überlegen, was Sie wem in welchem Ton schreiben. Seien Sie außerdem vorsichtig mit Ironie. Auch wenn Sie „Du alter Zausel" liebevoll meinen, kann das ganz anders gelesen und verstanden werden.

### Posteingang: Woran erkenne ich, ob ich eine E-Mail bekommen habe?

Sie müssen nicht jedes mal Mail starten, um den Eingang neuer Nachrichten zu überprüfen. Sobald iPhone oder iPad eingeschaltet sind, erkennen Sie auf dem Briefsymbol die Anzahl **(1)** der E-Mails, die nicht gelesen wurden.
Eine weitere Möglichkeit besteht darin, das zunächst unsichtbare „Rollo" namens Mitteilungszentrale zu nutzen. Entsperren Sie das Gerät, setzen Sie den Finger oben auf die Uhrzeit und ziehen Sie den Finger nach unten. Hier sehen Sie alle neuen Nachrichten, das aktuelle Wetter, die Aktienkurse – und die neu eingegangenen E-Mails. Wenn Sie in der Mitteilungszentrale den Finger unten auf die drei Striche legen und dann nach oben schieben, verschwindet das Fenster der Mitteilungszentrale wieder.
Wenn Ihre Mails in der Mitteilungszentrale nicht auftauchen, müssen Sie die Einstellungen ändern. Dafür gehen Sie auf dem Ausgangsbildschirm in Einstellungen und dann auf Mitteilungen. Dort sehen Sie im oberen Bereich, welche Apps bereits von der Mitteilungszentrale berücksichtigt werden, weiter unten können Sie verschiedene andere Apps auswählen, die Ihre Neuigkeiten in der Mitteilungszentrale hinterlegen.

### Bilder und Texte lesen: Wie kann ich Anhänge laden und öffnen?

Anhänge bestehen immer aus Dateien. Die meisten lassen sich öffnen, indem Sie darauf tippen. Größere Anhänge werden nicht automatisch geladen. Doch Vorsicht: Wenn es ein größeres Bild oder Video ist, sollten Sie das nur in einer WLAN-Umgebung abrufen. Denn trotz der vollmundigen Werbung mit unbegrenzten Datenvolumen durch viele Mobilfunkanbieter wird die Geschwindigkeit, mit der die Daten übertragen werden, ab einem bestimmten monatlichen Volumen so gedrosselt, dass die Benutzung keinen Spaß mehr macht. Die Grenze kann durch ein paar Videos schnell erreicht sein, und dann ist für den Rest des Monats Schleichfahrt angesagt. Auf Seite 177 wird erklärt, wie Sie den Überblick über Ihr bereits verbrauchtes Datenvolumen behalten.

**WICHTIG**

Sie können nicht jeden Anhang öffnen. Wenn zum Beispiel die Datei aus einer Software stammt, die weder Ihr iPhone noch Ihr iPad erkennt, bleibt sie verschlossen. Doch obwohl beispielsweise das Programm Excel (noch) nicht für iPhone und iPad existiert, können die Geräte den Inhalt der Datei dennoch anzeigen. Sehr praktisch! Wollen Sie etwas ändern, geht das nicht so einfach. Dazu brauchen Sie eine weitere (nur begrenzt funktionierende) kostenpflichtige App, zum Beispiel **Quickoffice**. Auch Apples eigenes Schreibprogramm **Pages** kann Word-Dokumente öffnen und dann bearbeiten, die App **Numbers** öffnet Excel-Dateien. Aber dabei gehen manche Formatierungen verloren, und das Ergebnis kann ziemlich bescheiden aussehen. Noch keine ideale Lösung.

### Anhänge sichern: Wie speichere ich Fotos und PDFs?

Haben Sie ein Foto heruntergeladen, tippen Sie einmal drauf. Sie werden im Dialog gefragt, ob Sie es sichern wollen. Wenn ja, finden Sie die Fotografie ab nun unter dem Sonnenblumensymbol mit den anderen Fotos. PDF-Dateien wiederum müssen über den Kasten mit dem Pfeil zu iBooks geleitet werden. Dort liegt das PDF nun im Holzregal und wartet darauf, von Ihnen gelesen oder betrachtet zu werden.

### Signatur: Wie kann ich meinen kompletten Absender am Ende einer E-Mail automatisch einfügen?

#### Eine Signatur erstellen

1 Öffnen Sie Einstellungen.
2 Gehen Sie auf Mail, Kontakte, Kalender.
3 Relativ weit unten rechts tippen Sie auf Signatur.
4 Jetzt geben Sie hier Ihren Absender ein: Der besteht aus Namen, Adresse, PLZ und Stadt. Wenn Sie wollen, können Sie auch noch die Telefonnummer hinzufügen.
5 Verlassen Sie das Menü über die Hometaste.
6 Wenn Sie jetzt unter Mail ein neues Schreiben öffnen, erscheint die Signatur automatisch.

**Was mache ich, wenn mir jemand in einer Mail einen Link sendet?**
Ein Link führt Sie auf eine ganz bestimmte Internetseite. Sie erkennen einen Link in dem meist voranstehenden „http://www" und daran, dass er sich vom Text farblich abhebt (meistens blau) und zudem unterstrichen ist. Sobald Sie darauf tippen, wechselt Mail automatisch zum Internetbrowser Safari und zeigt Ihnen die jeweilige Seite an. Was Safari genau ist und kann, erfahren Sie ab Seite 76.
Übrigens: Sie sollten nicht jedem Link folgen. Erst recht nicht, wenn Sie den Absender der E-Mail nicht kennen.

## DIE LÄSTIGE SEITE DER E-MAILS: SPAM

Spam (auch Junk genannt) werden unerwünschte Werbemails genannt, die Sie ungefragt zugesendet bekommen. Unseriöse Unbekannte aus aller Welt senden sie tagtäglich an Millionen von Menschen in aller Welt. Meistens geht es um Viagra, Sex und Geld. Mal haben Sie angeblich im Lotto gewonnen, ein anderes Mal sind ausgerechnet Sie der Erbe eines millionenschweren afrikanischen Geschäftsmanns. Alles Unsinn, alles Betrug. Bitte lassen Sie Ihren gesunden Menschenverstand eingeschaltet. Antworten Sie niemals und löschen Sie diese E-Mails auf der Stelle.

### So viel Müll: Was kann ich gegen Spam tun?

Manche Mailprogramme am Computer wie Mail oder Outlook versuchen, mit technischen Mitteln der Flut Herr zu werden, auch Mailserver filtern Spam aus. Mit mehr oder weniger Erfolg. Meistens greifen die Spamverursacher die fremden Adressen im Internet ab. Sie können sich aber auch in ein elektronisches Adressverzeichnis eines Ihrer Bekannten eingeschlichen haben.

#### Regeln zur Spamvermeidung

**1** Antworten Sie weder Unbekannten noch auf Spammails.

**2** Bekommen Sie unerwünschte Werbung, klicken Sie nicht auf den Schalter, der Sie angeblich aus diesem Verteiler wieder herausnimmt.

**3** Wählen Sie in solchen Schreiben keinen Link an.

**4** Hinterlassen Sie im Internet nicht zu großzügig Ihre E-Mail-Adresse.

## SAG'S BITTE KÜRZER: SMS, MMS UND iMESSAGE

Kurznachrichten auf dem Handy haben längst die Welt erobert. Allein in Deutschland wurden 2011 laut Schätzungen 46 Milliarden SMS verschickt. In der Regel hat eine SMS 160 Zeichen, bei längeren Nachrichten werden dann zwei oder mehr SMS berechnet. Das Tückische beim iPhone: In der Grundeinstellung der App Nachrichten sehen Sie die Anzahl der bereits geschriebenen oder verbleibenden Zeichen nicht. Sie haben also keine Übersicht, ob doppelt oder sogar dreifach berechnet wird. Sie können aber die Anzeige der Zeichenanzahl unter Einstellungen und Nachrichten aktivieren.

SMS steht für Short Message System (Kurznachrichtensystem). In einem ähnlichen Verfahren können mit dem Mobiltelefon auch Bilder und Videos verschickt werden. Dazu wird MMS benötigt, eine Abkürzung für Multimedia Messaging System (Multimedia-Nachrichtensystem). Hierbei wird dann nicht nach Zeichen, sondern nach Datenmengen abgerechnet.
Allerdings geht das alles mit dem iPad nicht. Dafür zieht der Hersteller iMessage aus dem Hut: ein Nachrichtensystem, das nur zwischen iPhones und iPads untereinander und mit Internetverbindung funktioniert. Es läuft über die Apple-Server, nicht über die Mobilfunkanbieter.
iMessage ist kostenlos, SMS kosten in der Regel 9 bis 19 Cent. MMS sind oft doppelt so teuer und schlagen auch schon mal mit 1 Euro zu Buche, im Ausland wird es noch teurer. In der Regel zeigt das iPhone in der Nachrichtenzeile bereits an, ob iMessage zur Verfügung steht. Wenn Sie gerade eine Nachricht schreiben und der Adressat ebenfalls gerade eine Nachricht an Sie tippt, sehen Sie das an drei Punkten in der Sprechblase.

**WELCHE KURZNACHRICHTEN FUNKTIONIEREN WO**

| | iPhone | iPad |
|---|---|---|
| SMS | ja | nein |
| MMS | ja | nein |
| iMessage | ja | ja |

## Hat die SMS Vorteile gegenüber der kostenlosen E-Mail?

SMS und E-Mails setzen auf das geschriebene Wort. Aber es gibt einen entscheidenden Unterschied: SMS sind viel unmittelbarer und erreichen ihren Adressaten viel direkter. Die Gründe:

- Eine SMS ist sehr schnell
- Jeder, der ein Mobiltelefon besitzt, kann sie empfangen

- Das Gerät ist meist in Griffnähe
- Bei SMS ist auch niemand böse, wenn Sie als schnelle Antwort nur Ja schreiben

## Eine SMS mit dem iPhone verschicken

Je mehr Kontakte in Ihrem Adressbuch mit Mobilfunknummer stehen, desto besser. Sie müssen dann nur den Namen der Person auswählen, der Sie schreiben wollen. Dazu gibt es zwei Wege.

### SMS schreiben (Nachrichtenvariante 2)

1 Gehen Sie auf Nachrichten.
2 Drücken Sie auf das Symbol Verfassen.
3 Geben Sie unter An die Handynummer ein. Suchen Sie durch Drücken auf das Plussymbol im Adressbuch oder geben Sie den gesuchten Namen direkt ein, die passenden Einträge aus dem Adressbuch werden Ihnen dann im Feld darunter zur Auswahl angeboten.

4 Sie können hintereinander auch mehrere Adressaten eingeben, aber jeder Empfänger kostet extra.
5 Tippen Sie kurz in das schmale Nachrichtenfeld direkt über der Tastatur und schreiben Sie auf der Tastatur Ihre Nachricht.
6 Lesen Sie Korrektur und drücken Sie auf Senden.

Sie können auch direkt aus Kontakte (dem Adressbuch) Nachrichten senden. Wählen Sie dazu einen Eintrag, links unter den Kontaktdaten ist dann ein Feld Nachricht senden zu sehen. Tippen Sie darauf, wählen Sie eine Mobilnummer aus und es geht weiter wie oben.

Tipps zur Korrektur: Mit der Zurücktaste lässt sich jeder Tippfehler leicht entfernen. Befindet sich der Fehler weiter vorne, können Sie den Cursor an eine beliebige Stelle versetzen, indem Sie mit dem Finger länger an der gewünschten Stelle bleiben. Mit der sich öffnenden Lupenansicht können Sie dann den blauen Cursor genau justieren.

## MMS mit dem iPhone schreiben

Eine SMS wird automatisch zur MMS, wenn Sie ein Bild oder Video anhängen. Dafür drücken Sie auf das Fotoapparatsymbol **(1)** links neben der Nachrichtenzeile. Wählen Sie aus, ob Sie das Foto oder Video jetzt aufnehmen wollen oder ein bereits gespeichertes Bild aus dem Album versenden möchten.
Sie können auch direkt aus der Kamera-App (siehe Seite 163) Bilder per MMS (oder wenn möglich iMessage) versenden. Schreiben Sie ein paar Zeilen, lesen Sie Korrektur und drücken Sie dann auf Senden.

## SMS und MMS erhalten, finden, lesen

Trifft eine SMS oder MMS ein, erklingt ein Signalton, den Sie in Einstellungen auch ändern können. Zum Öffnen schieben Sie die Anzeige der Nachricht einfach mit dem Finger nach rechts. Sie erkennen den Erhalt auch später an der Zahl (Anzahl der Nachrichten) auf dem Nachrichtensymbol. Tippen Sie darauf, um die neusten Nachrichten zu lesen.

## Auf SMS und MMS antworten

Das iPhone legt zu jedem SMS-Partner einen Dialogzweig an. So wissen Sie immer, was der andere zuletzt geantwortet hat.

### Einer SMS/MMS antworten

1 Gehen Sie auf Nachrichten.
2 Tippen Sie auf eine Nachricht. Ein Fenster geht auf, in dem Sie den bisherigen Verlauf Ihrer SMS-Konversation mit diesem Menschen sehen.
3 Am unteren Rand erkennen Sie das schmale Nachrichtenfeld (ist das kostenlose iMessage möglich, steht dort statt Nachricht iMessage). Tippen Sie in das Feld, die Tastatur öffnet sich und Sie können Ihre

Nachricht schreiben und natürlich auch ein Bild oder Video anhängen.
4 Drücken Sie auf Senden.

Sie können bei Erhalt einer Nachricht auch direkt anrufen: Oben, am Anfang des Dialogs, finden Sie ein Feld Anrufen. Ist die Konversation schon länger her, müssen Sie erst die Nachrichten nach unten schieben, bevor Sie das Feld oben links sehen können. Oben rechts können Sie die Nummer Ihres SMS-, MMS- oder iMessage-Partners auch in Kontakte (Ihrem Adressbuch) speichern.

## Häufige Fragen

### Was tun, wenn die SMS klemmt?

SMS schreiben ist bei einer Zugreise angenehmer als lauthals telefonieren. Aber der ICE fährt vielleicht auch durch kurze Abschnitte ohne Mobilfunknetz. Dann kann das Versenden scheitern. Warten Sie einen Moment, bis Ihr iPhone wieder Mobilnetz anzeigt, drücken Sie dann auf das rote Ausrufezeichen **(1)** und anschließend auf Wiederholen.

### Wie kann ich eine SMS weiterleiten? Und wie löschen?

Sie können eine SMS auch weiterleiten, wenn Sie eine Information darin anderen zukommen lassen wollen. Natürlich können Sie SMS-Nachrichten ebenso löschen.

#### Eine SMS weiterleiten

1 Gehen Sie auf Nachrichten.
2 Tippen Sie auf den Absender der SMS.
3 Gehen Sie auf Bearbeiten.
4 Tippen Sie die Kreise der Nachrichten an, die Sie weiterleiten wollen.
5 Wählen Sie über Kontakt den neuen Adressaten aus.
6 Drücken Sie anschließend auf Senden.

### Eine Nachricht löschen

1 Gehen Sie auf Nachrichten.

2 Wischen Sie in der Auflistung Ihrer Nachrichten auf der betreffenden Nachricht mit dem Finger nach rechts.

3 Ein roter Schalter Löschen erscheint.

4 Drauftippen und fertig.

## So erkennen Sie den Unterschied zwischen iMessage und Nachrichten

Am Anfang mag Sie das noch ein wenig verwirren, weil Sie unsicher sind, ob Sie gerade eine kostenpflichtige SMS oder eine kostenlose iMessage schreiben. Dabei gibt es einfache, optische Unterschiede:

- Nachrichten und iMessage werden jeweils in unterschiedlichen Farben angezeigt. Zurzeit sind das grün und blau.
- Im Textfenster sehen Sie entweder ganz blass den Begriff Nachricht **(1)** oder iMessage **(2)**.

## Für alle Fälle: Aktivieren nicht vergessen

In der Regel ist iMessage eingeschaltet. Sie können das aber über Einstellungen und Nachrichten auch selbst regeln. Sobald der andere Teilnehmer über iMessage verfügt, können Sie das iPhone und iPad automatisch erkennen. Sie müssen nur den Namen eingeben oder die Person aus Ihren Kontakten auswählen.

Tipp: Wenn Sie jemanden kennen, der ein iPhone oder iPad hat, aber nur mit Nachricht angezeigt wird, hat derjenige entweder keine aktuelle iOS-Version oder einfach nur versäumt, iMessage einzuschalten. Schicken Sie ihm eine SMS mit dem Hinweis.

# KALENDER: WANN WAR NOCH MAL WAS FÄLLIG?

Computerkalender haben durchaus ihre Vorteile. Während Sie sonst Geburtstage jedes Jahr neu in den Papierkalender übertragen müssen, stehen sie nun in iPhone und iPad fortlaufend zur Verfügung. Ähnlich wie bei den Kontakten funktioniert dieser Kalender auf dem iPhone/iPad bestens, läuft aber meistens erst in Kombination mit einem Computer zur wahren Hochform auf: So auf einem Mac-Computer mit dem mitgelieferten Programm iCal, denn dann können Sie einen Termin eingeben, der via iCloud oder der Synchronisation durch iTunes auf allen Ihren entsprechenden Geräten landet.

## Warum sind Kalender auf dem iPhone und iPad von Vorteil?

Das iPad kann wie ein kleiner Computer überall mit hingenommen werden und beim iPhone ist es sowieso klar, dass wir nur selten ohne Mobiltelefon das Haus verlassen. In beiden Fällen haben wir unseren Terminkalender also automatisch dabei. Wenn Sie also mit Skatfreunden das nächste Treffen ausmachen wollen oder von Ihrem Hausarzt oder Friseur einen neuen Termin angeboten bekommen, können Sie mit wenigen Handgriffen nachsehen, ob Sie Zeit haben und das neue Datum gleich an Ort und Stelle eintragen. Bei der nächsten Synchronisation mit oder ohne Kabel gelangen diese Termine auf Ihren Computer. Und mit iCloud müssen Sie ohnehin keine Termine mehr synchronisieren, sie sind sofort auf allen Geräten verfügbar.

## Reine Ansichtssache: Kalender

Sie können sich Ihre Termine in verschiedenen Ansichtsarten anschauen.

Heute **(1)**: Egal wo Sie im Kalenderprogramm sind, springen Sie damit zum heutigen Datum.

Liste **(2)**: Zählt einfach nur die gespeicherten Ereignisse chronologisch sortiert auf.

Tag **(3)**: Verschafft Ihnen einen Überblick über den ausgewählten Tag.
Monat **(4)**: Weist in einer Schnellübersicht darauf hin, wann es Termine gibt. Tage mit einem Punkt markiert stehen dabei für einen Eintrag. Tage ohne Punkt sind noch frei.
Jahr (nur iPad) **(5)**: Manche Termine stehen erst in einem Jahr an. Mit diesem Feld tragen Sie weitere Termine ein. Farbliche Kennzeichnungen weisen schon mal auf mögliche Termine hin. Nur beim iPad.
Pfeile **(6)**: Damit blättern Sie einzelne Tage, Wochen oder Monate vor und zurück.
Suchen **(7)**: In diesem Feld geben Sie Stichworte ein, etwa wenn Sie nicht mehr ganz sicher sind, wann genau zum Beispiel der nächste Ausflug ist. Beim iPhone geht dies nur in der Listenansicht.

## Wie kann ich einen neuen Termin eintragen?

Das erklären wir am besten an einem Beispiel: Der berühmte Mahler-Dirigent Eliahu Inbal kommt mit seinem Orchester in Ihre Stadt. Sie haben die Karten gekauft und wollen sich jetzt diesen Termin in Ihrem Kalender eintragen.

### Einen neuen Termin eintragen

1 Gehen Sie auf Kalender.
2 Drücken Sie auf das Pluszeichen.
3 Geben Sie unter Titel: „Inbal Konzert" ein.
4 Fügen Sie den Ort hinzu, zum Beispiel „Kammermusiksaal".
5 Gehen Sie auf Anfang/Ende und stellen Sie unten am Drehregler Datum und Uhrzeit ein.
6 Drücken Sie auf Fertig.
7 Wählen sie nun Erinnerung an und legen Sie fest, wann genau Sie sich erinnern lassen wollen: in Minuten, Stunden oder ein oder zwei Tage vorher.
8 Drücken Sie auf Fertig.

Tipp: Wenn Sie immer im gleichen Zeitraum an einen Termin erinnert werden wollen, können Sie das unter der App Einstellungen

unter Mail, Kontakte, Kalender und dann unter Erinnerungen als Standarderinnerung festlegen.

## Häufige Fragen

### Was ist, wenn ein Termin den ganzen Tag dauert?

Bisher haben Sie nur Termine eingetragen, die zu einer bestimmten Uhrzeit stattfinden. Aber nehmen wir an, Sie wollen Urlaub machen, der mehrere Tage dauert, dann können Sie diesen Event als ganztätiges Ereignis eintragen.

#### Einen ganztägigen Termin eintragen

1 Gehen Sie auf Kalender.
2 Drücken Sie auf das Pluszeichen.
3 Geben Sie unter Titel „Ausflug" ein.
4 Fügen Sie den Ort hinzu, zum Beispiel „Rügen".
5 Tippen Sie auf Fertig.
6 Gehen Sie auf Anfang/Ende.
7 Schieben Sie den Schalter von Ganztägiges Ereignis an.
8 Drücken Sie auf Fertig.

### Was ist eigentlich, wenn sich ein Termin regelmäßig wiederholt?

Es gibt ja viele Termine, die sich wiederholen. Geburtstage oder Hochzeitstage zum Beispiel einmal im Jahr, der wöchentliche Skatabend jeden Donnerstag. Wozu das alles mühevoll immer wieder eintragen? Einmal reicht doch.

#### Einen sich wiederholenden Termin eintragen

1 Gehen Sie auf Kalender.
2 Drücken Sie auf das Pluszeichen.
3 Geben Sie unter Titel „Geburtstag" ein.
4 Fügen Sie den Ort hinzu, zum Beispiel „Frankfurt".
5 Gehen Sie auf Wiederholen und suchen Sie sich einen Turnus aus.
6 Drücken Sie auf Fertig.

Stichwort Geburtstag: Noch komfortabler ist es allerdings, Sie tragen sich den Geburtstag direkt in Ihre Kontakte ein (siehe Seite 50). Der Termin landet automatisch im Kalender und der zeigt Ihnen sogar an, wie alt derjenige an diesem Tag wird.

## BLOSS NICHTS VERGESSEN: NOTIZEN UND ERINNERUNGEN

Die besten Ideen kommen immer zur falschen Zeit: wenn es mal nichts zum Aufschreiben gibt. In einer solchen Situation hilft die Notiz- und die Erinnerungsfunktion von iPhone und iPad. Beim iPhone ist sie sogar während eines Telefonats nutzbar. Die Notizfunktion weist aber noch einen anderen beträchtlichen Vorteil auf: Sie können die Notiz nicht nur ausdrucken, sondern auch versenden.

Während Sie sich in Notizen alles Mögliche aufschreiben können, geht Erinnerungen einen Schritt weiter: Diese App macht Sie nicht nur auf die jeweiligen Eintragungen zu einem von Ihnen gewählten Termin aufmerksam, sondern kann auch auf einen bestimmten Ort aus ihrem Kontakte-Adressbuch festgelegt werden. Der letzte Punkt funktioniert nur ab dem iPhone 4, aber leider nicht beim iPad.

Übrigens: Mit iCloud werden auch die Notizen auf iPhone, iPad und Computer lokal und in der Wolke aktuell gehalten.

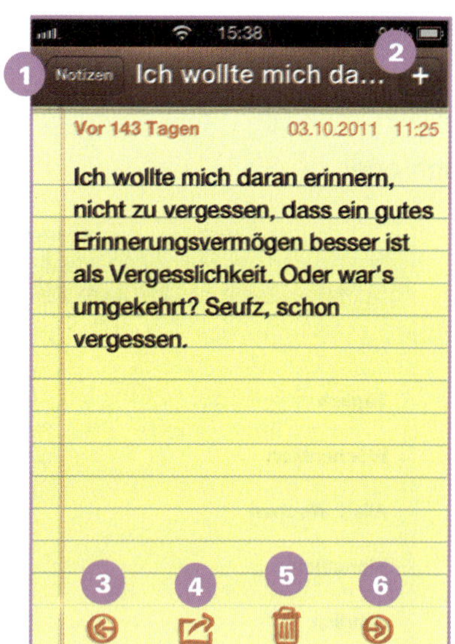


### Reine Ansichtssache: Notizen

Notizen **(1)**: Zeigt Ihnen die Anzahl der Notizen.
Pluszeichen **(2)**: Hier fügen Sie eine neue Notiz hinzu.
Pfeil zurück **(3)**: Zur vorigen Notiz.
Aktionstaste **(4)**: Zum E-Mail-Versand oder Ausdruck.
Mülleimer **(5)**: Notiz löschen.
Pfeil vor **(6)**: Zur nächsten Notiz.

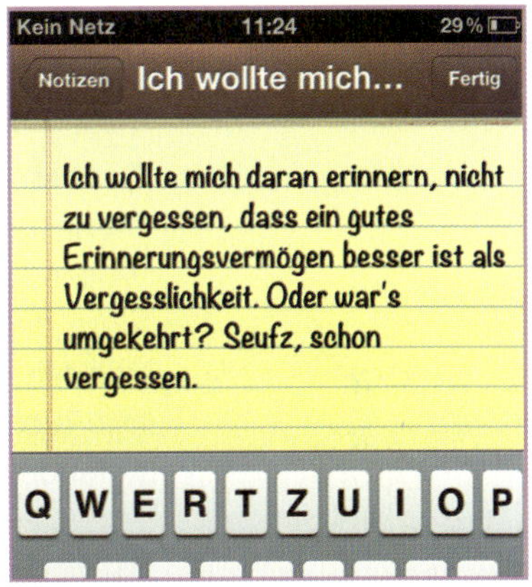


### Eine Notiz erstellen

**1** Gehen Sie auf Notizen.
**2** Drücken Sie auf das Pluszeichen.
**3** Schreiben Sie Ihre Notiz auf.
**4** Tippen Sie auf Fertig, wenn die Tastatur verschwinden soll.

## Häufige Fragen

### Was mache ich, wenn ich meine Notiz nicht finden kann?

Bei den Notizen wird immer das Änderungsdatum mit festgehalten. Falls Ihnen das bei der Vielzahl der Notizen nichts mehr nützen sollte, haben Sie für diesen Fall eine Suchfunktion. Beim iPad ist sie die ganze Zeit sichtbar, beim iPhone ziehen Sie die Notizliste mit dem Finger herunter und das Suchfeld geht auf. Mit der allgemeinen Spotlightsuche können Sie die Notiz auch wieder finden, wenn Sie ein Stichwort eingeben.

### Kann ich Notizen auch diktieren?

Ja, mit dem iPhone 4S und Siri. Das klappt erstaunlich gut.

## Reine Ansichtssache: Erinnerungen

Liste **(1)**: Schauen Sie sich hier die Liste der Erinnerungen an.
Datum **(2)**: Wechseln Sie von der Liste zur Datumsansicht.
Kästchen **(3)**: Anhaken, wenn etwas erledigt ist.
Pluszeichen **(4)**: Neue Erinnerung hinzufügen.

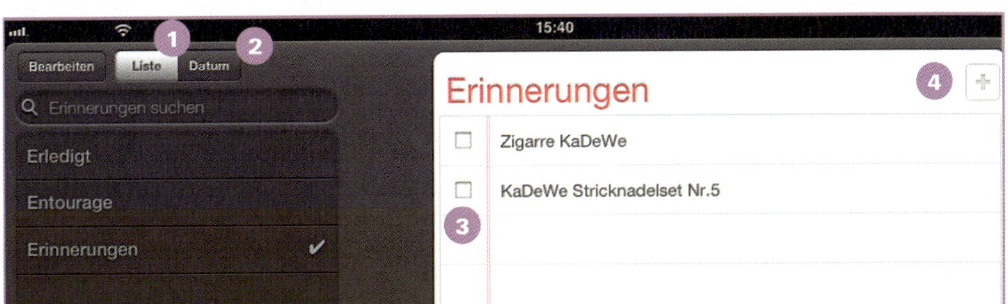

## Wozu einen Termin für Erinnerungen machen? Ich habe doch einen Kalender

Erinnerungen sind meistens privater Natur und der Kalender taugt mehr für offizielle Termine. Wenn Sie also daran erinnert werden wollen, am Dienstag beim Arzt eine bestimmte Frage zu stellen, wäre das vermutlich nichts, was Sie in einen Kalender eintragen würden. Apple geht auch davon aus, dass insbesondere Berufstätige nicht möchten, dass andere Leute auf ihren elektronischen Kalender schauen können.

### Ich möchte eine Erinnerung zu einem Termin und/oder Ort erstellen

**1** Öffnen Sie Erinnerungen.
**2** Tippen Sie auf das Pluszeichen.
**3** Schreiben Sie zum Beispiel: „Renate nach Donauwellen-Rezept fragen“.
**4** Tippen Sie auf die Notiz, dann auf Return.
**5** Tippen Sie im neuen Fenster auf Erinnerung.
**6** Tippen Sie je nach Bedarf auf den Schalter An einem Tag oder An einem Ort.
**7** Berühren Sie entweder den Termin und geben Sie einen Tag und eine Zeit an, tippen Sie auf Fertig.
**8** Sie können alternativ oder zusätzlich einen Ort angeben. Wollen Sie einen Ort aus dem Adressbuch auswählen, tippen Sie auf

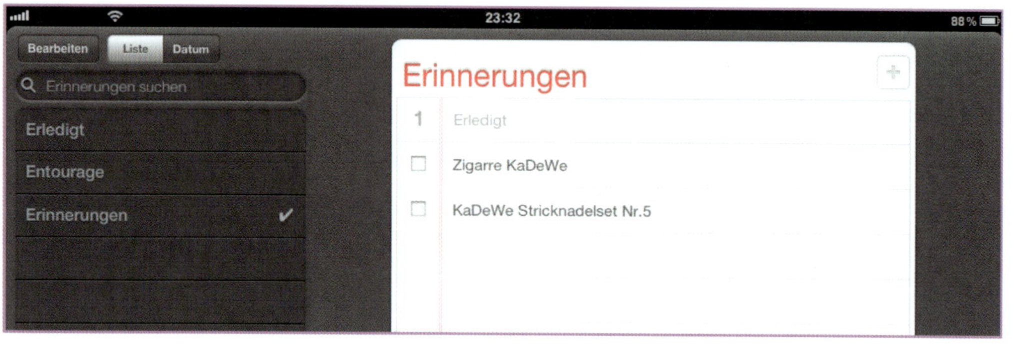

Aktueller Ort. Es erscheinen die Auswahlmöglichkeiten Aktueller Ort, Privat und Adresse auswählen. Bei Letzterem finden Sie sich in Ihrem Adressbuch wieder. Haben Sie eine Adresse ausgewählt, müssen Sie oben links auf den Schalter Erinnerungen tippen.
9 Egal ob Sie Termin, Ort oder beides angewählt haben: Sie müssen die Sache mit einem Druck auf die graue Taste Fertig oben rechts im Bildschirm abschließen.

Sobald Sie dann erinnert werden, tippen Sie auf die Meldung. Hat sie sich erübrigt, gehen Sie mit dem Finger auf das kleine Kästchen, damit der Eintrag als erledigt abgelegt wird. Sie können die Erinnerung auch löschen.

## Was bringt es, sich an einem bestimmten Ort erinnern zu lassen?

Leider funktioniert das zurzeit nur ab dem iPhone 4 und nicht mit dem iPad. Wenn Sie beim nächsten Besuch einer bestimmten Lokalität auf keinen Fall etwas vergessen wollen, helfen Ihnen die örtlichen Erinnerungen auf die Sprünge.

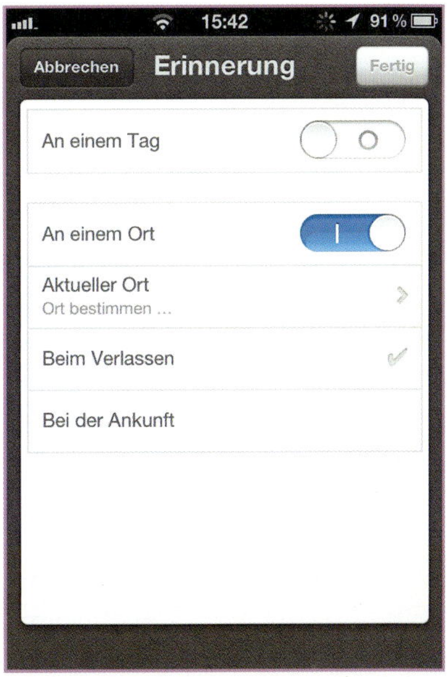


### Ich möchte eine Erinnerung zu einem bestimmten Ort erstellen

1 Öffnen Sie Erinnerungen.
2 Tippen Sie auf das Pluszeichen.
3 Schreiben Sie zum Beispiel: „Kaufhof Stricknadelset Nr. 5" und geben Sie Return ein.
4 Tippen Sie auf die Notiz.
5 Gehen Sie im neuen Fenster auf Erinnerung.
6 Geben Sie An einem Ort an.
7 Tippen Sie auf Adresse auswählen. Der Ort sollte dazu in Ihrem Adressbuch vorhanden sein.
8 Gehen Sie auf Erinnerung.
9 Berühren Sie Bei der Ankunft.
10 Gehen Sie auf Fertig.

## Häufige Fragen

**Wie kann ich Erinnerungen löschen?**
Sobald Sie auf die Erinnerung tippen, sehen Sie ein breites Feld mit der Aufschrift Löschen. Tippen Sie mit dem Finger darauf.

**Muss ich Erinnerungen synchronisieren?**
Sie können. Mit iCloud geht das allerdings automatisch.

**Kann ich Erinnerungen auch diktieren?**
Nur mit dem iPhone 4S und Siri (siehe Seite 202).

# SAFARI: INTERNET IN DER TASCHE

Um ins Internet zu gelangen, benötigen Sie am Computer ein bestimmtes Programm und am iPhone/iPad eine bestimmte App, die Browser (vom Englischen to browse: herumstöbern) genannt wird. Bekannte Browser auf dem heimischen PC sind Chrome, Firefox, Internet Explorer und Opera. Apples eigener Browser heißt Safari und wird mit jedem Mac-Computer, iPhone und iPad mitgeliefert.

## Das sollten Sie wissen: So sieht eine Webseitenadresse aus

Zum Beispiel:
**http://www.test.de** oder **http://www.spiegel.de/netzwelt**

In der Fachsprache wird die Internetadresszeile URL (Uniform Ressource Locator) genannt. Sie besteht aus verschiedenen Ebenen.
http:// So lautet das gängige Protokoll für das World Wide Web, wie wir es heute kennen.
test oder spiegel Das ist der Name der Webseite, die Second-Level-Domain genannt wird.

.de Die Endung ist die Top-Level-Domain und zeigt entweder an, aus welchem Land die Webseite kommt oder ob sie kommerziellen oder nichtkommerziellen Quellen entspringt.

## Reine Ansichtssache: Safari

Pfeil zurück/Pfeil nach vorne **(1)**: Damit blättern Sie zwischen bereits besuchten Webseiten.
Lesezeichen **(2)**: Für schnelle Auffindbarkeit Ihrer persönlichen Sammlung verschiedener Webseiten.
Aktionstaste **(3)**: Damit können Sie beispielsweise für die aktuelle Seite ein Lesezeichen setzen, die Seite in Ihre Leseliste aufnehmen (ähnlich einem Lesezeichen) oder die Adresse der jeweiligen Seite per Mail versenden oder drucken.
Adressenzeile **(4)**: Tragen Sie hier die gewünschte Adresse der Webseite ein.
Reader **(5)**: Manche Webseiten kann Safari in einer Leseansicht darstellen, die die Lektüre angenehmer macht.

Runder Pfeil **(6)**: Der sogenannte Reload. Damit wird die Seite nochmals geladen. Sie brauchen das, wenn das Laden der Webseite aus irgendeinem Grund auf halber Strecke abbricht oder wenn Sie schauen wollen, ob es auf der Seite seit dem ersten Laden eine Aktualisierung gegeben hat.
Suchmaschine **(7)**: Geben Sie einen Suchbegriff ein, um im Internet die gewünschten Informationen zu finden.
Tabs **(8)**: Übersicht der offenen Webseiten beim iPad. Auch beim iPhone können Sie zwischen offenen Seiten hin und her wechseln.

## Suchen und finden: Die richtigen Webseiten für mich

Ich bin Anfänger: Falls Sie noch nie einen Computer hatten, müssen Sie das Internet für sich neu entdecken.
Ich habe bereits einen Computer: Dann können Sie über iTunes Ihre bisherigen Lesezeichen übernehmen (siehe Synchronisieren ab Seite 117). Somit haben Sie auf Ihrem Computer und Ihrem iPhone oder iPad dieselbe Anordnung. Mit iCloud funktioniert das sogar automatisch. Die hierfür benötigte Systemvoraussetzung finden Sie auf Seite 26.

## Im Internet sein: So geben Sie eine Webadresse ein

Um eine Webseite aufzurufen, geben Sie eine Adresse in das Adressfenster ein.
Als Beispiel: **www.spiegel.de**

### Eine Internetseite aufrufen

1 Öffnen Sie Safari.
2 Tippen Sie mit dem Finger in die Adresszeile.
3 Die Tastatur erscheint.
4 Tippen Sie gegebenenfalls im Adressfenster auf das graue Kreuz am rechten Ende des Fensters, um die Zeile zu leeren.
5 Geben Sie jetzt www.spiegel.de ein.
6 Tippen Sie auf Öffnen.

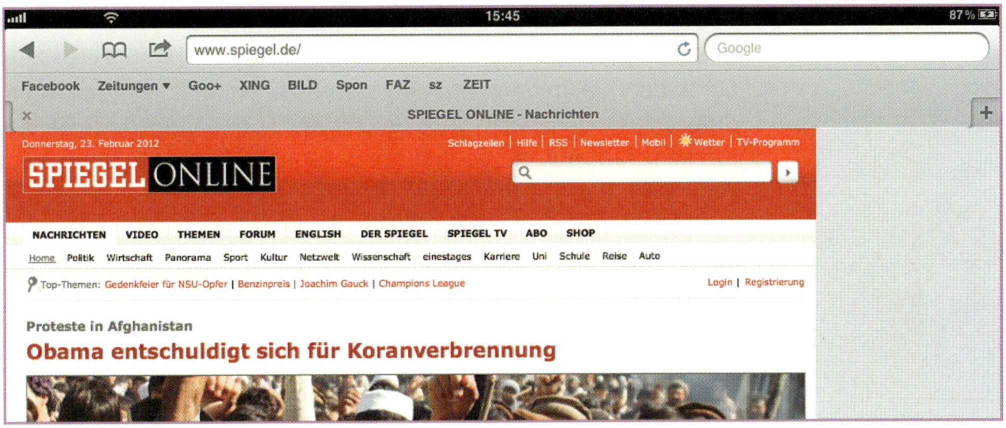


## Richtig surfen: So navigieren Sie durch eine Webseite

Sie können auf einer Webseite

Verschieben: Sind auf einer Webseite mehr Text oder Fotos enthalten als auf dem iPhone- oder iPad-Bildschrim dargestellt werden können, müssen Sie mit dem Finger Text oder Fotos nach oben aus dem Bild schieben – und wieder zurück, wenn nötig.

Einmal tippen: Auf ein Bild oder eine markierte Stelle (Link) tippen, um zu den verknüpften Artikeln oder Informationen zu gelangen.

Zweimal tippen: Der angetippte Seitenbereich wird vergrößert angezeigt. Durch erneutes zweimaliges Tippen kehrt die Ansicht zur ursprünglichen Größe zurück.

Spreizen: Spreizen Sie Daumen und Zeigefinger, um die Webseite größer anzuzeigen oder kneifen Sie die beiden Finger zusammen, damit die Seite wieder kleiner wird.

Im Querformat halten: Halten Sie das Gerät im Querformat, um eine breitere Ansicht zu erhalten.

Reader: Manche Webseiten schreiben in Ihre Adresszeile den Begriff Reader. Ein kurzer Tipp darauf und Sie sehen die Seite in einem für das Auge freundlicherem Layout.

Wenn Sie es ausprobieren wollen, versuchen Sie es mal mit der Seite www.wikipedia.de.

## Webseiten wiederfinden: So legen Sie ein neues Lesezeichen an

Oft finden Sie im Internet interessante Seiten, die Sie unterhalten, erhellen und begeistern. Internetbrowser können sich diese Seiten merken. Sie müssen es ihnen nur sagen. Synonyme dafür sind Bookmark (Lesezeichen) oder Favorit.

### So setze ich ein Lesezeichen

**1** Öffnen Sie Safari.

**2** Gehen Sie auf eine Seite, die Sie aufnehmen wollen, zum Beispiel www.test.de.

**3** Tippen Sie nun mit dem Pfeil auf die Aktionstaste **(1)**.

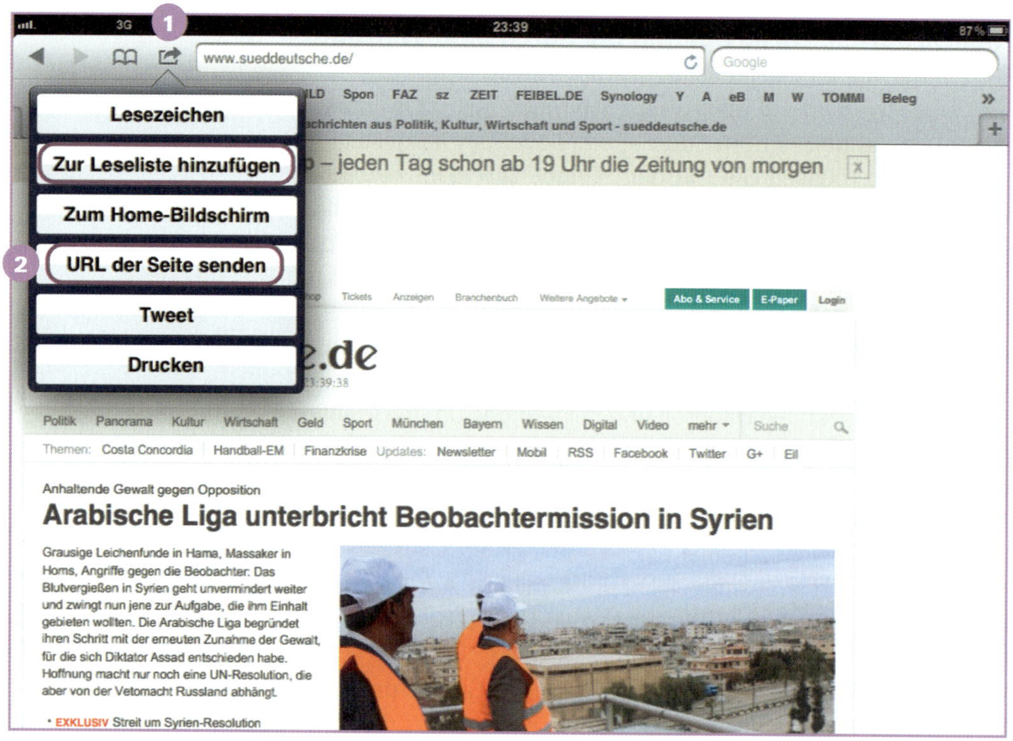

4 Tippen Sie auf Lesezeichen.
5 Sichern Sie das Lesezeichen direkt oder legen Sie sich über die Funktion Bearbeiten einen neuen Ordner an.

## Ordner anlegen

1 Öffnen Sie Safari.
2 Wählen Sie das Lesezeichensymbol an.
3 Gehen Sie auf Bearbeiten.
4 Tippen Sie Neuer Ordner an und geben Sie einen Titel ein.

Unter Bearbeiten können Sie einzelne Lesezeichen löschen, aber auch ganze Ordner, indem Sie auf den roten Knopf tippen und dann auf Löschen gehen.

## Schau mal, was ich gefunden habe: einen Link verschicken

Beim Rumstöbern im Internet haben Sie eine Seite entdeckt, die einen Freund sicherlich begeistern würde. Kein Problem. Schicken Sie ihm einfach den Link, indem Sie auf die Aktionstaste mit dem Pfeil tippen. Wählen Sie URL senden **(2)** und schreiben Sie, sobald sich die E-Mail öffnet, noch ein paar freundliche Zeilen dazu.

### Probleme mit Flash: Gibt es Seiten, die ich nicht sehen kann?

Ja. Apple weigert sich konsequent, das Mulitmediaformat Flash auf iPhone und iPad zuzulassen, das Animationen und Videos zeigt. Laut Apple schneidet Flash in Sachen Sicherheit sehr schlecht ab und sorgt für häufige Abstürze bei Mac-Computern. Das Ergebnis ist, dass inzwischen viele Webseitenanbieter auf das für diese Inhalte ebenso gut geeignete Format HTML5 umgestiegen sind. Aber noch immer gibt es Inhalte, die Sie mit iPhone und iPad nicht sehen können.

# ORIENTIEREN MIT KARTEN: WO BIN ICH?

Die unter dem simplen Namen Karten integrierte App ist zwar kein voll umfängliches Navigationssystem, aber fast. Ihr größter Nachteil macht sich im Ausland bemerkbar, da man zu ihrer Nutzung immer eine Datenverbindung braucht, die im Ausland teuer ist. Aber in Deutschland und mit funktionierender Datenverbindung kann einem diese App eine große Orientierungshilfe sein. Wenn Sie Google Maps vom Computer her kennen, werden Sie sich mit dieser App sicher rasch zurechtfinden, denn sie nutzt genau dieselben Daten. Die wichtigsten Elemente der App sind die Kompassnadel und die Suchmaske. Ein Tipp auf die genordete Kompassnadel und Sie wissen, wo Sie sind. Noch ein Tipp darauf und Sie sehen sogar die Richtung, in die Sie sich fortbewegen. Sie können nicht nur eine Adresse eingeben, sondern auch Begriffe wie „Apotheke" oder „Bahnhof Flensburg". Es funktioniert ähnlich wie AroundMe, nur nicht ganz so verlässlich. Ab iOS 6 wird aber Apple ein eigenes Kartenangebot namens Maps starten. Wollen Sie einen Freund in einer Ihnen fremden Umgebung besuchen, genügt die Eingabe des Namens in der Suchmaske der Karte. Natürlich nur, falls seine Adresse auch unter Ihren Kontakten gespeichert vorliegt.

**WICHTIG**

Wenn Sie ein **iPad** ohne Mobilfunkmodul und nur mit WLAN besitzen, können Sie unterwegs nichts nachsehen, außer Sie befinden sich in einem WLAN-Bereich.

## Reine Ansichtssache: Karten

Die App Karten sieht bei iPhone und iPad unterschiedlich aus, funktioniert aber sehr ähnlich. Standardmäßig können Sie zwischen Suchansicht oder Routenansicht (Bild) wählen.

### Für iPhone

Ändern **(1)**: Hier ändern Sie die Adresse oder Orte, die Sie suchen.
Auto **(2)**: Zeigt Ihnen Weg und geschätzte Fahrzeit für den Pkw an.

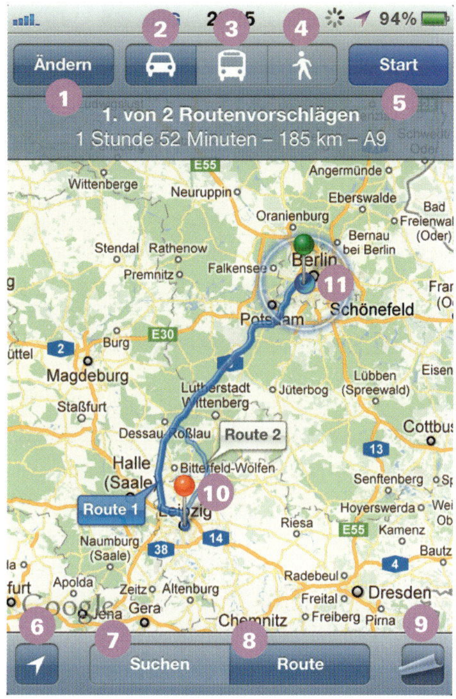


Bus (3): Soll Ihnen Weg und geschätzte Fahrzeit für öffentliche Verkehrsmittel anzeigen, funktioniert bisher in Deutschland nicht. Benutzen Sie beispielsweise die App DB-Navigator der Bahn, die auch Fahrpläne von anderen öffentlichen Verkehrsmitteln kennt.
Fußgänger (4): Zeigt Ihnen Weg und geschätzte Laufzeit an.
Start (5): Zeigt Ihnen, wenn Sie ein Ziel eingegeben haben, die Route in einzelnen Schritten an.
Kompassnadel (6): Zeigt Ihnen Standort und Richtung an, in die Sie sich bewegen.
Suchen (7): Hier geben Sie den Zielort an.
Route (8): Zeigt Ihnen die Route vom Standort (oder auch von einem anderen Startpunkt) zum von Ihnen gewählten Zielpunkt.
Eselsohr (9): Sie können hier eine Stecknadel setzen, aber besonders interessant: Hier erhalten Sie die Route als Karte, Satellitenaufnahme oder auch als Liste mit schriftlichen Hinweisen.
Roter Stecknadelkopf (10): Die Anzeige des Ziels.
Blauer Stecknadelkopf (11): Ihr gegenwärtiger Standort.

### Für iPad

Suchen (1): Hier geben Sie den Zielort an.
Route (2): Zeigt Ihnen die Route vom Standort (oder auch einem anderen Startpunkt) und sucht dann die Route heraus.
Kompassnadel (3): Zeigt Ihnen Ihren Standort an.

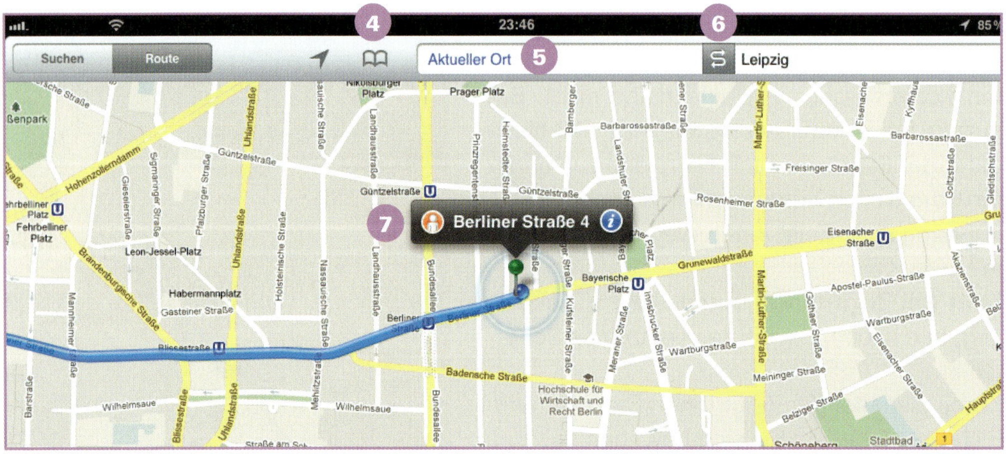


Adressbuch **(4)**: Suchen Sie die Adresse eines Menschen, der in Ihrem Adressbuch ist.
Aktueller Ort **(5)**: Zeigt Ihnen Ihren gegenwärtigen Standort an.
Richtungswechsler **(6)**: Sie fahren von A nach B und stellen auf dem Rückweg einfach von B nach A um.
Adresse (Ende) **(7)**: Ihr Zielpunkt.

### Eine Adresse und Route in Karten suchen

**1** Gehen Sie auf Karten. Wählen Sie gegebenenfalls Suchen oder Route an.
**2** Tippen Sie in das obere Feld den Namen Ihres Kontakts an oder geben Sie die gesuchte Straße, eventuell die Postleitzahl und den Ort an.
**3** Nach kurzer Suche zeigt Ihnen ein roter Stecknadelkopf das Ziel auf einer Karte an.
**4** Drücken Sie auf Route, um sich den Weg anzeigen zu lassen.
**5** Wollen Sie die Anzeige der Route ändern, haben Sie verschiedene Optionen:
**a** Wenn Sie oben rechts auf Start drücken, wird Ihnen die Route in Etappen gezeigt. Nutzen Sie die Pfeilanzeigen, die oben rechts erscheinen, um zu einer Etappe vor- oder zurückzublättern. Drücken

Sie bei der ersten Etappe auf die Pfeiltaste rückwärts, kommen Sie zur normalen Überblicksansicht zurück.

**b** Für die anderen Anzeigeoptionen tippen Sie auf das Eselsohr.

**c** Tippen Sie auf Karte für eine Kartenansicht.

**d** Tippen Sie auf Satellit für ein Satellitenbild.

**e** Tippen Sie auf Hybrid, um eine Mischung aus Karten- und Satellitenansicht zu erhalten.

**f** Tippen Sie auf Liste, um eine Textbeschreibung zu erhalten.

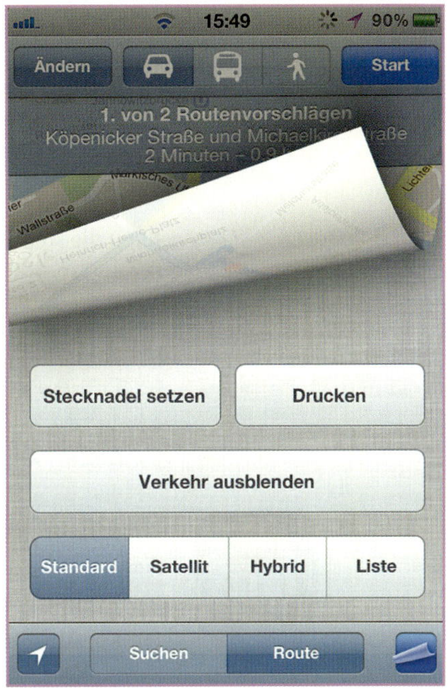


### Verkehrssituation anzeigen

Gehen Sie wie in der oberen Beschreibung vor.

**7** Gehen Sie auf das Eselsohr.

**8** Tippen Sie Verkehr an.

**9** Wenn Sie diese Funktion nicht mehr wünschen: Verkehr ausblenden.

## Tipps und häufige Fragen

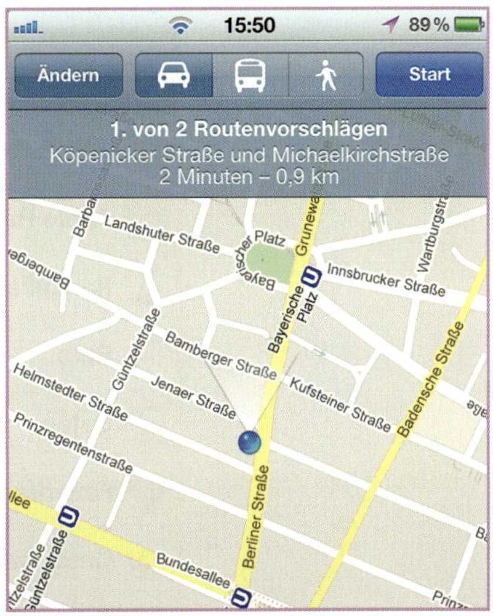


### Total verirrt: Wo war denn noch mal ...?

Hilfreich ist die Kartenfunktion für Beifahrer oder Fußgänger in einer fremden Stadt, besonders dann, wenn es dort viele Einbahnstraßen gibt. Durch das einmalige Antippen des Pfeils erkennen Sie auch, in welche Richtung Sie fahren oder laufen.

### Nützlich: Details rausholen und ins Adressbuch übernehmen

Geben Sie den Namen einer gesuchten Firma ins Fenster ein. Wird sie in den Karten gefunden, so erfahren Sie durch Antippen der Stecknadel und des daraufhin erscheinenden Pfeils auch die Telefonnummer und – falls vorhanden – die Webseite der Firma sowie eine sogenannte Street-View-Ansicht (das ist eine Fotoansicht des Gebäudes von der Straße aus). Außerdem können Sie die komplette Anschrift in Ihr Adressbuch übernehmen, wenn Sie auf Zu Kontakten gehen.

### Kann die App Karten auch wie ein Navigationsgerät sprechen?

Bisher nicht. Es gibt aber auch umfangreiche Navigations-Apps im App Store zu kaufen (zum Beispiel von Navigon oder TomTom), die genauso sprechen wie ein fest eingebautes Navigationssystem im Auto.

Kostenlos ist die App GPS Navigation 2, die für wenige Euro Kartenmaterial für ganz Europa anbietet.

## Orientierung in der Not: AroundMe

AroundMe gibt es im App Store und ist sehr hilfreich. Es findet für Sie in Ihrer gegenwärtigen unmittelbaren Umgebung beispielsweise: Apotheken, Banken, Bars, Cafés, Gaststätten, Hotels, Restaurants, Kaufhäuser, Kinos, Krankenhäuser, Theater und Tankstellen.

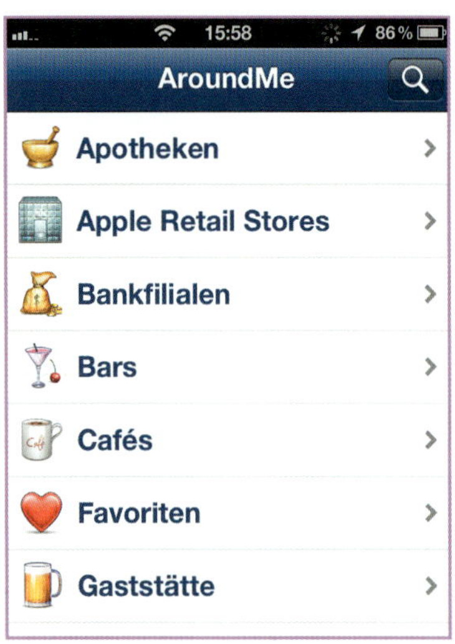


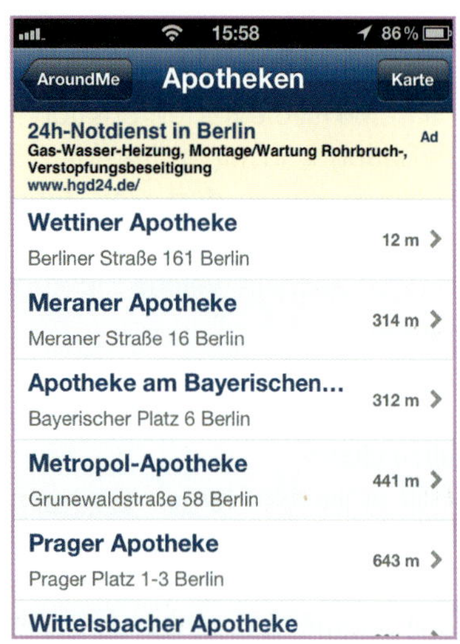

Die App zeigt Ihnen unter anderem Entfernung in Luftlinie, die Straße und den Stadtplan und ist außerdem kinderleicht zu bedienen.

**Mit AroundMe zum Beispiel eine Apotheke suchen**

1 Gehen Sie auf AroundMe.
2 Tippen Sie auf Apotheken.
3 Berühren Sie die Funde und schauen Sie sich das Ergebnis auf einer Karte mit Telefonnummer an.
4 Tippen Sie auf Route, um den direkten Weg zu sehen.

## DIE KLEINEN HELFER: DIENSTPROGRAMME

Beim iPhone und iPad gibt es noch eine Reihe hilfreicher und nützlicher Zusatz-Apps. Das iPhone hat eine deutlich bessere Ausstattung an Apps als das iPad.

### Reine Ansichtssache: Uhr beim iPhone

Weltuhr **(1)**: Sie bietet Ihnen Uhrzeiten aus verschiedenen Zeitzonen an.
Wecker **(2)**: Keine Reise ohne Wecker.
Stoppuhr **(3)**: Sie kann immer mal nützlich sein.
Timer **(4)**: Auch sehr praktisch, zum Beispiel beim Kuchen backen oder wenn Sie Eier minutengenau kochen wollen.
Das iPad zeigt zwar die Uhrzeit in der Statusleiste an, mehr aber auch nicht.

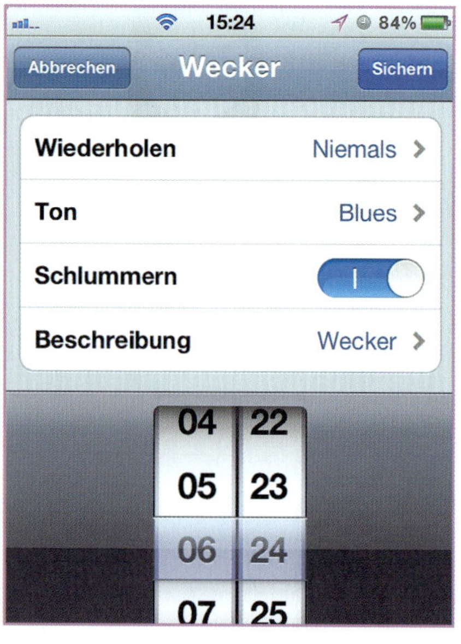


### Eine weitere Uhrzeit aus einer anderen Zeitzone eintragen

**1** Gehen Sie auf Uhr.
**2** Tippen Sie nun auf Weltuhr.
**3** Berühren Sie das Pluszeichen.
**4** Tragen Sie eine zusätzliche Zone ein, zum Beispiel „Mexiko-Stadt".
**5** Fertig.

### Wecker stellen

**1** Gehen Sie auf Uhr.
**2** Tippen Sie nun auf Wecker.
**3** Berühren Sie das Pluszeichen.
**4** Stellen Sie mit dem Schieberegler die gewünschte Weckzeit ein.
**5** Gehen Sie auf Sichern.
**6** Sie sehen jetzt in der Statusleiste einen kleinen Wecker.

### Weckzeit ändern oder löschen?

**1** Gehen Sie auf Uhr.
**2** Tippen Sie nun auf Wecker ...
**3** ... und dann auf den Schalter Bearbeiten.
**4** Gehen Sie auf den Pfeil rechts, wenn Sie die Zeit ändern wollen.
**5** Sichern nicht vergessen.
**6** Gehen Sie auf das rote Schild, wenn Sie löschen wollen.
**7** Tippen Sie auf Löschen.

Über den Schalter Bearbeiten stellen Sie ein, an welchen Wochentagen sich der Weckruf wiederholen soll. Darüber hinaus können Sie unter Beschreibung der Weckfunktion einen eigenen Namen geben, zum Beispiel „Medizin nehmen".

Übrigens: Sie können nächtliche Anrufe durch das Aktivieren des Flugmodus (siehe Seite 171) unterbinden. Der Wecker klingelt dennoch. Ebenso, wenn Sie das iPhone stumm geschaltet haben. Aber im Gegensatz zu manchem anderen Handy funktioniert der Wecker nicht, wenn das iPhone ausgeschaltet ist.

Sobald er klingelt: Drücken Sie einmal auf das erscheinende Schild Schlummern. Nach zehn Minuten erfolgt ein erneuter Weckversuch.

Falls Sie vorher wach sind: Gehen Sie wie oben beschrieben vor und ziehen Sie den Regler in die Ausschaltposition.

Und falls Sie den Weckton grässlich finden, können Sie ihn verändern: Sobald Sie den Wecker angewählt haben und auf das Pluszeichen gehen, wählen Sie hier unter Klingelton einen anderen Ton aus. PS: Wecktöne sind immer grässlich.

## Und nun: Das Wetter auf dem iPhone

Mit der Wetter-App bekommen Sie eine stundengenaue Wettervorhersage für Ihren jeweiligen Standort. Andere Orte hinzuzufügen steigert kurz vor einer Reise die Urlaubsfreude.

### Wie kann ich einen weiteren Ort beim Wetter hinzufügen?

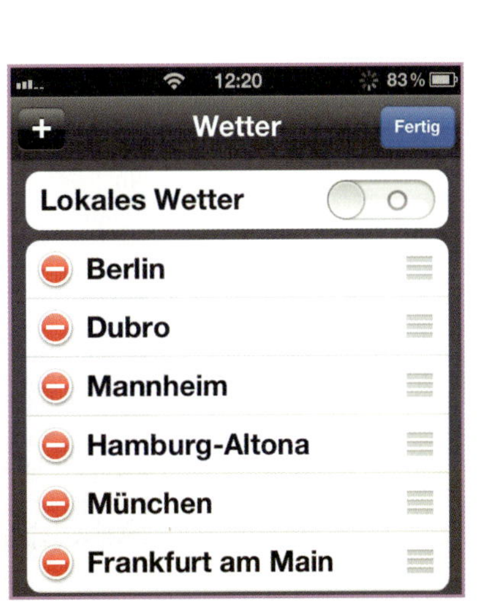


**1** Öffnen Sie Wetter.

**2** Tippen Sie auf i wie Information unten rechts, die App-Oberfläche wird scheinbar nach hinten gedreht.

**3** Auf der Rückseite geht es weiter: Tippen Sie auf das Pluszeichen.

**4** Geben Sie auf der Tastatur den Ort ein, dessen Wetter ebenfalls gezeigt werden soll. Aufpassen: Manchmal müssen Sie genau schauen, ob Sie wirklich den richtigen Ort gefunden haben. Apple ist ein amerikanischer Konzern, dementsprechend sind die Ergebnisse oft gewichtet. Die Eingabe „Mallorca" ergibt als einziges Ergebnis einen kleinen Ort in Kalifornien. Erst Eingaben wie „Palma de Mallorca" oder „Andraitx" liefern die gewünschten Ergebnisse.

5 Sobald der Ort gefunden wurde, tippen Sie ihn an.
6 Tippen Sie auf Fertig.

Tipp: Wenn Sie mehrere Orte eingegeben haben, können Sie mit dem Finger durch Wischen seitlich weiterblättern.

## Rechner, Kompass und Aktien

Auf dem iPhone finden Sie auch einen voll funktionierenden Taschenrechner, einen Kompass und den aktuellen Stand der Aktien. Beim Taschenrechner erscheint im Querformat die wissenschaftliche Ansicht mit weiteren Funktionen.

## Sprachmemo (nur iPhone)

Das Sprachmemo des iPhones eignet sich für das schnelle und kurze Diktat zwischendurch.

### Eine Sprachaufzeichnung machen

1 Gehen Sie auf Sprachmemos.
2 Tippen Sie den roten Aufnahmeknopf **(1)** links an, der sich während dieses Vorgangs in das Pausesymbol **(2)** verwandelt.
3 Sprechen Sie nun Ihren Text.
4 Zum Beenden drücken Sie auf die Stopptaste **(3)** auf der rechten Seite.
5 Gehen Sie auf das Listensymbol **(4)** rechts.
6 Von hier aus hören Sie sich die Aufnahme noch einmal an. Mit Lautsprecher **(5)** auch laut.
7 Bei Missfallen gehen Sie auf Löschen **(6)**.

Natürlich können Sie die Sprachmitteilung auch per E-Mail versenden, tippen Sie auf Senden **(7)**.

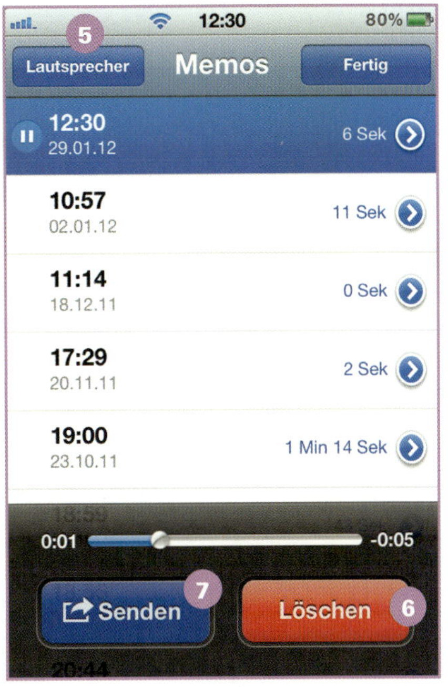

# DIE GROSSE TELEFONITIS

Adressenverwalter, Kalenderführung, E-Mail-Verkehr und Internetnutzung: Das iPhone hat so viele Funktionen, dass wir darüber fast vergessen könnten, dass es eigentlich ein Telefon ist.

## TELEFONIEREN MIT DEM IPHONE

Während das iPhone 4 in unserem Test als Telefon nicht so recht überzeugen konnte, schnitt der Vorgänger iPhone 3GS und der Nachfolger iPhone 4S mit den Noten 2,0 beziehungsweise 2,1 für die Telefonfunktion gut ab. Das iPhone 4 leidet unter einer schlecht gestalteten Antenne (eingearbeitet in den Metallrahmen des Telefons), was dazu führen kann, dass bei manchen Handhaltungen die Empfangsleistung leidet. Aber wie gesagt, das iPhone ist jetzt auch beim Telefonieren wieder auf Augenhöhe mit den Mitbewerbern, auch wenn seine Stärken woanders liegen.

Der Unterschied zu einem herkömmlichen Mobiltelefon liegt in den Verschränkungen seiner verschiedenen Funktionen. Während das gewöhnliche Handy zum Telefonieren und zum Schreiben von SMS und MMS ausreicht, kann das iPhone auch Informationen aus anderen Quellen sofort nutzen: Wenn Sie auf einer Webseite eine Telefonnummer entdecken, können Sie in der Regel kurz drauftippen und sofort wird durch eine Verlinkung die Verbindung aufgebaut. Ähnliches ist in E-Mails möglich. Ist darin eine Nummer farblich markiert, tippen Sie einmal darauf und lösen damit den Anruf aus.

Bleibt nur eine Frage: Warum können wir eigentlich nicht mit dem iPad via Mobilfunk telefonieren? Das hat die Firma Apple so entschieden. Bis sich hier eventuell etwas tut, können Sie über kleine Tricks mit dem iPad doch telefonieren: mit FaceTime und Skype.

## Die Grundlagen

Klassisch funktioniert das Telefonieren so: Sie tippen auf die kleine grüne Telefon-App, die sich in der untersten Reihe Ihres Startbildschirms befindet. Die App öffnet sich in der vor dem letzten Schließen gewählten Ansicht, unten findet sich ein Auswahlmenü mit fünf verschiedenen Optionen.

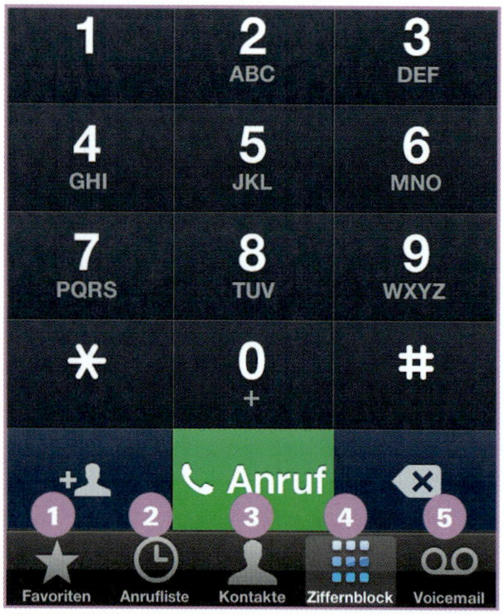


### Reine Ansichtssache: Telefonieren

Favoriten **(1)**: Ähnlich wie Kurzwahltasten. Ihre wichtigsten oder häufigsten Anrufpartner. Sie legen fest, wer da hineindarf.
Anrufliste **(2)**: Schauen Sie, wen Sie zuletzt angerufen haben oder von wem Sie zuletzt angerufen worden sind. Ein Tipp auf den Namen oder die Telefonnummer, und Sie rufen zurück.
Kontakte **(3)**: Damit wählen Sie Einträge des Adressbuches.
Ziffernblock **(4)**: Damit tippen Sie eine Telefonnummer ein.
Voicemail **(5)**: Anrufbeantworter, der über diese Taste aber nicht bei allen Mobilfunkanbietern funktioniert.

## Kontakte in der Telefon-App

Um eine Nummer einzugeben, nutzen Sie die Tastatur oder Sie gehen über Ihr Adressbuch, das direkt aus der Telefon-App ansteuerbar ist.

**WICHTIG**
Telefon und Adressen unter Kontakte sind ein Gespann. Je mehr Kontakte Sie eintragen, desto komfortabler wird die Anwendung.

### Einen Ansprechpartner aus Kontakte anrufen

**1** Gehen Sie in der App Telefon auf Kontakte.
**2** Suchen Sie die gewünschte Person heraus und tippen Sie Ihren Namen an.
**3** Wählen Sie jeweils Büro-, Privat- oder Mobilfunknummer.
**4** Die Verbindung wird aufgebaut.

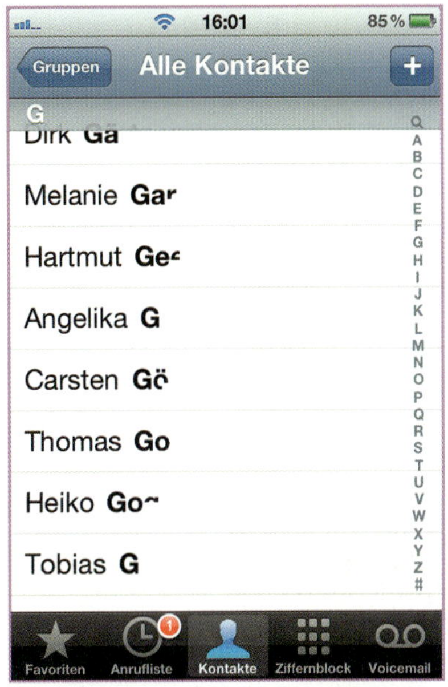


## Eine Nummer aus dem Ziffernblock einem Kontakt zuordnen

Sobald Sie eine Nummer eingetippt haben, können Sie sie in Ihr Adressbuch einfügen.

### Eine Nummer zu meinen Kontakten hinzufügen

**1** Tippen Sie einfach auf die Figur mit dem Pluszeichen **(1)** unten links.
**2** Sie werden gefragt, ob Sie einen Neuen Kontakt herstellen wollen oder die Nummer über die Funktion Zu Kontakt hinzufügen in einen bereits bestehenden Eintrag im Adressbuch integrieren wollen.
**3** Möchten Sie einen neuen Kontakt erstellen, geben Sie einfach alle Ihnen bekannten Daten in die entsprechenden Felder ein: Vorname, Name und weitere Details. Fügen Sie die Nummer einem bestehenden Kontakt hinzu, tippen Sie in der Kontakteliste auf den entsprechenden Eintrag, die neue Nummer erscheint jetzt hellblau hinter einem zunächst vom iPhone zugewiesenen Etikett (beispielsweise Mobil). Tippen Sie auf das Etikett und wählen Sie gegebenenfalls ein neues aus, etwa Fax, iPhone oder Zentrale.
**4** Drücken Sie auf Fertig.

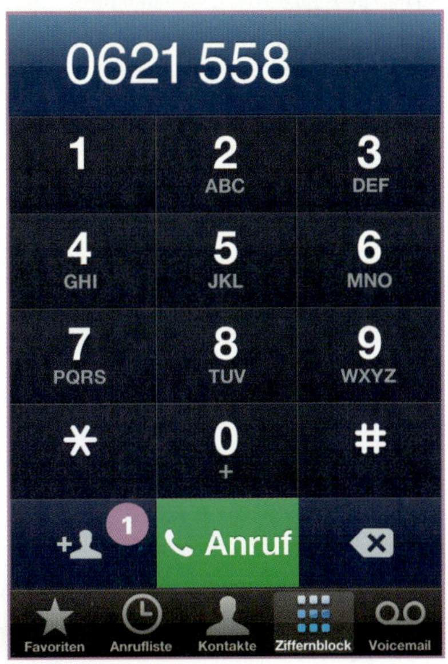

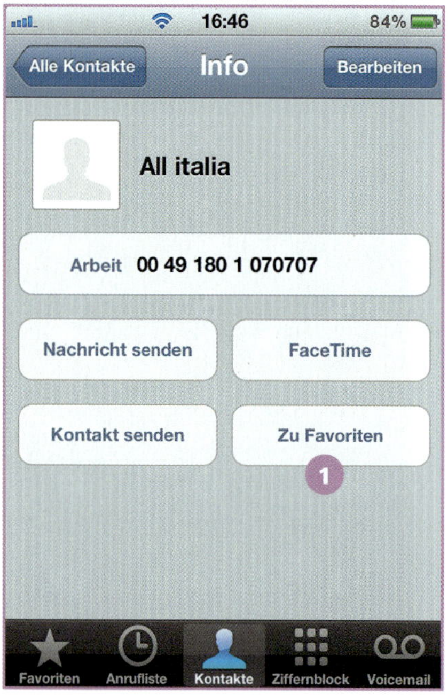


## Favoriten: Meine häufigsten gewählten Nummern

Falls Sie einen Ansprechpartner besonders oft anrufen, bringen Sie ihn bei den Favoriten unter. Wenn Sie auf diesen Menüpunkt drücken und bereits Favoriten festgelegt haben, erscheinen diese als Liste. Bereits durch das Drauftippen wird eine Telefonverbindung aufgebaut.

Sie haben zwei Möglichkeiten, jemanden in diese Favoritenliste zu befördern: Entweder legen Sie das unter Kontakte fest oder aber Sie gehen in Favoriten und ziehen von da aus jemanden in diese Liste hinein.

### Einen Kontakt zum Favoriten machen

1 Tippen Sie auf Kontakte.
2 Berühren Sie den gewünschten Namen.
3 Drücken Sie ganz unten in der Karteikarte auf Zu Favoriten **(1)**.
4 Falls mehrere Telefonnummern hinterlegt sind, müssen Sie aussuchen, welche unter Favoriten gespeichert werden soll.
5 Dann müssen Sie auswählen, ob ein klassischer Sprachanruf (empfohlen) oder FaceTime gestartet werden soll, wenn Sie Ihren Favoriten drücken.
6 Prüfen Sie unter Favoriten nach, ob der Kontakt dort angekommen ist.

Die Alternative:

Wählen Sie Favoriten an und drücken Sie auf das Pluszeichen, suchen Sie jemanden aus Kontakte heraus und gehen Sie wie eben beschrieben vor.

## Favoriten organisieren

Halten Sie diese Liste übersichtlich. Fünf bis sieben Nummern sind schon ausreichend. Eine hohe Anzahl an Favoriten führt die ursprüngliche Idee, den raschen Zugriff zu ermöglichen, ad absurdum.

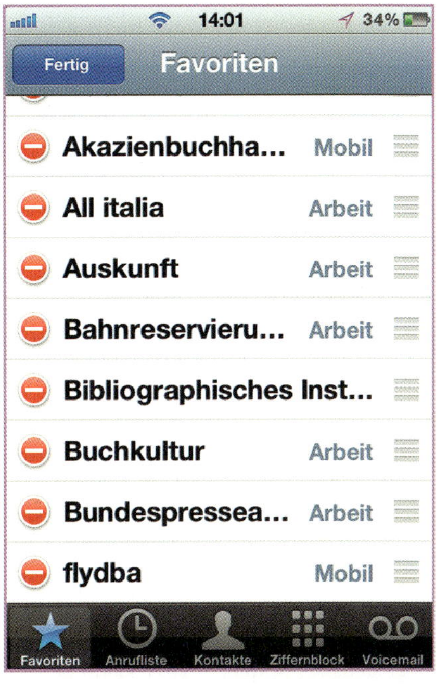


### Jemanden aus der Liste der wichtigsten Telefonnummern entfernen

1 Gehen Sie auf Telefon.
2 Tippen Sie auf Favoriten.
4 Wählen Sie Bearbeiten an.
5 Tippen Sie auf das rote Schild der entsprechenden Person.
6 Drücken Sie auf den Schalter Löschen.
7 Beenden Sie das Bearbeiten mit Tipp auf Fertig.

## Anrufliste: Kluges Protokoll und clevere Wahlwiederholtaste

Die Anrufliste hat einen ganz einfachen Sinn und Zweck – Sie sehen damit:

- Wer Sie angerufen und erreicht hat
- Wer Sie angerufen und nicht erreicht hat
- Wen Sie angerufen und erreicht haben
- Wen Sie angerufen und nicht erreicht haben
- Wie groß die Anzahl der Anrufe ist
- Wann und um wieviel Uhr die Anrufe stattgefunden haben
- Wenn Sie auf den kleinen Pfeil drücken, wie lang das Gespräch gedauert hat

Sie können sich dabei über den oben liegenden Schalter Alle sämtliche protokollierte ein- und ausgehende Telefonate anzeigen lassen oder über Verpasst nur die versäumten Anrufer. Mit Bearbeiten wechseln Sie in einen Modus, in dem Sie entweder die gesamte Liste löschen können (dafür den Schalter Löschen oben links antippen) oder nur einzelne Anrufe: Tippen Sie auf das rote Durchfahrt-verboten-Schild. Das Schild dreht sich um 90 Grad, rechts erscheint ein roter Schalter Löschen. Wenn Sie hier drauftippen, ist nur diese eine Mail gelöscht. Sie verlassen den Bearbeitenmodus über die Taste Fertig oben rechts.

Im Prinzip ist die Anrufliste so nützlich wie eine Wahlwiederholtaste. Sie können von hier auch neue Personen, von denen Sie angerufen wurden oder die Sie angerufen haben, zu Ihren Kontakten hinzufügen.

### Jemanden aus der Anrufliste zu Kontakten hinzufügen

1 Gehen Sie auf Telefon.
2 Tippen Sie unten auf Anrufliste.

3 Nicht auf die Nummer tippen, sondern auf den Pfeil dahinter.
4 Wenn es ein neuer Kontakt ist, gehen Sie auf Neuen Kontakt erstellen.
5 Geben Sie Namen und die Ihnen bekannten Fakten ein.

Wenn Sie die Person bereits in Kontakte haben, aber nun eine neue Nummer (beispielsweise Handy, Büro, FaceTime) hinzukommt, wählen Sie Zu Kontakt hinzufügen. Suchen Sie die Person in Ihren Kontakten, ordnen Sie die Nummer zu und legen Sie die Art des Anschlusses (z. B. Handy, Büro, FaceTime) fest – das funktioniert genauso wie auf Seite 95 für die Übernahme einer Nummer vom Ziffernblock beschrieben.

## ERWEITERTE FUNKTIONEN: ANRUFBEANTWORTER, RUFUMLEITUNG UND KONSORTEN

Nachdem Sie nun die Telefongrundfunktionen kennen, wenden wir uns etwas spezielleren Themen wie dem Anrufbeantworter und der Anrufweiterleitung zu. Einige der hier beschriebenen Komfortfunktionen unterstützen aber viele Mobilfunkanbieter nicht in allen Tarifen.

### Visual Voicemail? Sagen wir lieber Anrufbeantworter

Die Mailbox eines Handys kennen Sie sicherlich: Man ruft eine spezielle Telefonnummer an, eine Computerstimme weist auf neue Nachrichten hin und hilft bei der Navigation, indem sie die möglichen Tastenbefehle nennt. Apple hat diese Idee der Voicemail weitergedacht. Sie müssen nicht mehr das Anrufbeantworter-System Ihres Providers anrufen, sondern die Sprachnachrichten kommen wie eine E-Mail direkt in die Telefon-App. Übersichtlich mit Datum, Uhrzeit und Absenderangabe – ohne Computerstimme. Sehen – und nicht bloß hören, darum heißt das System Visual Voicemail. Im Ausland funktioniert der Datendienst nicht. Der Provider schaltet automatisch auf die klassische Mailbox zurück, die mit der Computerstimme arbeitet.

**WICHTIG**
In diesem Fall müssen Sie Ihr Mailbox-Kennwort vorher wissen oder in Erfahrung bringen.

An diesem Tonbandsymbol erkennen Sie Ihren Anrufbeantworter.

### Reine Ansichtssache: Voicemail

Begrüßung **(1)**: Sprechen Sie hier Ihre eigene „Band"-Ansage auf.
Zahl in Klammer **(2)**: Anzahl nicht abgehörter Anrufe.
Lautsprecher **(3)**: Hören Sie die Nachricht laut ab.
Anrufende **(4)**: Hier sehen Sie Namen oder Nummer des Anrufers mit Datum.

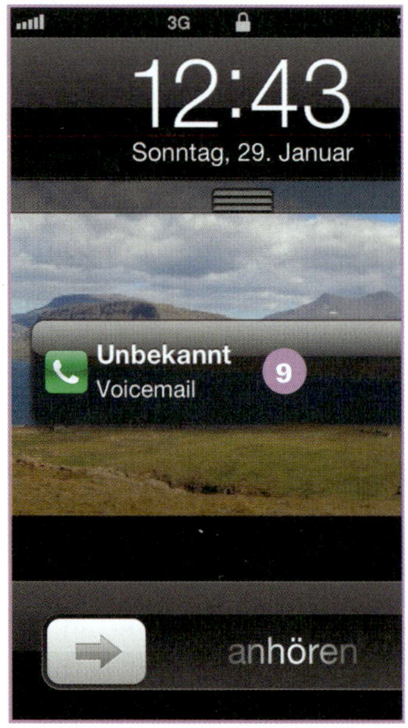


Anzeige (5): Zeigt die Länge der Sprachnachricht an.
Anrufen (6): Ist ein Name oder eine Nummer markiert, rufen Sie mit diesem Schalter an.
Löschen (7): Nach dem Abhören der Nachricht können Sie diese löschen.

Bandsymbol (8): Die Nummer im roten Kreis zeigt die Anzahl nicht abgehörter Nachrichten an.

### Anrufbeantworter abhören

1 Drücken Sie auf Telefon.
2 Gehen Sie links unten auf Voicemail.
3 Tippen Sie einen Anruf an.
4 Tippen Sie auf den linken Start/Pause-Knopf.
5 Halten Sie den Hörer ans Ohr oder schalten Sie den Lautsprecher an, um die Nachricht abzuhören.
6 Mit dem Pfeil erfahren Sie zum Beispiel die Uhrzeit der Nachricht und können den Kontakt wie beschrieben übernehmen.

Löschen: Ausgewählte Nachrichten (blau unterlegt) können Sie auch löschen oder die jeweilige Person direkt zurückrufen.

## Einen Text auf den Anrufbeantworter aufsprechen

Für gewöhnlich trifft der Anrufer auf einen automatischen Ansagetext aus dem System. Das Ganze wird aber sofort persönlicher, wenn Sie selbst etwas aufsprechen.

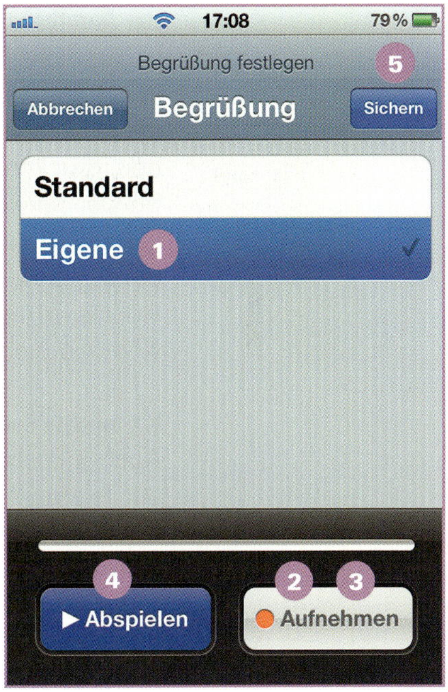


### Anrufbeantworter besprechen

1 Drücken Sie auf Telefon.
2 Gehen Sie auf das Tonbandzeichen Voicemail.
3 Tippen Sie auf Begrüßung.
4 Wählen Sie Eigene **(1)**.
5 Tippen Sie auf Aufnahme **(2)**.
6 Halten Sie das Telefon in Mundnähe.
7 Sprechen Sie den zurechtgelegten Text auf.
8 Wenn Sie fertig sind, tippen Sie auf Stopp **(3)**.
9 Mit Abspielen **(4)** können Sie sich die Aufnahme anhören.
10 Drücken Sie auf Sichern **(5)**.

## Häufige Fragen

### Woran merke ich, dass mich jemand nicht erreicht hat?

- Auf Ihrem Bildschirm erscheint ein Schild mit dem Namen oder der Nummer des Anrufers und dem Begriff Verpasster Anruf.
- Sobald Sie Telefon anwählen, sehen Sie die Anzahl verpasster Anrufe in der Anrufliste.
- Im Ausland erhalten Sie eine SMS.

### Woran merke ich, dass mir jemand eine Nachricht hinterlassen hat?

- Auf Ihrem Bildschirm erscheint ein Schild mit dem Namen oder der Nummer des Anrufers und dem Begriff Voicemail **(9)**.
- Sobald Sie Telefon anwählen, sehen Sie die Anzahl der Aufnahmen unter Voicemail.

### Der Anrufbeantworter springt zu schnell an, kann ich das ändern?

Ja, aber das ist schon ein wenig trickreich, denn dazu müssen Sie in der Telefon-App eine bestimmte Nummernkombination wählen, die je nach Telefonanbieter variiert. Haben Sie den Code eingegeben, drücken Sie die grüne Anruftaste.
Bei der Telekom ist es: **61*3311*11*30#. Die 30 steht für 30 Sekunden. Außerdem sind die Werte 5, 10, 15, 20 und 25 möglich. Bei den anderen Anbietern müssen Sie den jeweiligen Code bei der Hotline erfragen. Schildern Sie, dass Sie im Besitz eines iPhones sind und die „bedingte Rufumleitung nach Zeit" ändern wollen.

### Ich möchte lieber gar keinen Anrufbeantworter

Auch in diesem Fall wählen Sie eine Nummernkombination in der Telefon-App. Falls die Telekom Ihr Anbieter ist, wählen Sie den Code #61# und drücken auf die grüne Anruftaste. Für das Wiedereinschalten wählen Sie per Anruf den Code *61#. Bei den anderen Anbietern müssen Sie den jeweiligen Code erfragen.

## Rufweiterleitung

Wenn man am iPhone eine „Rufweiterleitung" einrichtet, geht es um eine „unbedingte" Weiterleitung des Gesprächs. Das heißt: Es kommt erst gar kein Anruf mehr bei Ihnen an, weil Sie ihn auf eine andere Nummer umgeleitet haben. Das kann eine sehr sinnvolle Sache sein.
Zum Beispiel, wenn Sie gerade auf Verwandtenbesuch sind, aber einen wichtigen Anruf erwarten und Ihr iPhone fast leer ist: Leiten Sie die Anfrage einfach auf das Festnetz der Familie um.

#### Rufweiterleitung einrichten

1 Gehen Sie auf Einstellungen und auf Telefon.
2 Wählen Sie den Punkt Rufweiterleitung.
3 Tippen Sie den Schalter Rufweiterleitung an.
4 Geben Sie nun die Zielnummer mit kompletter Vorwahl ein.
5 Gehen Sie zurück auf Rufweiterleitung.
6 Die eingegebene Nummer wird angezeigt.

Wollen Sie das rückgängig machen, reicht es aus, wenn Sie den Schalter Rufweiterleitung zurück auf Nullposition bringen.

## Rufnummer senden oder nicht?

Bleibt die Frage: Soll der Angerufene sehen, welche Nummer hinter dem Klingeln steckt? Heutzutage werden in der Regel alle Telefonnummern übertragen, selbst im Festnetz. Ruft Sie jemand an und Sie haben seine Nummer in Kontakte hinterlegt, dann lesen Sie auf dem iPhone nicht die Nummer des Anrufers, sondern auch seinen Namen. Prinzipiell ist dagegen nichts einzuwenden. Aber es kann auch sein, dass Sie diese Funktion für einige Gespräche nicht wünschen – beispielsweise wenn Sie einen säumigen Mieter anrufen, der schon gar nicht mehr abnimmt, wenn er Ihre Nummer sieht. Dann schalten Sie die Rufnummernübermittlung einfach aus.

### Rufnummer senden ein- oder ausschalten

1 Gehen Sie auf Einstellungen.

2 Wählen Sie Telefon.

3 Tippen Sie auf Meine Rufnummer senden.

4 Lassen Sie den Schalter blass, wenn Sie sie nicht senden wollen. Oder kippen Sie den Regler, bis er blau wird, um Ihre Nummer zu übermitteln.

# TELEFONIEREN MIT FACETIME UND SKYPE

FaceTime ist eine Videotelefonfunktion von Apple, die angesichts der technischen Entwicklungen ein bisschen spät kommt, denn der Konkurrent Skype hat da seit Jahren die Nase vorn. Aber die Idee ist und bleibt sehr charmant: Zwei Leute können sich sehen, während sie miteinander telefonieren. FaceTime funktioniert mit jüngeren Versionen von iPad, dem iPhone, iPod touch oder einem Mac-Computer, Skype über die Apple-Konzerngrenzen hinweg mit vielen anderen Tablets, Computern und Smartphones.

## FaceTime: Apples Videotelefonfunktion nutzen

FaceTime funktioniert momentan wegen der großen Datenmengen nur im WLAN. Das soll sich unter iOS 6 aber ändern. Gerade bei der iPhone-Nutzung ist allerdings die richtige Haltung des Telefons noch ungewohnt. Manche halten es nach unten, weil sie scheinbar besser ins Mikrofon sprechen können. Aber dann sieht der Telefonpartner immer unvorteilhaft in die Nasenlöcher des anderen. Besser ist es, den Arm auf Gesichtshöhe zu halten, wobei einen der andere besser sieht, aber vielleicht schlechter hört.
Wie gesagt, FaceTime besitzt einen gewaltigen Nachteil: Denn es funktioniert nur unter Apple-Geräten! Sie müssten also immer wissen, ob der andere Gesprächspartner mindestens ein iPhone 4, iPad 2, iPod touch der vierten Generation oder einen nicht zu alten Mac-Computer hat.

### Mit FaceTime anrufen, iPhone

1 Öffnen Sie Kontakte (Ihr Adressbuch).
2 Wählen Sie Ihren Gesprächspartner aus.
3 Tippen Sie in seiner Karteikarte ganz unten auf FaceTime.
4 Die Verbindung wird hergestellt.
5 Sobald der andere das Gespräch annimmt, können Sie sich sehen.

### Mit FaceTime anrufen, iPad

1 Auf dem iPad öffnen Sie statt Kontakte die separate FaceTime-App und machen mit Punkt 2 (siehe oben) weiter.

Tipp: Sie können mitten im Telefonat auch mit einem Tipp auf das Kamerasymbol auf dem Bildschirm die Kameras wechseln (zur Kamera auf der Rückseite und wieder nach vorne). Das ist zum Beispiel günstig, wenn Sie jemandem die fantastische Aussicht aus Ihrem Hotel im 34. Stockwerk zeigen wollen. Sie können auch während eines normalen Telefongesprächs zu FaceTime wechseln. Tippen Sie auf den Schalter FaceTime auf dem Bildschirm.

### Skype: Videotelefonfunktion für jeden

Skype ist im Internet für Mac- und Windows-Computer unter http://www.skype.com/intl/de/home zum Herunterladen kostenlos erhältlich. Für iPhone und iPad bekommen Sie gratis eine App im App Store. Es gibt zwei Versionen, eine ist nur mit WLAN zu nutzen, die andere kann auch bei UMTS-Verbindung (3G), also der Datenverbindung Ihres Mobilfunkanbieters, verwendet werden. Skype ist kinderleicht zu benutzten, hat im Gegensatz zu FaceTime den Vorteil, dass es nicht an ein Gerät einer bestimmten Marke gebunden ist und jeder Internetbenutzer es herunterladen kann. Allerdings verbieten manche Mobilfunkanbieter die Nutzung von Skype auf dem iPhone. Sie haben Angst um das eigene Geschäft. Klären Sie mit Ihrem Mobilfunkanbieter, ob die Nutzung von Skype erlaubt und kostenlos ist. Warum Sie das tun sollen? Weil Skype bislang das bessere FaceTime ist.

#### Das können Sie mit Skype tun

- Videotelefonieren (kostenlos)
- Audiotelefonieren (kostenlos)
- Daten (z. B. Dokumente, Bilder) versenden (kostenlos)
- Textchat (kostenlos)
- Echte Telefonnummern mit Anrufbeantworter und Handynummer anrufen (kostenpflichtig)
- Telefonkonferenzen (kostenpflichtig)

## MULTITASKING BEIM TELEFONIEREN: SURFEN, NOTIEREN UND MAKELN

Immer mehr Menschen nutzen immer mehr Sachen gleichzeitig: Sie telefonieren, surfen im Internet oder lesen E-Mails. Das wird neudeutsch Multitasking genannt. Die einen nervt das gewaltig, aber selbst wenn Sie lieber nicht mehrere Sachen gleichzeitig tun wollen, erweist es sich manchmal doch als nützlich.

## Wozu Multitasking gut sein kann

Zum Beispiel wenn Sie telefonieren und gleichzeitig etwas nachsehen müssen, etwa:

- Eine Telefonnummer
- Eine Adresse
- Einen Kalendereintrag
- Eine Information aus dem Netz
- Eine E-Mail
- Eine Straßenkarte

Davon abgesehen können Sie, wenn gerade Papier und Bleistift nicht in Griffnähe sind, mit der Notizfunktion auch etwas mit der Tastatur aufschreiben.

### Telefonieren und nachschlagen

**1** Stellen Sie das Telefon während des Gesprächs laut. Dafür drücken Sie den entsprechenden Schalter auf dem Bildschirm (Lautsprecher-Symbol in der oberen Reihe rechts). Sie können auch Kopfhörer verwenden, dann brauchen Sie nicht laut zu stellen.
**2** Drücken Sie während des Telefonierens die Hometaste.
**3** Suchen Sie die gewünschte Funktion (z. B. Notizen, Kalender, usw.).
**4** Schauen Sie nach, tragen Sie ein, schreiben Sie auf.
**5** Tippen Sie auf den oberen grünen Streifen im Bild, um zum Telefonbildschirm zurückzukehren.

## Die Kunst des Makelns

Makeln bedeutet, während man noch spricht ein anderes Telefongespräch anzunehmen und bei Bedarf zwischen diesen Gesprächen hin- und herzuschalten. Eine klassische Situation sieht so aus: Während Sie mit Ihrem in einer anderen Stadt lebenden Sohn telefonieren, ruft Ihr Mann aus dem Supermarkt an, vermutlich weil er nur schnell fragen will, ob noch Klopapier da ist. Dafür wäre es doch zu schade, das Gespräch mit Ihrem Sohn zu beenden. Also nehmen Sie kurz das Gespräch mit Ihrem Mann an, sagen ihm, dass Klopapier noch vorhanden ist, dafür aber Mülleimerbeutel knapp sind, und kehren dann zum Gespräch mit Ihrem Sohn zurück.

#### Makeln oder nicht makeln? Das ist hier die Frage

Manche Menschen telefonieren für ihr Leben gern. Und wenn jemand anruft, während sie sprechen, dann wechseln sie ganz schnell zwischen den Gesprächspartnern hin und her. Andere wiederum stresst das. Sie können sich nicht auf das eine Telefonat konzentrieren, während ein weiterer Mensch anruft, was im Telefonjargon „anklopfen" genannt wird. Kein Problem. Sie können die Funktion ein- oder ausschalten.

#### Makeln (Anklopfen) ein- oder ausschalten

1 Tippen Sie auf Einstellungen.
2 Wählen Sie Telefon.
3 Tippen Sie auf Anklopfen/Makeln.
4 Lassen Sie den Schalter blass, wenn Sie nicht makeln wollen.
5 Oder Sie tippen auf den Regler (er wird dann blau), um makeln zu können.

### Aller Anfang ist ungewohnt: Die Kunst des Makelns

Wenn jemand zusätzlich während eines Telefonats anruft, ist erst mal Hektik angesagt: Wie jetzt reagieren? So geht's:

- Sie können den anderen Anruf ablehnen, dann wird er an die Mailbox (Anrufbeantworter) verwiesen.
- Sie gehen ran, während der erste Gesprächspartner gehalten wird.
- Sie machen eine Telefonkonferenz daraus und verbinden alle drei (Sie und die zwei anderen) Teilnehmer.

#### Anrufer ablehnen (Makeln 1)

1 Sie telefonieren.
2 Es ruft jemand an.
3 Tippen Sie auf dem Bildschirm auf Ablehnen, dann wird der Anrufer an die Mailbox (Anrufbeantworter) verwiesen.

### Anrufer annehmen (Makeln 2)

1 Sie telefonieren.
2 Es ruft jemand an.
3 Auf dem Bildschirm Halten und annehmen drücken.
4 Sprechen Sie mit dem zweiten Anrufer.
5 Drücken Sie die Pfeiltasten, um zum ersten Gesprächspartner zurückzukehren.

### Telefonkonferenz zu dritt (Makeln 3)

1 Sie telefonieren.
2 Es ruft jemand an.
3 Auf dem Bildschirm Telefonkonferenz drücken.
4 Jetzt sprechen Sie mit beiden Anrufern zu dritt.
5 Die Konferenz beenden Sie am einfachsten durch das Auflegen; möchten Sie nur einen Teilnehmer aus der Konferenz entfernen, tippen Sie auf den Pfeil in der rechten oberen Ecke neben dem Begriff Konferenz und der Gesprächszeit. Dort können Sie über dem roten Knopf gezielt einzelne Verbindungen beenden.

## Ein Gespräch ablehnen („Wegdrücken")

Das Telefon klingelt in einem ungünstigen Moment. Sie können oder wollen es nicht annehmen, aber das enervierende Klingeln oder Vibrieren soll ein sofortiges Ende finden. Kein Problem: Schalten Sie durch einmaliges Drücken auf die Einschalttaste oder mit dem kleinen Schalter an der Seite den Ton ab. Wenn Sie aber den Anrufer auf den Anrufbeantworter verweisen wollen, drücken Sie zweimal hintereinander die Einschalttaste des iPhones.

Übrigens wird dieses wenig freundliche Umspringen mit dem Anrufer umgangssprachlich „wegdrücken" genannt.

# KLINGELTÖNE: FREUD UND LEID, AN UND AUS

An manchen Orten kann das Klingeln eines Telefons sehr unangenehm oder sogar peinlich sein. Dazu muss aber nicht gleich das gesamte iPhone, sondern nur der Ton über den kleinen Schiebeschalter an der linken Seite des Telefons deaktiviert werden. Ist der Schalter nach unten gedrückt und sehen Sie einen orangefarbenen Strich, ist das Telefon stumm und vibriert nur noch bei einem Anruf. Der Vibrationsalarm ist ab Werk voreingestellt. Wenn Sie keinen Vibrationsalarm während der Stummschaltung wünschen, können Sie ihn wie folgt ausschalten.

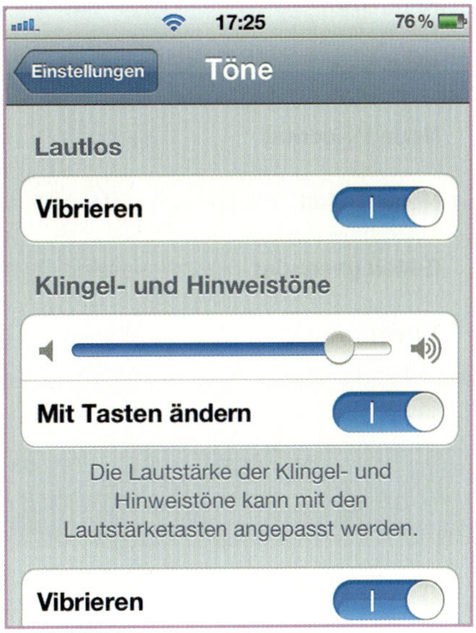


### Vibration abschalten

1 Gehen Sie auf Einstellungen.
2 Tippen Sie auf Töne.
3 Schalten Sie oben unter Vibrieren den Effekt ein oder aus.
4 Weiter unten steht noch einmal Vibrieren. Hier aktivieren oder deaktivieren Sie den Vibrationsalarm für alle anderen Meldungen wie SMS oder Kalendertermine.

Tipp: Trotz Stummschaltung funktioniert noch das Musikhören.

## Ändern von Klingeltönen

Bei jedem iPhone ist eine große Auswahl an Klingeltönen dabei. Es können weitere zum Beispiel im App Store erworben werden. Bei der Auswahl des Klingeltons sollten Sie sich Folgendes fragen:

- Ist der Ton zu leise? Höre ich das?
- Oder ist er zu laut?
- Wie reagieren andere darauf?
- Treibt mich dieser Klingelton in den Wahnsinn, wenn ich das Telefon nicht schnell genug finde?
- Erkenne ich den Ton als meinen eigenen?

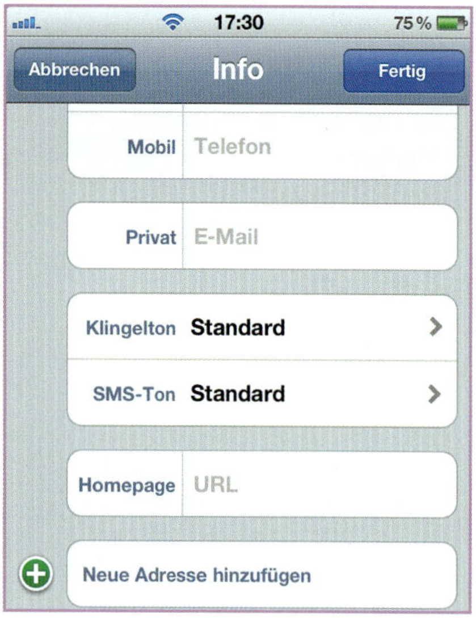


### Klingeltöne ändern

1 Gehen Sie auf Einstellungen.
2 Wählen Sie Töne.
3 Tippen Sie auf Klingelton.
4 Hören Sie sich die Klingeltöne an.
5 Durch Setzen des Hakens wird der Ton festgelegt.

## Zuweisen von Klingeltönen

Die Klingeltöne dienen nicht allein dem Anruf, sondern haben noch verschiedene andere Einsatzmöglichkeiten: zum Beispiel als Signalton oder Weckruf. Darüber hinaus können Sie unterschiedlichen Kontakten für die Erkennbarkeit verschiedene Töne zuweisen.

### Klingeltöne zuweisen

1 Gehen Sie auf Kontakte.
2 Tippen Sie auf den Namen der gewünschten Person.
3 Wählen Sie Bearbeiten.
4 Gehen Sie auf Klingelton und weisen Sie den gewünschten Ton zu.
5 Tippen Sie auf Sichern.

## Lautstärke des Klingeltons, des SMS-Signals oder allgemeine Töne verändern

Gerade unterwegs und auf der Straße ist das Klingeln des Mobiltelefons kaum zu hören. Da hilft nur eins: Den Klingelton einfach lauter stellen. Oder auch anders herum: Sie hätten es gerne diskreter. Auch am iPad lassen sich viele Hinweistöne einstellen, jedoch keine Vibrationshinweise.

### Klingel- und Hinweistöne beim iPhone und iPad lauter oder leiser stellen

**1** Gehen Sie auf Einstellungen.
**2** Tippen Sie Töne.
**3** Legen Sie Ihren Finger auf den Lautstärkeregler unter Klingel- und Hinweistöne und schieben Sie ihn in die gewünschte Richtung.

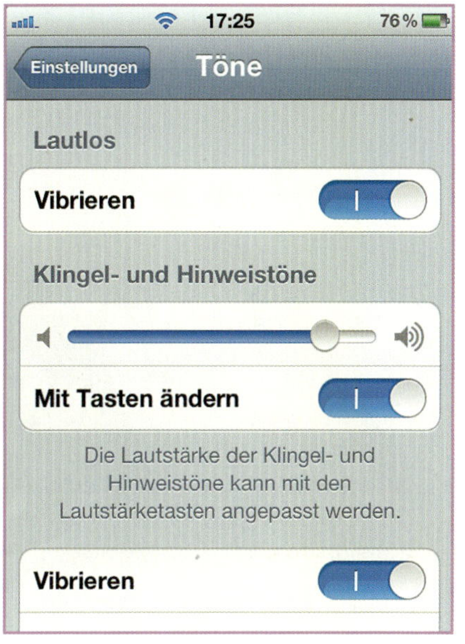


Sie hören ein kurzes Beispiel, um die eingestellte Lautstärke einschätzen zu können. Mit diesem Regler stellen Sie gleichzeitig die Lautstärke für Hinweistöne ein. Auch über die Laut- und Leisetasten am Gerät steuern Sie diese Töne. Diese Funktion legt der Schalter Mit Tasten ändern fest und lässt sich abschalten.
Wenn das nicht ausreicht, sollten Sie das Telefon dicht am Körper tragen, dann spüren Sie zumindest die Vibration. Ab Werk ist eingestellt, dass das Telefon beim Klingeln auch vibriert. Sie können das Vibrieren in Töne mit dem Schalter unterhalb der Lautstärkeregelung ein- und wieder ausschalten.
Achtung: Der ganz oben ebenfalls Vibrieren benannte Schalter steuert nur das Verhalten im Stumm-Modus (siehe oben).

### Weitere Infotöne ein- oder ausschalten

**1** Gehen Sie auf Einstellungen.
**2** Tippen Sie Töne.
**3** Schalten Sie Tastaturanschläge ein oder aus.

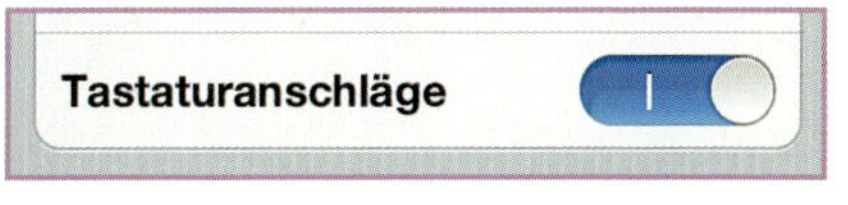


Bei folgenden Punkten können Sie Töne verändern oder unterbinden: neue Voicemail, neue E-Mail, E-Mail gesendet, Tweet, Kalenderhinweis, Erinnerungshinweis.

3G
14:08
40 808
Esc

# SYNCHRONISIEREN MIT ITUNES

Mit iTunes und iCloud synchronisieren Sie Ihr iOS-Gerät mit Ihrem Computer. Damit bringen Sie Ihren E-Mail-Account, Ihre Musik- und Videobibliothek und Adressen überall auf den neusten Stand. Besonders iCloud ist eine komfortable Anwendung – wenn man das Prinzip verstanden hat.

## HAUPTBAHNHOF ITUNES

Im übertragenen Sinne stellt iTunes am Computer so etwas wie einen Hauptbahnhof für Medien und diverse Apple-Geräte dar. Dieses Programm hat eine Schlüsselposition, denn es ist auf jedem iMac und MacBook bereits eingerichtet. Dort übernimmt es in erster Linie die Funktion eines Medienverwaltungs- und Abspielprogramms. Darüber hinaus digitalisieren Sie damit Ihre Musiksammlung und kreieren sogar eigene Klingeltöne für das iPhone. Auf Windows-PCs müssen Sie sich iTunes erst kostenlos bei Apple herunterladen, da es nicht mitgeliefert wird.

Am iPhone und iPad hingegen stellt die iTunes-App ausschließlich den Zugang zum Musik- und Videokaufhaus her. Weil der Begriff iTunes also oft in verschiedenen Zusammenhängen vorkommt, ist es natürlich schwer, den Überblick zu behalten. Werfen wir also vor dem Kapitel Synchronisation erst einmal einen Blick auf iTunes.

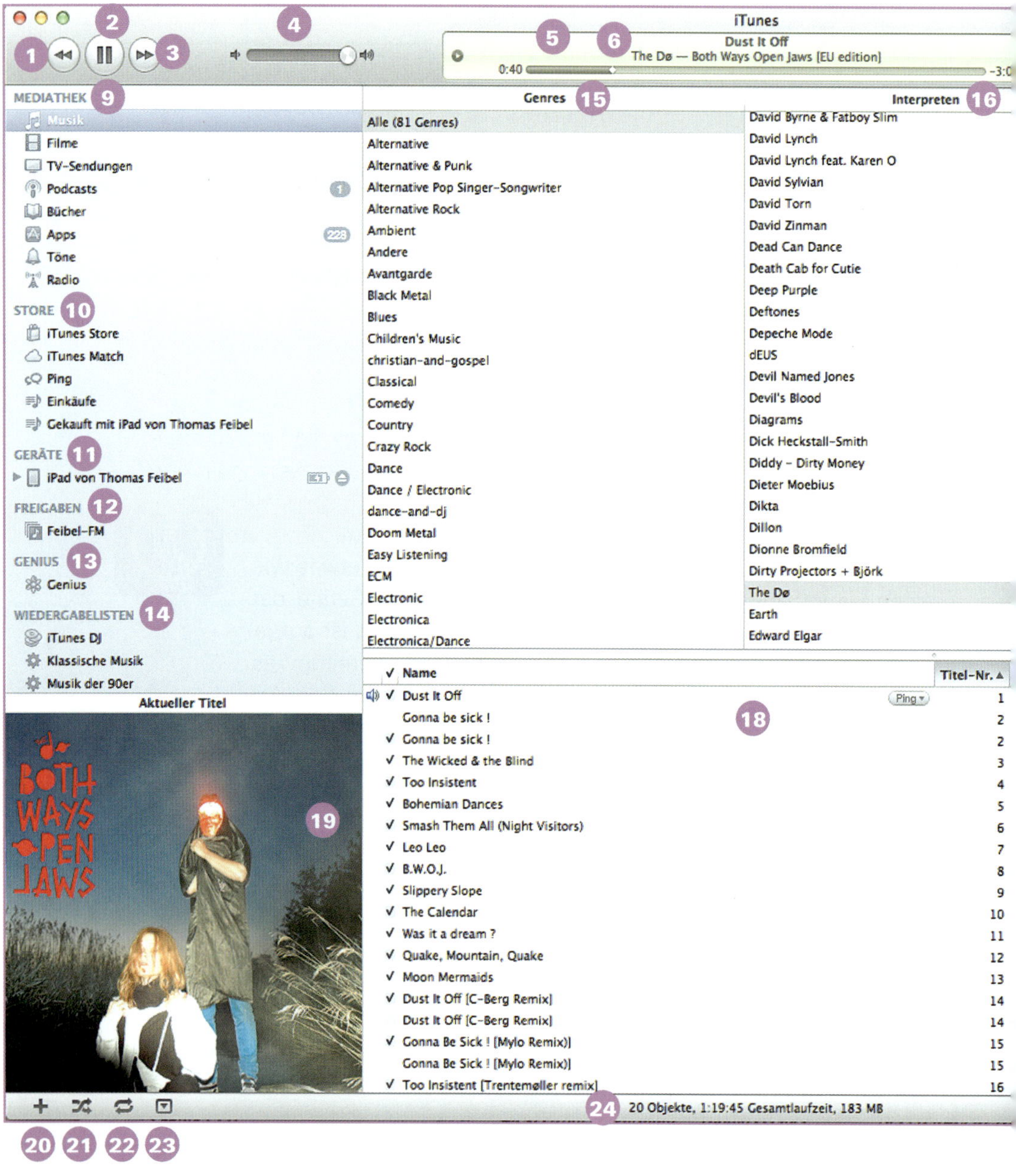

iTunes
1
2
3
4
5
6
Dust It Off
The Dø — Both Ways Open Jaws [EU edition]
0:40
MEDIATHEK 9
Musik
Filme
TV-Sendungen
Podcasts
Bücher
Apps
Töne
Radio
STORE 10
iTunes Store
iTunes Match
Ping
Einkäufe
Gekauft mit iPad von Thomas Feibel
GERÄTE 11
iPad von Thomas Feibel
FREIGABEN 12
Feibel-FM
GENIUS 13
Genius
WIEDERGABELISTEN 14
iTunes DJ
Klassische Musik
Musik der 90er
Aktueller Titel
19
Genres 15
Alle (81 Genres)
Alternative
Alternative & Punk
Alternative Pop Singer-Songwriter
Alternative Rock
Ambient
Andere
Avantgarde
Black Metal
Blues
Children's Music
christian-and-gospel
Classical
Comedy
Country
Crazy Rock
Dance
Dance / Electronic
dance-and-dj
Doom Metal
Easy Listening
ECM
Electronic
Electronica
Electronica/Dance
Interpreten 16
David Byrne & Fatboy Slim
David Lynch
David Lynch feat. Karen O
David Sylvian
David Torn
David Zinman
Dead Can Dance
Death Cab for Cutie
Deep Purple
Deftones
Depeche Mode
dEUS
Devil Named Jones
Devil's Blood
Diagrams
Dick Heckstall-Smith
Diddy - Dirty Money
Dieter Moebius
Dikta
Dillon
Dionne Bromfield
Dirty Projectors + Björk
The Dø
Earth
Edward Elgar
Name
Titel-Nr.
18
Dust It Off 1
Gonna be sick ! 2
Gonna be sick ! 2
The Wicked & the Blind 3
Too Insistent 4
Bohemian Dances 5
Smash Them All (Night Visitors) 6
Leo Leo 7
B.W.O.J. 8
Slippery Slope 9
The Calendar 10
Was it a dream ? 11
Quake, Mountain, Quake 12
Moon Mermaids 13
Dust It Off [C-Berg Remix] 14
Dust It Off [C-Berg Remix] 14
Gonna Be Sick ! [Mylo Remix)] 15
Gonna Be Sick ! [Mylo Remix)] 15
Too Insistent [Trentemøller remix] 16
24 20 Objekte, 1:19:45 Gesamtlaufzeit, 183 MB
20 21 22 23

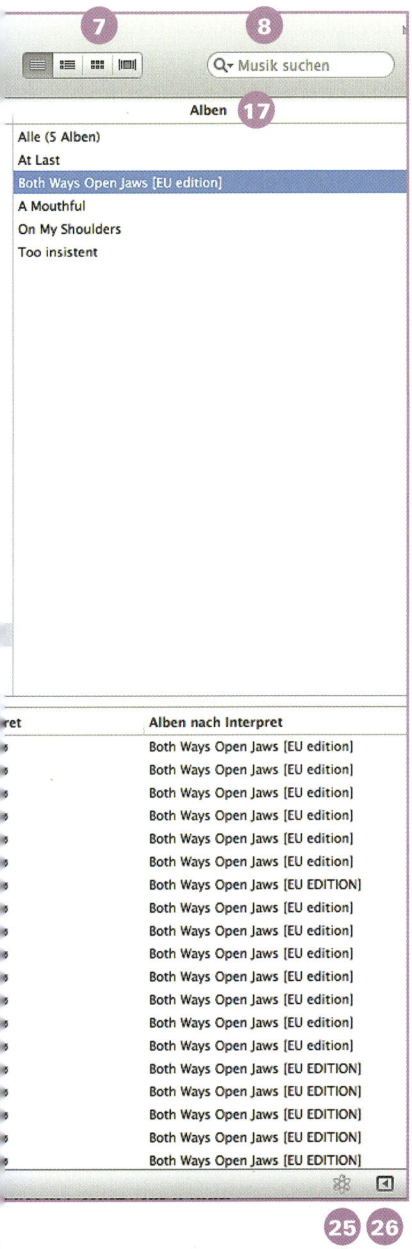


## Reine Ansichtssache: iTunes am Computer

Schauen Sie mal genauer auf diesen Allroundkönner, um sich einen guten Überblick zu verschaffen.

Zurück **(1)**: Spult bei langem Drücken zurück oder springt mit einem Klick zum vorigen Lied.

Abspielen/Stopp **(2)**: Wie beim CD-Player.

Vor **(3)**: Spult bei langem Drücken vor oder springt mit einem Klick zum nächsten Lied.

Lautstärkeregler **(4)**: Zusätzliche Lautstärkeregelung. Lässt sich zumindest am Mac-Computer bequemer über die Tastatur regulieren. Diese Lautstärkeregulierung ist nur für die Wiedergabe mit iTunes zuständig und außerdem von der jeweiligen Systemlautstärke abhängig.

Anzeigefenster für Musik/Informationen **(5)**: Hier sehen Sie Namen und Länge des gegenwärtig abgespielten Stückes.

Anfasser **(6)**: Damit können Sie gezielt im Lied springen.

Vier verschiedene Ansichten der Darstellungsform **(7)**: Wechseln Sie an dieser Stelle die Optik. Hinweis: Bitte benutzen Sie zur Arbeit mit diesem Buch Option 1 oder 2.

Suche **(8)**: Hier suchen Sie nach bestimmten Liedern oder Interpreten.

Mediathek **(9)**: Hier erhalten Sie den Zugriff auf Ihre Musik, Filme, TV-Sendungen, Podcasts, Bücher, Apps und vieles mehr.

Store – Einkaufsladen und Verleihvideothek **(10)**: Kaufen und Ausleihen von verschiedenen Medientypen.

Geräte **(11)**: Zum Beispiel iPhone, iPad, falls sie angeschlossen sind, aber auch eingelegte CDs werden hier angezeigt.
Freigaben **(12)**: Erlaubt den Zugriff auf andere Mediatheken im selben Netzwerk, zum Beispiel wenn der Ehemann auf die Mediathek der Ehefrau zugreifen möchte.
Genius **(13)**: Stellt automatisch Musik aus Ihren Beständen zu einer Wiedergabeliste zusammen.
Wiedergabeliste **(14)**: Eigene Zusammenstellungen verschiedener Musikstücke sind hier möglich. Eine Wiedergabeliste können Sie mithilfe eines CD-Brenners auch als Musik-CD brennen.
Alle/Genres **(15)**: Zeigt alle Musikgenres an.
Alle/Interpreten **(16)**: Zeigt die vorhandenen Künstler an.
Alle/Alben **(17)**: Zeigt Ihnen die vorhandenen Alben an.
Detailliste **(18)**: Wird während des Abspielens angezeigt.
Coveransicht **(19)**: Cover des jeweiligen Albums.
Neue Wiedergabeliste erstellen **(20)**: Für mehr Abwechslung.
Zufällige Wiedergabe **(21)**: Warum nicht ein Überraschungsmix?
Wiederholung **(22)**: Wiederholt die Musik.
Kein Cover **(23)**: Blendet das Cover aus.
Übersicht **(24)**: Anzahl der Titel, Gesamtdauer, Dateigröße.
Genius **(25)**: Genius einblenden.
Seitenleiste schließen **(26)**

## iTunes zum ersten Mal am Mac und PC öffnen bei angeschlossenen iPhone oder iPad

Am Mac: Bevor Sie iTunes das erste Mal öffnen, werden Sie gebeten, den iTunes-Softwarelizenzvertrag zu lesen und zu akzeptieren. Anschließend bietet Ihnen das Programm eine kleine Einführung in seine Funktionen an. Von hier aus können Sie zum Beispiel Musik aus dem iTunes Store kaufen, bereits digitale Musikstücke automatisch suchen und CDs importieren lassen. Denn beim ersten Öffnen von iTunes ist das Programm ja noch gänzlich leer.
Sobald Sie das iPhone oder iPad anschließen, wird es in der linken Leiste unter Geräte angezeigt. Beim Mac startet nun auch iPhoto, das von Ihnen wissen will, ob sich das Fotoprogramm öffnen soll,

wenn eine Digitalkamera angeschlossen wird, denn genau dafür hält iPhoto die iOS-Geräte. Sie können sich für oder gegen diese Entscheidung aussprechen oder sie gänzlich auf später vertagen. Sobald Sie auf das iPhone oder iPad links in der Leiste unter Geräte gehen, startet der Knopf Synchronisieren den Datenaustausch. Am PC: Auch hier verlangt iTunes, dass Sie als erstes den Lizenzvertrag akzeptieren und, falls Sie das möchten, iTunes als Standardplayer festlegen. Wenn Sie bejahen, klicken Sie in einem separaten Fenster an, welche Formate künftig damit geöffnet werden sollen. Die Standards sind bereits markiert, gehen Sie danach auf Speichern. Sobald Sie das iPhone oder iPad anschließen, kann es sein, dass eine Aufforderung zur Installation der Gerätesoftware erscheint, damit die Geräte einwandfrei auf dem PC erkannt werden. Schließen Sie danach das Fenster. Ein weiteres Fenster namens Automatische Wiedergabe öffnet sich. Regeln Sie an dieser Stelle, ob nach dem Anschließen an den PC Bilder und Videos mit Windows installiert werden sollen und ob Sie die Dateien im Gerät selbst angezeigt bekommen möchten. Schließen Sie das Fenster, gehen Sie unter Geräte links auf das iPhone und starten Sie die Synchronisation.

## Mit iTunes Daten mit und ohne Kabel synchronisieren

iTunes bietet Ihnen zwei Möglichkeiten zur Synchronisation (Datenaustausch) an: mit und ohne Kabel, also per WLAN. Die Empfehlung lautet aber ganz klar: Arbeiten Sie mit dem Kabel wie auch im bisherigen Text beschrieben. Das hat viele Vorteile. Erstens wird dabei auch noch das Gerät aufgeladen und zweitens fertigt die WLAN-Synchronisation keine Sicherheitskopie (Backup) an.

Mit Kabel: Ziehen Sie das weiße Kabel aus dem Netzteil heraus und schließen es nun mit dem USB-Stecker an den Computer an. Unter Geräte werden iPhone oder iPad angezeigt. Gleich nach dem Anschließen erfolgt in der Regel die Synchronisation.

Ohne Kabel: Das iPhone oder iPad vor den Rechner zu legen ist sicher vernünftig, aber es reicht auch, wenn das aufgeladene Gerät im WLAN ist. Unter Geräte werden iPhone oder iPad angezeigt. Es wird täglich automatisch synchronisiert oder Sie drücken auf Synchronisieren.

## Was und wie Sie mit iTunes sichern oder synchronisieren

Synchronisieren, sagt das Duden-Fremdwörterbuch, bedeutet den „Gleichlauf zwischen zwei Vorgängen, Maschinen oder Geräte[teile]n herstellen". In diesem Fall heißt das, dass zum Beispiel das iPhone oder iPad die gleichen Inhalte auf dem gleichen Stand haben wie der Computer. Das betrifft Termine, Adressen, E-Mails, aber eben auch viele andere Dinge. Sobald iPhone und iPad unter Geräte angewählt werden, stehen Ihnen auf der rechten Seite eine stattliche Reihe von Reitern zur Verfügung. Damit legen Sie individuell fest, was an welcher Stelle wie synchronisiert werden soll.

## Übersicht der Reiter

Sobald Sie eine Änderung vornehmen, wird aus dem Schalter Synchronisieren der Schalter Anwenden.

### Sicherheitskopie (Backup) & Synchronisation

Auf dieser Seite finden Sie Detailinformationen wie Seriennummer **(1)** oder die aktuelle Softwareversion **(2)**. Hier entscheiden Sie aber auch, ob die Sicherheitskopie in der iCloud **(3)** oder doch besser auf dem Rechner **(4)** angelegt werden soll. Auf diesem Reiter regeln Sie außerdem, ob Sie künftig kabellos über WLAN **(5)** den Vorgang der Synchronisation durchführen möchten.

Rettung in der Not: Klicken Sie auf Wiederherstellen, wenn Sie das Gerät bei technischen Problemen zurücksetzen wollen.

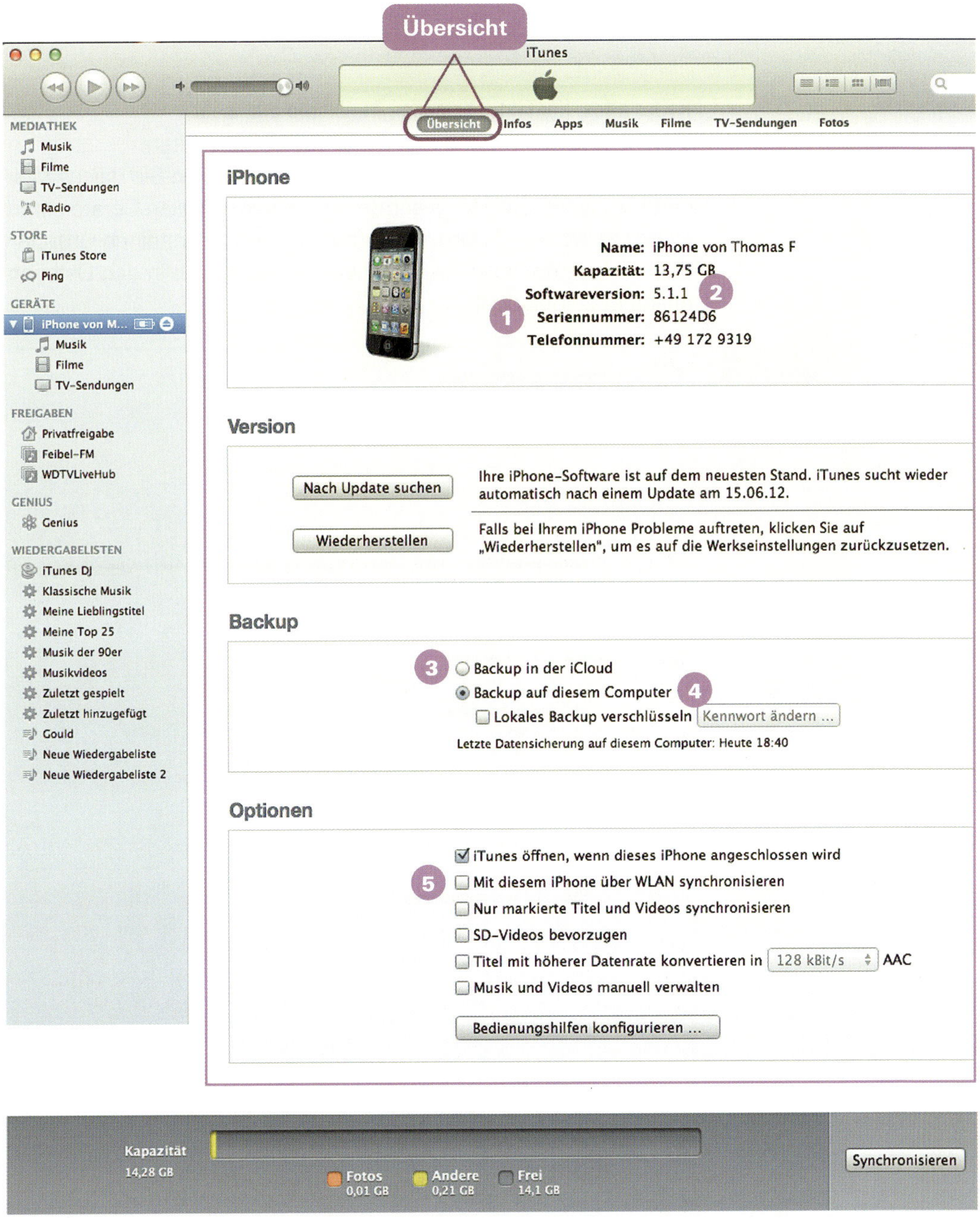
Übersicht
iTunes
MEDIATHEK
Musik
Filme
TV-Sendungen
Radio
STORE
iTunes Store
Ping
GERÄTE
iPhone von M...
Musik
Filme
TV-Sendungen
FREIGABEN
Privatfreigabe
Feibel-FM
WDTVLiveHub
GENIUS
Genius
WIEDERGABELISTEN
iTunes DJ
Klassische Musik
Meine Lieblingstitel
Meine Top 25
Musik der 90er
Musikvideos
Zuletzt gespielt
Zuletzt hinzugefügt
Gould
Neue Wiedergabeliste
Neue Wiedergabeliste 2
Übersicht
Infos
Apps
Musik
Filme
TV-Sendungen
Fotos
iPhone
Name: iPhone von Thomas F
Kapazität: 13,75 GB
Softwareversion: 5.1.1
Seriennummer: 86124D6
Telefonnummer: +49 172 9319
1
2
Version
Nach Update suchen
Ihre iPhone-Software ist auf dem neuesten Stand. iTunes sucht wieder automatisch nach einem Update am 15.06.12.
Wiederherstellen
Falls bei Ihrem iPhone Probleme auftreten, klicken Sie auf „Wiederherstellen", um es auf die Werkseinstellungen zurückzusetzen.
Backup
3
Backup in der iCloud
Backup auf diesem Computer
4
Lokales Backup verschlüsseln
Kennwort ändern ...
Letzte Datensicherung auf diesem Computer: Heute 18:40
Optionen
iTunes öffnen, wenn dieses iPhone angeschlossen wird
5
Mit diesem iPhone über WLAN synchronisieren
Nur markierte Titel und Videos synchronisieren
SD-Videos bevorzugen
Titel mit höherer Datenrate konvertieren in 128 kBit/s AAC
Musik und Videos manuell verwalten
Bedienungshilfen konfigurieren ...
Kapazität
14,28 GB
Fotos
0,01 GB
Andere
0,21 GB
Frei
14,1 GB
Synchronisieren

### Reiter Infos: Kontakte, Kalender, Mailkonto und mehr

Das ist eine der wichtigsten Synchronisationsseiten.

Adressbuchkontakte synchronisieren **(1)**: Haken Sie dieses Kästchen an, wenn Sie Ihre gesamten Adressen auf allen Geräten aktuell halten wollen. Auch Detailinformationen zu erstellten Gruppen oder Ihre anderen Adressdatenbanken lassen sich in den Datenabgleich mit einbinden.

Infos

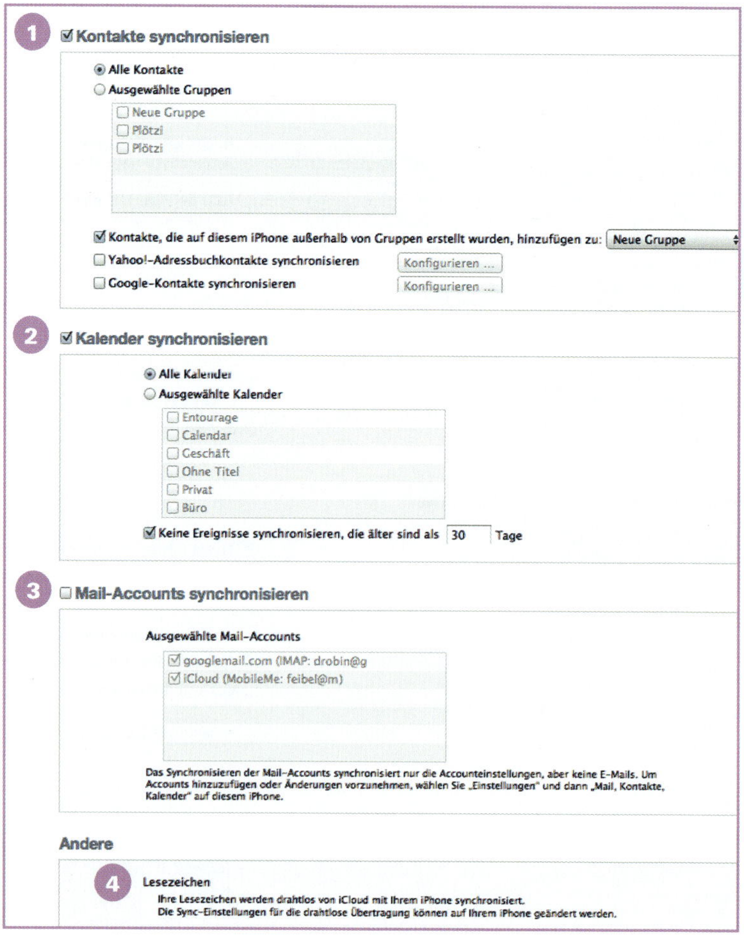

### WICHTIG

Wer iCloud benutzt, darf die Haken bei Adressen, Kalender, Notizen und Lesezeichen nicht (!) setzen, sonst entstehen Doubletteneinträge.

**iCal-Kalender synchronisieren (2)**: Legen Sie fest, welche Kalender Sie synchronisieren wollen. Neben iCal geht auch Outlook für PC. Bei MS Entourage und Outlook (für Mac) ist es problematisch.
**Mail-Accounts synchronisieren (3)**: Achtung, Missverständnis: Nicht die E-Mails werden hier synchronisiert, sondern die Kontoeinstellungen für die jeweilige E-Mail-Adresse. Manche Leute besitzen ja mehrere, zum Beispiel beruflich und privat getrennt.
**Lesezeichen (4)**: Das sind die Lesezeichen (Bookmarks) Ihrer Webseiten, damit Sie auf dem iPhone und iPad nicht auf Ihre gespeicherten Webseiten verzichten müssen.

### Reiter Apps: Aufräumen in der besten aller Übersichten

Wie Sie Apps direkt am iPhone und iPad aufräumen, finden Sie auf Seite 138. Bequemer und übersichtlicher funktioniert dieser Vor-

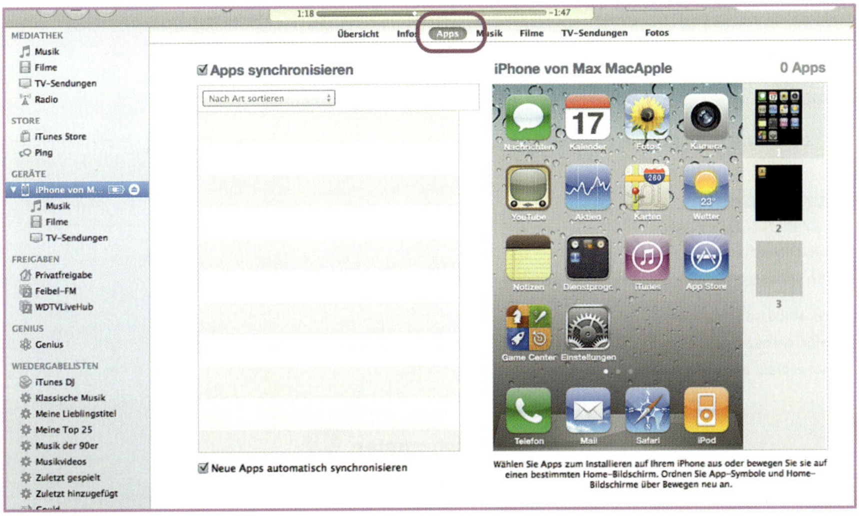


Apps

gang jedoch am Computer. Klicken Sie auf Anwenden und schon werden Ihre Änderungen umgesetzt.
Tipp: Solange Sie nur wenige Apps haben, ist alles noch hübsch einfach. Doch sobald sich eine stattliche Anzahl angesammelt hat, ist das Aufräumen hier praktischer. Außerdem müssen neue Apps nicht zwangsläufig automatisch überspielt werden.

Töne

## Reiter Töne: Klingeltöne (nur das iPhone)

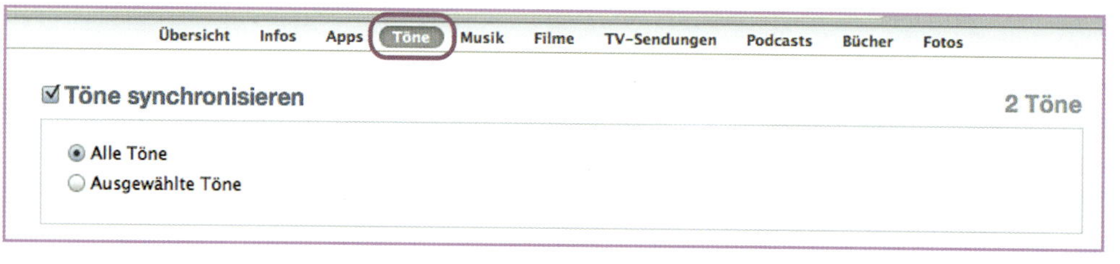


Übertragen Sie alle Töne oder ganz spezielle, wie zum Beispiel ein zum Klingelton umgewandeltes Lied. Das betrifft einige wenige Klingeltöne, die es zu kaufen gibt, und auch selbst kreierte Klingeltöne, was aber leider sehr kompliziert ist.
Sie aktivieren jede Änderung durch den Schalter Anwenden.

Musik

## Reiter Musik: Aufräumen in der besten aller Übersichten

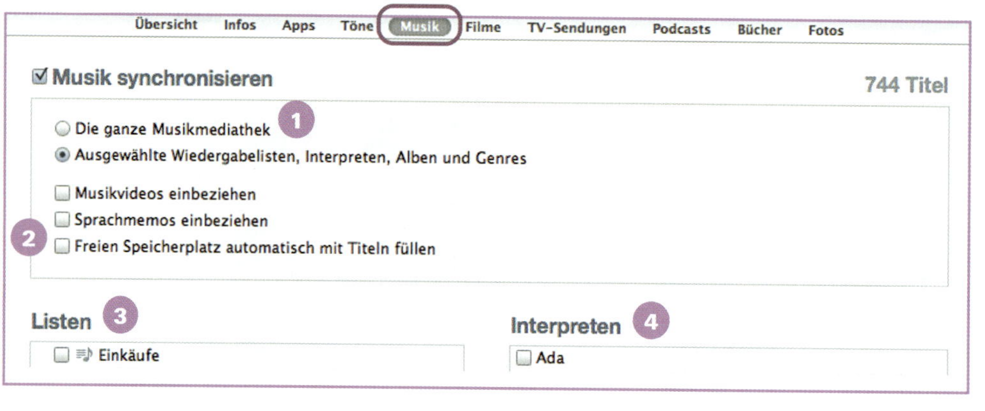

Wer wenig Musik auf seinem Computer hat, kann natürlich die ganze Musikmediathek **(1)** übertragen. Doch wenn Sie bereits fleißig am Rechner digitalisieren, kommen Sie möglicherweise bald an die Grenzen des Speichers von iPhone und iPad.

**WICHTIG**
Diesen automatischen Auffüllknopf **(2)** sollten Sie nicht aktivieren, wenn Sie schon viel Musik auf dem Computer haben.

Mit wenigen Klicks legen Sie hier auch fest, welche Listen **(3)**, Interpreten **(4)**, Genres oder doch lieber nur einzelne Alben übertragen werden sollen.

### Reiter Filme: Das Kino in der Tasche

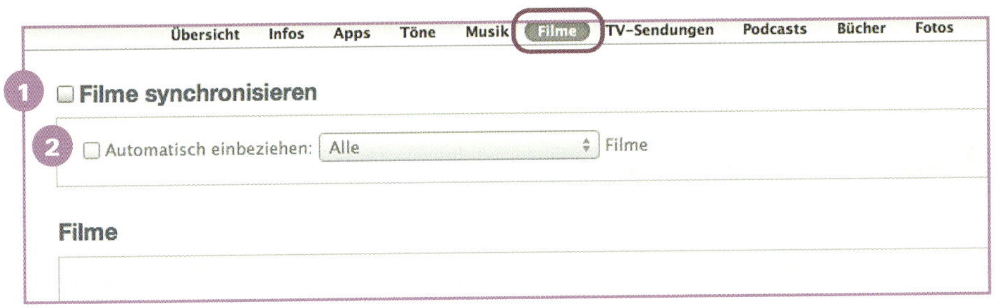


Filme

Filme synchronisieren **(1)**: Wählen Sie dieses Kästchen an, wenn Sie gekaufte, umgewandelte oder eigene Filme mitnehmen wollen. Mit dem Haken Automatisch einbeziehen **(2)** legen Sie auch fest, ob Sie gesehene oder nicht gesehene Filme übertragen wollen.

TV-Sendungen synchronisieren: Auch gekaufte oder digitalisierte Fernsehsendungen können Sie übertragen. Auch hier treffen Sie genaue Einstellungen, wie viele Folgen auf iPhone oder iPad gelangen sollen.

Podcast

### Reiter Podcast: Hörbeiträge verwalten

Podcasts synchronisieren **(1)**: Podcasts sind gespeicherte und teilweise auch abonnierbare Hör- und Videobeiträge, die kostenlos sind. Haken Sie diesen Kasten an, wenn Sie Ihre heruntergeladenen Podcasts auf dem iPhone oder iPad mitnehmen möchten.

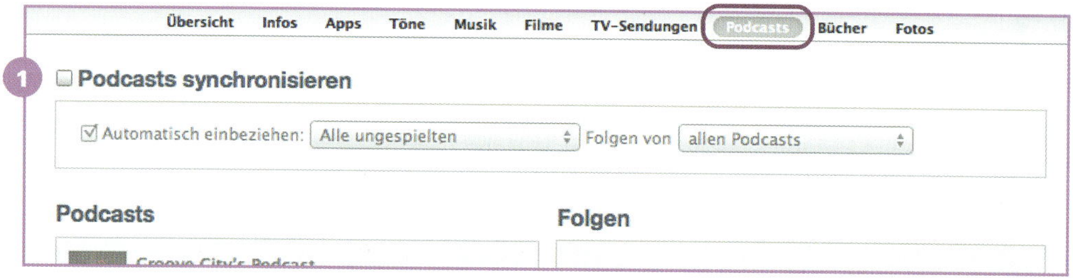


Bücher synchronisieren/Hörbücher synchronisieren: Natürlich können Sie auch Bücher, PDFs und Hörbücher auf iPhone und iPad übertragen.

Fotos

### Reiter Fotos: Die gesammelten Knipsereien

Fotos synchronisieren **(1)**: Die Fotos von iPhone und iPad werden mit Fotoprogrammen wie iPhoto beim Mac und als Datenverzeichnis beim PC synchronisiert. Bilder, die Sie so übertragen und vom iPhone oder iPad gelöscht haben, können Sie auf diese Weise zurück auf das mobile Gerät holen. Wählen Sie dazu die Bildquelle **(2)** und dann nur ausgewählte Alben.

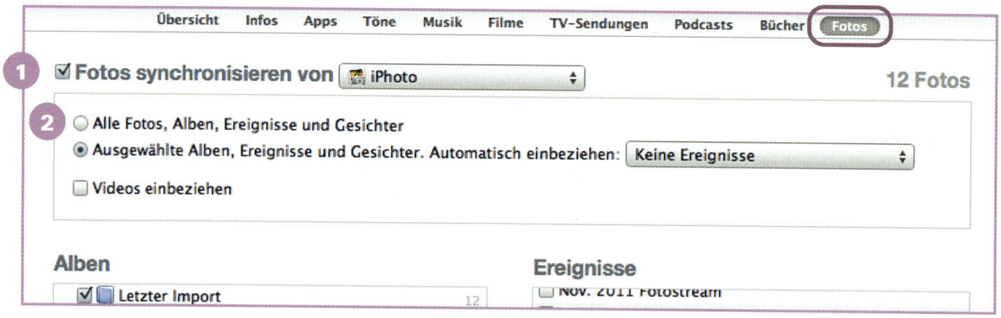

**WICHTIG**
Umfangreiche Bildersammlungen oder Filme etc. zu übertragen kostet ganz schön viel Speicherplatz auf iPhone und iPad. Möglicherweise sogar mehr Speicher, als tatsächlich vorhanden ist.

## Eine importierte Audio-CD auf iPhone und iPad überspielen

Wenn Sie Musik unterwegs dabei haben möchten, ist iTunes am Computer die zentrale Anlaufstelle – vorausgesetzt Sie haben bereits digitalisierte Musik vorliegen. Falls nicht, öffnen Sie iTunes, legen eine Audio-CD in den Computer und klicken nach dem Vorgang des Einlesens auf CD importieren. Danach erfolgt die Synchronisation mit Kabel.

### Wie ziehe ich die Musik auf mein iPhone oder iPad?

Musik

1 Schließen Sie Ihr iPhone oder iPad mit dem Ladekabel am Computer an.
2 Gehen Sie auf den rechten Reiter Musik **(1)**.
3 Der oberste Punkt Musik synchronisieren **(2)** sollte angehakt sein.
4 Wenn Sie nur wenig Musik haben, wählen Sie Die ganze Musikmediathek **(3)** an.
5 Falls Sie gezielt vorgehen wollen, klicken Sie Ausgewählte Wiedergabelisten (...) **(4)** an.

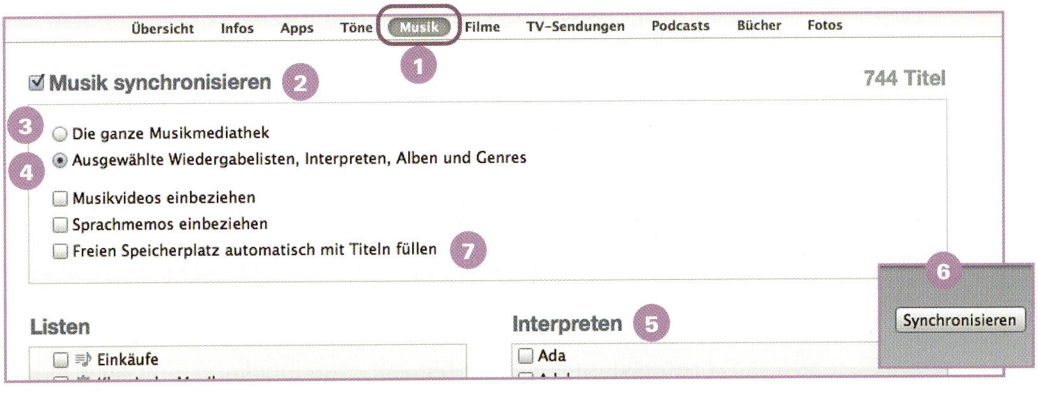

6 Wählen Sie unter Interpreten **(5)** die gewünschten Künstler oder auch bestimmte Alben an.
7 Gehen Sie auf Synchronisieren **(6)**.

**WICHTIG**
Vorsicht, wenn **Freien Speicherplatz automatisch mit Titeln füllen (7)** angeklickt ist, wird der Rest des iPhones oder iPads mit zufällig angeordneten Titeln bestückt.

# SYNCHRONISIEREN MIT ICLOUD

Wie am Anfang dieses Buches beschrieben: Wenn Sie sich beim Einschalten schon für den iCloud-Dienst entscheiden, müssen Sie sich um nichts kümmern. Wenn Sie bereits eine Apple ID im iTunes Store besitzen, empfiehlt Apple diese ID für iCloud zu verwenden.

## iCloud verwalten am iPhone und iPad

Auf iPhone und iPad regeln Sie Details über die App-Einstellungen. Dort legen Sie fest, was Sie synchronisieren und was Sie deaktivieren wollen.

Die Synchronisation der Elemente Mail, Kontakte, Kalender, Erinnerungen, Lesezeichen, Notizen, Fotostream und vieles mehr können Sie mit dem jeweiligen Schalter aktivieren beziehungsweise deaktivieren. An dieser Stelle können Sie auch Mein iPhone suchen/Mein iPad suchen einschalten, falls Sie mal Ihr Gerät verlegt haben oder es gestohlen wurde (siehe Seite 210).
Über den Menüpunkt Speicher & Backup kontrollieren Sie über Speicher verwalten Ihre Sicherungskopien, die sogenannten Backups (Sie können an- und ausschalten, welche Apps in das Backup einbezogen werden) und können auch Speicher dazukaufen.
Inzwischen hat Apple auch in Deutschland seinen MusicMatch-Dienst gestartet. Für 25 Euro Jahresgebühr kann man seine digita-

lisierte Musik auf den iCloud-Servern speichern. Der notwendige Speicherplatz ist in der Jahresgebühr bereits enthalten. Fortan können Sie auch die Musik mit iPhone oder iPad hören, die Sie nicht synchronisiert haben. Die Übertragung der Musikdateien über das Mobilfunknetz kann jedoch schnell das Inklusivvolumen Ihres Mobilfunkvertrages ausschöpfen.

## iCloud verwalten am Mac und PC

Am Mac rufen Sie über das Apfelmenü ganz links in der Menüleiste die Systemeinstellung iCloud auf und können dort die einzelnen Dienste nach Wunsch auch deaktivieren. Am Windows-PC müssen Sie zunächst die iCloud-Systemsteuerung installieren. Danach finden Sie sie über das Startmenü in der Systemsteuerung für Netzwerk und Internet. Falls Ihnen iCloud nicht mehr zusagt, können Sie dort Gerät für Gerät auch abmelden beziehungsweise den Account löschen. Ihre Apple ID, die auf @me.com endet, behalten Sie auf alle Fälle! Im Internet können Sie auf der Seite http://appleid.apple.com Ihr Kundenkonto verwalten und für App-Rechnungen eine neue, andere E-Mail-Adresse festlegen.

## iCloud loswerden

Am Mac: Gehen Sie auf den grauen Apfel ganz oben links und dann auf Systemeinstellungen. In der Systemeinstellung iCloud klicken Sie auf Abmelden.
Am PC: Gehen Sie unter Start zu Systemsteuerung. Klicken Sie auf Netzwerk und Internet, wählen Sie iCloud an. Klicken Sie auf Abmelden.
Am iPhone und iPad: Gehen Sie auf Einstellungen und dann auf iCloud. Gehen Sie auf Account löschen.

## Was sind die Alternativen zur iCloud-Technologie ?

Konservative Gemüter speichern ihre Daten weiterhin auf ihrem Computer ab und legen alle paar Tage eine Sicherheitskopie auf einer externen Festplatte ab, die ganz handfest und praktisch direkt neben dem Computer steht.

# GUTE UNTERHALTUNG

iPhone und iPad leisten in praktischen und pragmatischen Dingen wirklich tolle Dienste. Aber richtig verblüffend sind sie als Abspielgeräte für Videos, als digitales Fotoalbum, Spielkonsole und Lesegerät für E-Books. Dazu verfügen beide Geräte auch über eingebaute Kameras, um mal schnell das eine oder andere Foto zu schießen oder ein kleines Video zu drehen.

## DIE WUNDERBARE WELT DER APPS

Das Herzstück von iPhone und iPad sind die Apps. Die meisten Standard-Apps haben Sie ja schon kennengelernt. Schätzungen zufolge soll es aber allein für iPhone und iPad über 650 000 Apps geben. Diese finden Sie nur im iTunes Store und sonst nirgends. Einen physischen Verkaufsort für Apps werden Sie vergeblich suchen, alle gekauften Apps laden Sie im iTunes Store von einem Server auf Ihren heimischen Computer oder direkt aufs iPad oder iPhone.

### Reine Ansichtssache: Der App Store

Neuheiten **(1)**: Ansicht auf die neuen Apps.
Charts **(2)**: Aktuelle Apps der letzten Zeit.
Übersicht **(3)**: Aktuell beworbene Apps.
Suchen **(4)**: Geben Sie an dieser Stelle einen Suchbegriff ein, zum Beispiel „Wetter“.
Gekaufte Apps **(5)**: Überblick gekaufter Apps.

Neu und beachtenswert **(6)**: Kurze Neuheitenübersicht mit Bewertung und Preis.
Genres **(7)**: Nach Gattungen suchen.
Im Spotlight **(8)**: Aktuelle Ansicht der Neuheiten.
Top-Charts **(9)**: Hitliste der gekauften und kostenlosen Apps. Die Gratisliste ist dabei ehrlicher. Denn mancher Hersteller ändert kurz mal den Preis, um dadurch eine höhere Aufmerksamkeit und damit eine bessere Downloadrate zu erhalten.
Genius **(10)**: Empfehlungen aufgrund Ihrer bisherigen Präferenzen. Muss eigens aktiviert werden.
Kategorien **(11)**: Übersicht der aktuellen Themenschwerpunkte.

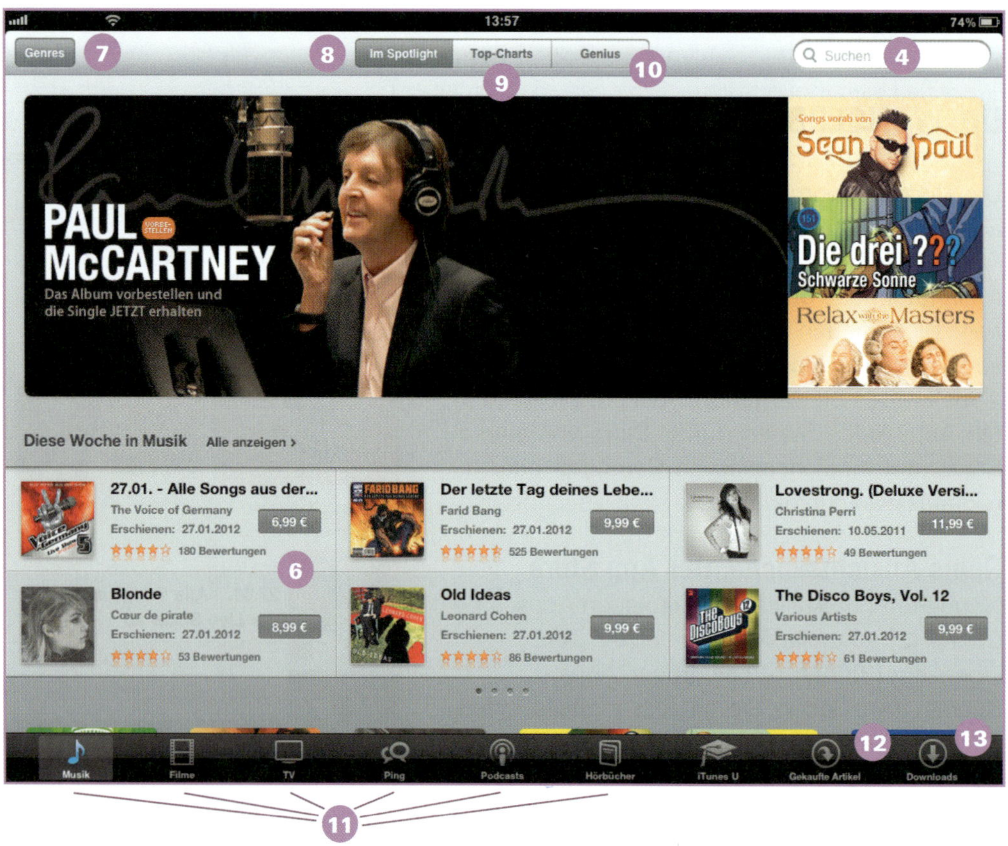

Gekaufte Artikel **(12)**: Heruntergeladene Apps, außerdem Anzeige der Apps in der iCloud, um sie dann auch hier zu downloaden.
Updates **(13)**: Alle Apps werden ständig verbessert. Hier erfahren Sie, welche gerade aktualisiert wurden (siehe Seite 135).

## Wunderbare Welt der Apps

Mühelos lassen sich die Apps mit einem Fingerdruck installieren. Sie kosten oft gar kein und wenn meist nur wenig Geld, öffnen sich rasch – und funktionieren. Mit anderen Worten: Apps sind einfach großartig. Die nützlichen Standard-Apps finden Sie ab Seite 47 ausführlich vorgestellt. In diesem Kapitel erfahren Sie nun, wie Sie an neue Apps kommen, wie Sie auf iPhone und iPad geladen werden und wie Sie sie aufräumen oder auch löschen können. Wenn Sie den Wald vor lauter Apps nicht mehr sehen, erhalten Sie auf Seite 141 eine Übersicht nützlicher oder unterhaltsamer Apps.

## Die Vorteile von Apps

Apps sind wirklich preiswert: In der Regel kosten die meisten Apps weniger als zwei Euro, viele sind sogar kostenlos zu haben. Über die Qualität sagt der Preis dabei jedoch zunächst einmal gar nichts aus.
Apps sind einfach verfügbar: Auf jedem iPhone und iPad ist der App Store schon installiert. Sie können jederzeit und überall eine App kaufen. Nur wenn Sie eine größere Datenmenge transportieren, sollten Sie WLAN nutzen.
Apps sind leicht zu bedienen: Auch die Installation ist ein Kinderspiel. Einfach Finger drauf, Apple ID-Kennwort eingeben, laden, fertig. Die Bedienung erfolgt intuitiv, ohne dass Sie zuvor dicke Handbücher wälzen müssen.

## Die Nachteile von Apps

Manche Apps sind zu neugierig: Viele Apps wollen den Standort ihres Nutzers wissen. Das ist ja bei Navigationssystemen und Wettervorhersagen noch einzusehen, aber warum müssen Apps für Musikerkennung oder Barcode-Leser wissen, wo Sie sich gerade aufhalten? Der versprochene Mehrwert dieser Datensammelwut ist für Sie als Nutzer bei solchen Apps oft gering. Dieser Neugier können Sie unter Einstellungen und Ortungsdienste Einhalt gebieten.

Manche Apps legen Sie rein: Nicht immer ist gratis auch wirklich kostenlos. Oft laden wir uns nur eine kostenlose Maske herunter und jeder Inhalt kostet dann Geld. In diesem Fall hilft nur eins: löschen. Ende Mai hat Stiftung Warentest 63 Apps getestet. Das Ergebnis: 28 Apps wurden als kritisch eingestuft, da sie unbefugt sensible Informationen an den App-Anbieter übermitteln.

## Wie finde ich gute Apps?

Stöbern Sie einfach mal am Computer in der App-Abteilung des iTunes Stores. Auf dem iPhone und iPad funktioniert der Zugang über eine eigene App, die App Store heißt. Am übersichtlichsten ist es am Computer, wo Sie sich beispielsweise auch Wunschlisten anlegen können und die Apps nicht sofort kaufen müssen. Beim Suchen helfen die Kategorien, nach denen Sie die Apps sortieren können. Das Ordnungsprinzip der Anzeigen im App Store ist klar: Die Apps mit dem meisten Umsatz stehen vorne. Oft sind das die besten Apps, aber nicht immer.

## Let's go shopping: Eine App herunterladen

Mithilfe Ihrer Apple ID können Sie auf App-Shoppingtour gehen. Sie dürfen hemmungslos alles herunterladen, was mit „Gratis" gekennzeichnet ist. Probieren Sie einfach aus. Zunächst aber zeigen wir Ihnen, wie Sie eine kostenlose App herunterladen. Zum Beispiel die der Deutschen Bahn, die Ihnen den aktuellen Fahrplan und eventuelle Verspätungen anzeigt.

### Lästig, aber nötig: Einkaufen mit und ohne Bankverbindung

Wenn Sie im App Store sofort einkaufen wollen, müssen Sie jetzt Ihre Kreditkarteninformationen angeben. Sie können auch den Code für einen iTunes-Gutschein eintippen, den Sie beispielsweise an der Kasse vieler Supermärkte erhalten. Der Vorteil von Gutscheinen gegenüber der Kreditkarte ist die bessere Kostenkontrolle und der Schutz vor Internetkriminellen.

**1** Gehen Sie auf den App Store.
**2** Fahren Sie ganz an das Ende der Spotlight-Sicht und gehen Sie auf den Schalter Anmelden.
**3** Gehen Sie auf Bestehende Apple ID verwenden und geben Sie diese samt Kennwort ein.
**4** Nun gehen Sie auf Überprüfen.
**5** Wählen Sie als Store Deutschland an und gehen Sie auf weiter.
**6** Lesen Sie die Geschäftsbedingungen durch und stimmen Sie zu, wenn Sie dort einkaufen möchten.
**7** Tippen Sie auf Akzeptieren.
**8** Jetzt haben Sie die Wahl, ob Sie Ihre Kreditkarteninformationen oder wahlweise einen Gutscheincode eingeben wollen. Ohne eines von beiden geht es nicht weiter.
**9** Geben Sie Ihre Kartennummer und den Sicherheitscode und die Angaben zur Gültigkeitsdauer ein.
**10** Füllen Sie die abgefragten Adressenfelder aus und gehen Sie auf weiter.

Sie können jetzt im App Store und iTunes Store einkaufen oder kostenlose Medien laden.

### App laden

1 Gehen Sie auf den App Store.
2 Wählen Sie in der unteren Menüleiste Suchen an.
3 Geben Sie „Bahn" ein.
4 Suchen Sie den DB Navigator heraus und tippen Sie auf die Zeile.
5 Tippen Sie auf Gratis.
6 Tippen Sie auf Installieren.
7 Geben Sie Ihr Kennwort für die Apple ID ein.
8 Der Download beginnt und ist dann fertig, wenn der kleine Balken im Symbol der herunterzuladenden App zum Ende gekommen ist.
9 Nach dem Ende des Downloads probieren Sie Ihre neue Errungenschaft aus.

Eine kostenpflichtige App laden Sie auf die gleiche Weise. Anstatt des Wortes Gratis wird dann der Preis der App angezeigt. Tippen Sie auf den Preis und verfahren Sie wie oben.

**WICHTIG**
Wenn Sie einmal Ihr Kennwort eingegeben haben, ist es 15 Minuten lang möglich, ohne Passwort einzukaufen. Allerdings müssen Sie aufpassen, dass niemand Fremdes in dieser Zeit Bestellungen macht.

### Abgerechnet wird zum Schluss

Eine Weile nach dem Kauf – die Dauer ist unterschiedlich, aber selten sofort – erhalten Sie über iTunes eine Belegnummer und eine ausdruckbare Rechnung per E-Mail zugeschickt. Schon während der Anmeldung für die Apple ID haben Sie Ihre Kontodaten durchgegeben.

## Kleine Geschenke: Gutscheine

Für iTunes gibt es Gutscheine in einschlägigen Elektromärkten, Supermärkten, Tankstellen, in Drogerien und im Apple Store. Die Preise beginnen ab 15 Euro für Musik, Filme, Spiele und Apps. Jetzt muss das Guthaben nur noch über den freigerubbelten Code eingegeben und gutgeschrieben werden.

**WICHTIG**
Gutscheine verfallen nach einer Weile, wenn sie nicht eingelöst werden.

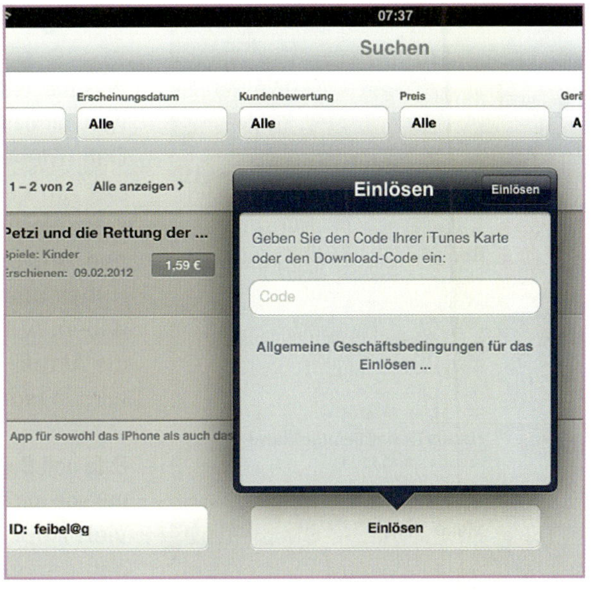


### Gutschein einlösen

1 Gutschein umdrehen und Code freirubbeln.
2 iPhone/iPad einschalten.
3 App Store anwählen.
4 Ganz runterblättern.
5 Drücken Sie in der Mitte unten auf Einlösen.
6 Tippen Sie in das weiße Feld und die Tastatur schaltet sich ein.
7 Schreiben Sie den Code ab und drücken Sie auf Einlösen.
8 Das Guthaben wird Ihnen gutgeschrieben und nach jedem Einkauf neu berechnet.

## Was ist ein Update?

Auch Apps sind nicht immer fertig und ausgereift. Ständig werden sie Verbesserungen unterzogen oder erweitern ihre Möglichkeiten. Wann immer eine neue Version vorliegt, sehen Sie auf dem Symbol des App Stores eine weiße Zahl auf rotem Grund, die für ein Update, eine Versionserneuerung, steht. Generell empfiehlt es sich, das Update anzunehmen. Am besten im WLAN. Besitzen Sie eine Menge Apps und müssen diese alle aktualisiert werden, können Sie das mit einem Knopfdruck erledigen.

**WICHTIG**
Achten Sie darauf, dass die Updates gratis sind. Gerade wenn sie alle auf einmal laden, sollten Sie das noch einmal genau prüfen, damit es keine bösen Überraschungen gibt.

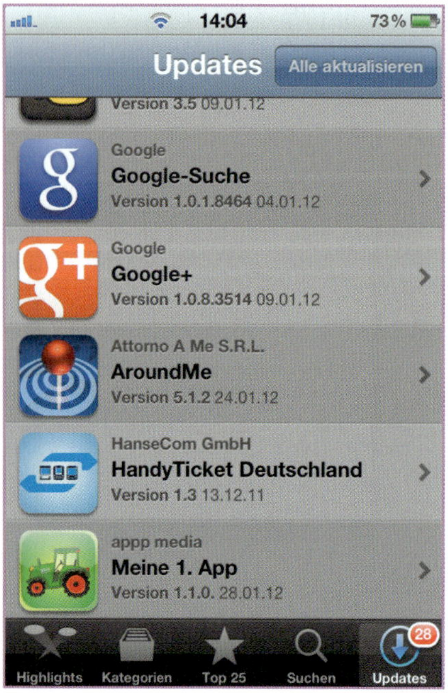


## Häufige Fragen

### Was tun, wenn ich nach einer Aktualisierung der Software für das iPhone oder iPad gefragt werde?

Dann nehmen Sie die Aktualisierung vor, auch hier am besten über WLAN, das hält Gerät und seine Software auf dem neusten Stand. Vorsichtige Anwender vergewissern sich, dass sie mit iTunes oder iCloud ein aktuelles Backup erstellt haben. Auf Nummer sicher gehen Sie, wenn Sie die Aktualisierung nur mit iTunes machen. Dann wird in jedem Fall ein Backup geschrieben.

### Orte und Benachrichtigung: Was wollen diese Apps nur von mir?

Viele Apps möchten von Ihnen Ihren gegenwärtigen geografischen Standort erfahren. Wenn es sich um kein Navigationssystem handelt oder Sie wie bei einer Fahrplan-App der Bahn durch die Bekanntgabe Ihres Standorts sonstige Vorteile haben, sollten Sie die datenhungrige Neugier der Hersteller mit einem abschlägigen Bescheid versehen.

Ebenfalls fast immer unwichtig sind sogenannte Push-Benachrichtigungen. So erhalten Sie zwar die neusten Neuigkeiten, beispielsweise von einer Nachrichten-App, aber das ständige Informationsbombardement auf dem Bildschirm ist auf Dauer nicht so angenehm. Ansonsten wird über die Push-Benachrichtigungen auch gerne nervende Werbung verschickt.

### Was tun, wenn ich doch Benachrichtigungen erhalte?

Im Eifer des Gefechts kann es durchaus passieren, dass Sie einmal solchen Push-Nachrichten zugestimmt haben. So kann diese Funktion wieder abgeschaltet werden:

### Benachrichtigungen abschalten/einschalten

1 Gehen Sie auf Einstellungen (1).
2 Wählen Sie Mitteilungen (2).
3 Sie können nun die Push-Mails bei jeder einzelnen App deaktivieren (3).

## MIT APPS RICHTIG UMGEHEN

Apps können verschoben, aufgeräumt oder gelöscht werden. Die wichtigsten Handgriffe finden Sie auf den folgenden Seiten.

### Apps löschen: Wie Sie die Geister wieder loswerden

Sie haben sich eine ganze Menge Apps heruntergeladen, die Ihnen einfach nicht zusagen. Wie werden Sie die nun wieder los?

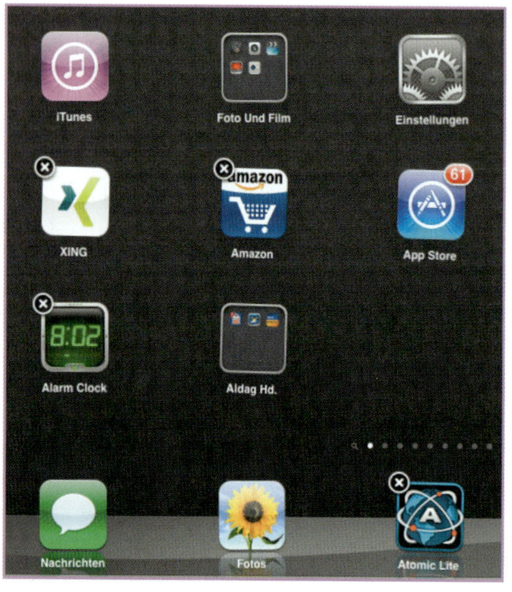


**Apps entfernen**

1 Drücken Sie auf eine App und bleiben mit dem Finger drauf.

2 Jetzt beginnen alle Apps zu zittern, als ob sie wüssten, dass es ihnen an den Kragen geht. Sie können den Finger wieder vom Bildschirm nehmen.

3 An der linken oberen Ecke der App-Symbole erscheint ein × in einem Kreis.

4 Wenn Sie das × bei der zu löschenden App berühren, erfolgt eine Sicherheitsabfrage. Wählen Sie Löschen.

5 Drücken Sie auf die Hometaste.

6 Jetzt hört das Zittern auf.

Die App ist gelöscht. Aber sie bleibt auf dem Mac/PC gespeichert und kann notfalls kostenlos nachinstalliert werden.

**WICHTIG**
Allerdings können Sie keine Standard-Apps, die von Anfang an auf dem Gerät waren, löschen.

## Bitte kein Chaos: Apps verschieben

Wenn Sie nur wenige Apps haben, ist es nicht weiter schwer, den Überblick zu behalten. Doch sobald es mehr werden, muss eine Ordnung her.

**Apps verschieben**

1 Drücken Sie mit dem Zeigefinger auf die App, die verschoben werden soll, bis sie zittert.

2 Lassen Sie den Finger auf dem Bildschirm und schieben Sie die App an eine beliebige Stelle.

3 Wenn Sie die am Finger „klebende" App an den rechten oder linken Rand schieben, springen Sie eine Seite weiter und können die App dort ablegen.

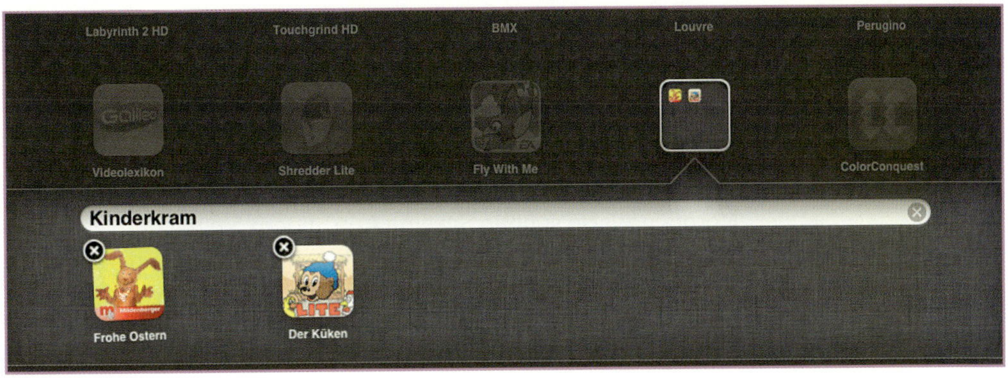


4 Lassen Sie los, wenn Sie die gewünschte Stelle erreicht haben.
5 Sie können nun weitere Apps verschieben, in Ordnern zusammenführen (siehe unten) oder die Hometaste drücken, um das Zittern – und damit die Möglichkeit, Apps zu sortieren – zu beenden.

## Apps in Ordnern zusammenführen

Thematisch zusammengehörende Apps können Sie auch in einen Ordner packen, der dann entsprechend benannt wird.

### Apps in Ordner packen

1 Drücken Sie so lange mit dem Zeigefinger auf die App, die verschoben werden soll, bis sie zittert. Zum Beispiel die App von Frohe Ostern.
2 Sie schieben beispielsweise die App von Frohe Ostern auf die App des Petzi Küken, dann öffnet sich ein viereckiges Kästchen. Das ist Ihr neuer Ordner.
3 Das iPhone/iPad schlägt als Titel „Familienspiele" vor.
4 Wenn Sie das treffend finden, akzeptieren Sie diesen Vorschlag, indem Sie außerhalb des schmalen weißen Feldes auf den Bildschirm tippen. Wenn Sie in die weiße Zeile tippen, können Sie einen anderen Namen für den Ordner vergeben, z. B. Kinderkram.
5 Der Druck auf die Hometaste beendet das Zittern und damit die Möglichkeit, Apps zu sortieren.
Übrigens: Wenn Sie einen Ordner auflösen wollen, bringen Sie sich durch längeren Druck auf eine App in den Sortiermodus (die Apps zittern) und ziehen alle Apps nacheinander aus dem Ordner. Wenn Sie die letzte App herausgeschoben haben, löst sich der Ordner auf.

### Was tun, wenn ich meine App nicht finden kann?

Normalerweise suchen Sie eine App, indem Sie mit dem Finger so lange zwischen den Bildschirmen wechseln, bis Sie die jeweilige App gefunden haben. Doch manchmal wird sie schnell übersehen. Sie haben nun zwei Möglichkeiten:

**1** Sie schalten das iPhone oder iPad ein und suchen über Spotlight-Suche, indem Sie mit dem Finger auf der Scheibe eine Bewegung nach rechts machen. Tragen Sie den gesuchten Begriff hier ein.

**2** Drücken Sie im aktiven Status (Bildschirm an) zweimal rasch hintereinander den Homeknopf und wischen Sie sich durch die in der unteren Zeile angezeigten aktiven Apps.

## DIESE APPS HELFEN IHNEN WEITER

Wie Sie bei den Kategorien sehen konnten, ist für jeden Geschmack etwas bei den Apps dabei. Auf den folgenden Seiten stellen wir Ihnen empfehlenswerte Apps in Steckbriefen vor.

Das müssen Sie wissen:

Apps für das iPhone funktionieren in der Regel auch auf dem iPad. Dabei wird auf dem schönen großen Bildschirm des iPads aber der kleine Bildschirm eines iPhones simuliert. Das sieht nicht gut aus, wird aber bei manchen Apps etwas besser, wenn Sie auf den 2×-Vergrößerungsschalter in der rechten unteren Ecke des Bildschirms tippen.

Umgekehrt geht das aber nicht: Wurde eine App nur für das iPad entwickelt, läuft sie auf dem iPhone nicht. Aber keine Sorge, viele Apps gibt es auch in universellen Ausführungen für iPhone und iPad. Im App Store sind sie durch ein kleines Plussymbol gekennzeichnet.

Daran müssen Sie denken:

Alle Preise ändern sich ständig. Kostenpflichtig wird mal kostenlos und umgekehrt. Darum sind Preisangaben hier im Buch unverbindlich.

## Nützliche Werkzeuge für den gewöhnlichen und digitalen Alltag

### Taschenlampe: Flashlight

Die Taschenlampe gehört zu den Klassikern unter den Apps. Ihre Funktion wird oft belächelt, bis Sie alleine im Keller sind und das Licht ausgeht. Nützlich. Hersteller: zum Beispiel John Haney; kostenlos

### Messen: iHandy Wasserwaage

Ein App-Klassiker. Diese Wasserwaage sieht zwar wie ein Gag aus, ist aber in der Tat sehr nützlich, wenn Sie das Originalwerkzeug gerade nicht in Griffnähe haben. Hersteller: zum Beispiel iHandy Soft Inc.; kostenlos

## Büro, schreiben und notieren

### Funktioniert mit Microsoft: Quickoffice

Mit iPhone und iPad öffnen Sie zwar in E-Mails Anhänge wie ein Microsoft-Word-Dokument, können es dann aber nicht bearbeiten. Mit Quickoffice hingegen schon. Hersteller: Quickoffice; iPhone 7,99 Euro, iPad 9,99 Euro

### Schreib-App: Pages

Pages ist das Textverarbeitungsprogramm von Apple. Damit können Sie auf iPhone und iPad schreiben, drucken und Dateien auch als Word-Dokument abspeichern. Hersteller: Apple; 7,99 Euro

### Notizblock: Bamboo Paper

Auf diesem digitalen Notizblock können Sie mit dem Finger Dinge handschriftlich notieren und auch Skizzen anfertigen. Bei Gefallen dürfen Sie auch einen speziellen Stift dazukaufen, damit Sie wie gewohnt mit einem Schreiber notieren können. Hersteller: Wacom; kostenlos

## Kommunizieren, telefonieren, diktieren

### Mit iPad telefonieren: Skype

Videotelefonie ohne FaceTime. Der andere muss nur Skype herunterladen, ist aber an kein Gerät gebunden. Kostenlos, doch manche Mobilfunkanbieter stellen sich quer. Hersteller: Skype Ltd.; kostenlos

### Soziales Netzwerk: Facebook

Kaum ein Jugendlicher, der nicht dieses soziale Netzwerk nutzt. Gut, um mit dem Enkel in Kontakt zu bleiben, allerdings sehr kritisch beim Datenschutz. Hersteller: Facebook Inc.; kostenlos

### Suchen ohne Siri: Google-Suche

Gerade für iPhone-Nutzer ohne 4S sei diese App empfohlen. Damit kann die Suchmaschine Google auch mündlich befragt werden. Klappt erstaunlich gut. Hersteller: Google; kostenlos

### Diktieren: Dragon Dictation

Es muss nicht immer Siri sein: Dragon liefert ein recht gut funktionierendes Diktierprogramm. Das Ergebnis lässt sich dann auch als E-Mail oder SMS verschicken. Hersteller: Nuance; kostenlos

## Einkaufen und Geld sparen

### Liest den Barcode: Barcoo (nur für iPhone)

Mit der Kamerafunktion liest die App den Preiscode und zeigt Ihnen die Internetpreise an. Bei Lebensmitteln erscheint sogar eine Lebensmittelampel. Hersteller: checkitmobile gmbh; kostenlos

### Einkaufen: Amazon Mobil

Eine nützliche App für unterwegs und Alternative zu Barcoo: Besonders bei Büchern kann man durch Scannen des Barcodes direkt im Buchladen die Meinung der Leser anschauen. Bei anderen Produkten ist auch ein Preisvergleich möglich. Kritisch beim Datenschutz. Hersteller: Amazon; kostenlos

## Mehr fotografieren, Bilder bearbeiten, malen

Tolle Kamera: Camera+
Diese Kamera bietet unzählige Möglichkeiten, Fotos in verschiedenen Filtern zu zeigen, sie zu beschneiden und Ihnen einen Rahmen zu geben. Natürlich mit E-Mail-Funktion. Hersteller: Inventive Inc.; 0,79 Euro

Kleine Bildbearbeitung: Photoshop Express
Diese Photoshop-Applikation fotografiert, bietet aber vor allem einige Bearbeitungsmöglichkeiten, Weichzeichner, Farbfilter und verschiedene Rahmen. Hersteller: Adobe Systems; kostenlos

## Wind und Wetter

Wetter 1: WeatherProHD
Die Standard-Wetter-App ist hilfreich, diese ist jedoch detaillierter: Mit Niederschlags- und Windrichtungsanzeige, Isobarenkarte und Bade- und Bergwetter. Spezialfunktionen kosten extra. Hersteller: MeteoGroup; iPhone 2,99 Euro, iPad 3,99 Euro

Wetter: RegenRadar
Diese App lässt Sie nicht im Regen stehen: Wenn's gerade gießt, können Sie mit der Karte nachsehen, ob der Regen ganz aufhört oder wann Sie wieder ohne Schirm hinausgehen können. Hersteller: WetterOnline; kostenlos

## Reisen und unterwegs

Übersetzungshilfe: „iLanguageTranslator"
Hilft Ihnen überall in der Welt aus der Patsche. Sie tippen das gewünschte Wort auf Deutsch ein und die App übersetzt zum Beispiel ins Bulgarische. Das versteht dann der Kellner in Varna. Hersteller: Codesign; kostenlos

**Für Reisende: DB Navigator**
Schneller kann die nächste Zugverbindung nicht ermittelt werden. Außerdem sagt Ihnen die App Verspätungen an. Sie kennt aber auch andere öffentliche Verkehrsmittel und ihre Fahrpläne und weist Ihnen ebenso zu Fuß den Weg. Hersteller: Deutsche Bahn AG; kostenlos

**Für Hotelsuchende: HRS Hotels**
Wie auch die Webseite zeigt Ihnen die zugehörige App Hotelzimmerangebote nach Preis und Nähe vom Bahnhof oder Flughafen. Suchen und buchen. Hersteller: HRS; kostenlos

## Fernsehen und Unterhaltung

**Fernsehen: TV Digital: Zattoo Live TV**
Mit dieser App, die ab und an Werbung zeigt, können Sie eine stattliche Anzahl an Fernsehprogrammen nutzen. Bedingung ist allerdings WLAN. Hersteller: Zattoo Europe; kostenlos

**Fernsehfans: Retro TV Classic Drama**
Mit dieser App haben Sie Zugang zu alten und sehr alten amerikanischen Serien. Hat großen Unterhaltungswert, aber eher unter nostalgisch-kuriosen Gesichtspunkten. Hersteller: LOL Software; kostenlos

**Musikerkennung: Shazam**
Darauf haben alle gewartet: Sie hören einen Titel im Radio, halten iPhone/iPad hin, woraufhin Interpret und Lied erkannt und benannt werden. Nur bei Klassik und Livemusik hapert's leider. Hersteller: Shazam Entertainment Ltd.; kostenlos

## Leben, lesen, wissen & verstehen

### Welt in Filmen: Galileo Videolexikon

Wozu in einem Lexikon etwas nachlesen, wenn es auch als Video zur Verfügung steht. Verblüffende Erkenntnisse und Versuche aus dem Videonähkästchen der Sendung „Galileo". Hersteller: Prosieben Sat1; kostenlos

### Digitale Stadtbücherei: Onleihe

Die Stadtbüchereien verleihen Medien auch online. Endet die Verleihfrist, löschen sich die Medien wieder. Hersteller: ekz.bibliotheksservice; kostenlos

### Bücher lesen: Kindle

Der Kindle ist ein reines Lesegerät von Amazon. Mit dieser App werden Ihr iPhone und iPad zum Kindle: damit Sie auch bei Amazon E-Books kaufen und lesen können. Falls Sie auch ein Kindle-Lesegerät besitzen, können Sie mit dieser App Ihre Bücher auf iPad und iPhone an der richtigen Stelle weiterlesen und umgekehrt. Hersteller: Amazon Mobile; kostenlos

## Spiele und Lesebücher für Kinder und Enkelkinder

### Vorlesebuch: Die drei kleinen Schweinchen – in 3D

Der Märchenklassiker kommt hier als anspruchsvolle App zum Vorlesen, Mitlesen und Ausprobieren. Kinder benutzen Finger und müssen auch mal pusten. Süß. Hersteller: Carlsen; iPhone 2,99 Euro, iPad 5,99 Euro

### Englisch lernen: Hexe Hucklas Zaubereien im Zoo

In schöner Bilderbuchgrafik lernen schon junge Kinder behutsam die ersten englischen Begriffe im Zoo. Kleine Spiele gibt es auch. Hersteller: Langenscheidt; 2,99 Euro

**Brettspiel: Carcassonne**
Ein echter Brettspielklassiker, in dem mit Karten eine Stadt gebaut wird. Toll: Im Gegensatz zum Original brauchen Sie beim Spiel mit anderen zusammen nicht so viel Platz. Hersteller: CodingMonkeys und Hans im Glück Verlag; 7,99 Euro

## Alltagshelfer im Alter

**Pille nicht vergessen: iNephro Medikamentenplan**
Nützliche Erinnerungshilfe der Uniklinik Essen. Machen Sie ein Foto vom Medikament, legen Sie Anzahl und Zeiten fest oder tragen Sie beispielsweise Ihren Blutdruck ein.
Hersteller: Uniklinik Essen; kostenlos

**Lauter bitte: Hörgerät**
Am Gespräch teilnehmen: Diese App funktioniert wie ein enormer Verstärker. Allerdings müssen Kopfhörer angeschlossen sein, damit Sie alles verstehen können. Hersteller: TiAu; kostenlos mit Werbung. Gibt's aber auch für 2,39 Euro mit weiteren Funktionen.

**Statt Lupe: Vergrößerungsglas (nur iPad)**
Diese Lupe vergrößert die Ansicht verschiedener Gegenstände enorm. Manuell verstellbar und auch mit der Möglichkeit, die Ansichtsfarbe zu wechseln. Hersteller: TiAu; kostenlos mit Werbung. Gibt's aber auch für 1,59 Euro mit weiteren Funktionen

**Seniorenbrowser: Silver Surf**
Natürlich können beim iPhone und iPad alle Einstellungen seniorenfreundlich verändert werden. Bei diesem Internetbrowser geht alles ein wenig direkter. Hersteller: Technology Transfer; 0,79 Euro

### Medizinische Fingerübungen: Dexteria

Diese amerikanische App trainiert die Feinmotorik der Finger, wenn sie ein wenig eingerostet sind. Tippen Sie, schreiben Sie, packen Sie zu. Nützlich, aber auf Englisch. Hersteller: Binary Labs; 3,99 Euro

### Navigation: MyHandicap (nur iPhone)

Diese App hilft Ihnen, wenn Sie bestimmte Orte barrierefrei erreichen möchten. Karten und Routen inklusive. Hersteller: MyHandicap; kostenlos

## Konzentrieren, merken, denken

### Schach: Shredder Chess (nur iPad)

Natürlich können Sie verschiedene Gratis-Schachspiele laden. Wenn sie Ihnen aber zu einfach sind, sollten Sie zu dieser professionelleren Variante greifen, die fordert und hilft. Hersteller: Eiko Bleicher; kostenlose Lite-Version, die Vollversion gibt es für 5,99 Euro

### Hirntraining (1): Gehirnjoggen mit Dr. Kawashima

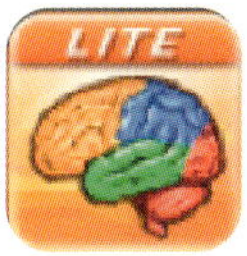


Gegen Kalk & Rost: Das Spiel hilft beim Merken und Denken. Errechnen Sie zum Beispiel die Rückseite der Würfel oder ordnen Sie Tafeln in der richtigen Folge an. Hersteller: Namco Bandai; 1,59 Euro

# AUF EINEN BLICK: DER ITUNES STORE ALS MEDIENKAUFHAUS

iTunes ist neben seiner zentralen Funktion am Rechner auch noch ein virtuelles Medienkaufhaus: Im iTunes Store können Sie alles herunterladen: Musik, Filme, Bücher. Denn sowohl am Computer als auch auf den iOS-Geräten ist es möglich, bei Musik erst einmal reinzuhören und bei Filmen auch Ausschnitte und Trailer anzusehen. Mit iPhone und iPad mit SIM-Modul sogar auch unterwegs.

Das inhaltliche Angebot des iTunes Store umfasst dabei sieben Abteilungen, die Sie aber so nur auf dem iPad und Ihrem heimischen Rechner sehen können. Auf dem iPhone dagegen werden Apps und Bücher nicht in der App iTunes, sondern auch im App Store und bei iBooks angeboten.

### 1 Abteilung Musik (auf iPhone in iTunes)

Hier finden Sie aus allen Musikgenres in sehr großer Auswahl neue und ältere Alben zum Download. Von Pop über Jazz bis Klassik. Selbst Hörbücher stehen zur Verfügung. Im Durchschnitt kostet ein komplettes Album 10 Euro. Sie können aber auch einzelne Lieder oder bei klassischer Musik einzelne Sätze erwerben. Reinhören ist vorher möglich.

### 2 Abteilung Filme (auf iPhone in iTunes)

Videos auf iTunes kaufen oder ausleihen stellt eine prima Alternative zum Fernsehprogramm dar. Der Kaufpreis ist nicht immer günstiger als die DVD-Version; die Ausleihe kostet im Durchschnitt 4 Euro.

### 3 Abteilung Fernsehen (auf iPhone in iTunes)

Im Prinzip handelt es sich dabei um deutsche und internationale Fernsehserien, die nur gekauft werden können.

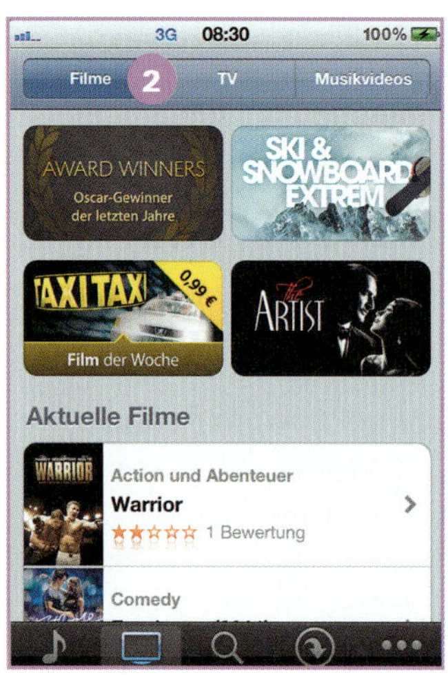


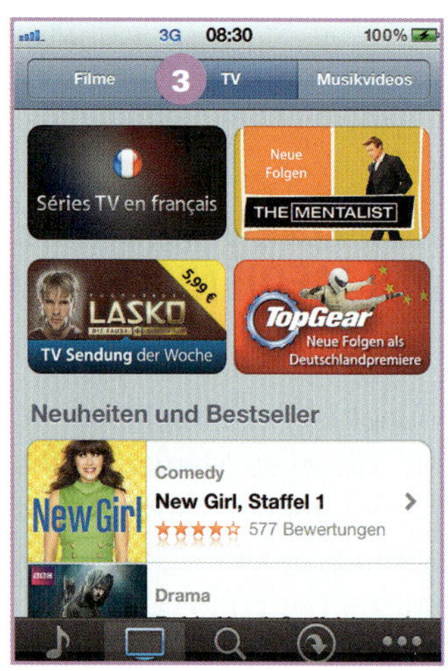

**4** Abteilung App Store (auf iPhone im App Store)
Der App Store ist für iPhone- und iPad-Besitzer das Herzstück und bietet die kleinen Apps für iPhone und iPad an. Mehr dazu lesen Sie ab Seite 129.

**5** Abteilung Bücher (auf iOS-Geräten: iBooks)
Hier finden Sie E-Books (siehe Seite 157).

**6** Podcasts (auf iPhone-Geräten versteckt in iTunes)
Podcasts sind Radiosendungen. Sie stammen von Radiosendern, aber auch von privaten Einzelpersonen. Podcasts gibt es gratis.

**7** Abteilung iTunes U (auf iPhone-Geräten versteckt in iTunes)
So lautet der Name der Bildungsabteilung, die sich wirklich sehen lassen kann: Vorlesungen aus Universitäten, Sprachkurse, Filmbeiträge und vieles mehr. Leider ist das meiste Material auf Englisch. Deutsche Angebote kommen sukzessive nach.

Übrigens: Was Sie am Computer im iTunes Store laden, können Sie gleichzeitig (oder später) auf iPhone und iPad laden und umgekehrt.

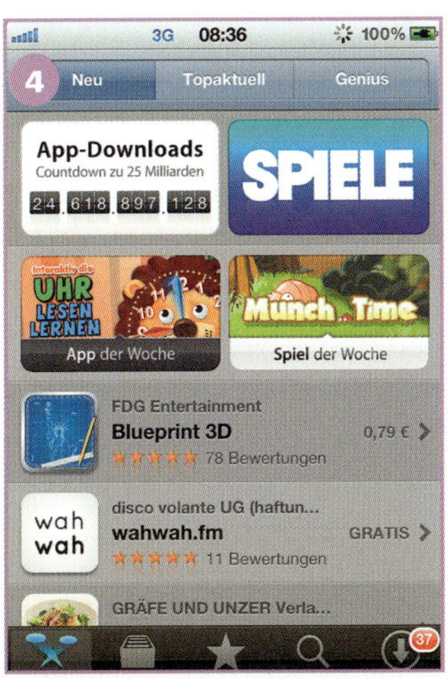

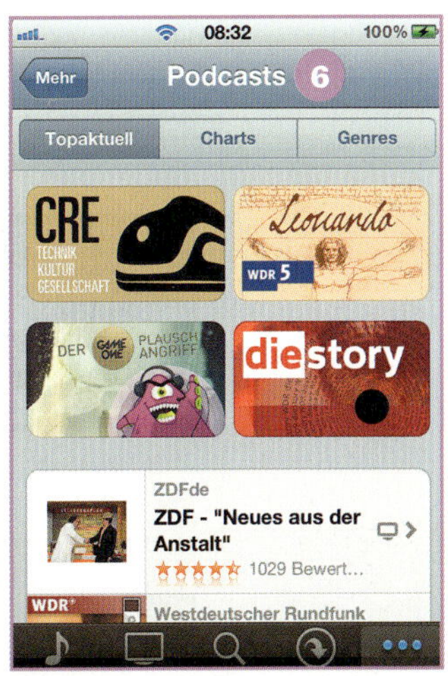

## Einkaufen mit iTunes: Nicht ohne eine Probe

Der Einkauf funktioniert immer nach dem gleichen Muster, ganz gleich, ob Sie Buch oder Film erwerben wollen. Sie haben immer die Möglichkeit, etwas zur Probe anzuhören, den Filmtrailer anzuschauen oder einen Auszug zu lesen.
Nehmen wir als Beispiel ein Musikalbum, das Sie kaufen möchten.

### Mit iTunes am Computer ein Musikalbum herunterladen

**1** Öffnen Sie iTunes.
**2** Wählen Sie aus der linken Menüleiste iTunes Store.
**3** Wählen Sie beispielsweise über das Suchfenster oben rechts in der Ecke ein Album aus.
**4** Tippen Sie auf einen Titel, um eine Hörprobe zu erhalten.
**5** Klicken Sie auf Album kaufen.
**6** Tragen Sie Ihre Apple ID (E-Mailadresse) und das Kennwort ein.
**7** Klicken Sie Kaufen an.
**8** Sie werden gefragt, ob Sie das Produkt wirklich kaufen wollen.
**9** Klicken Sie Kaufen an.
**10** In der linken Leiste dreht sich unter dem Stichwort Download ein Rädchen: Das Album wird geladen. Die Dauer hängt von der Geschwindigkeit Ihrer Datenverbindung ab, geht aber meist sehr schnell.

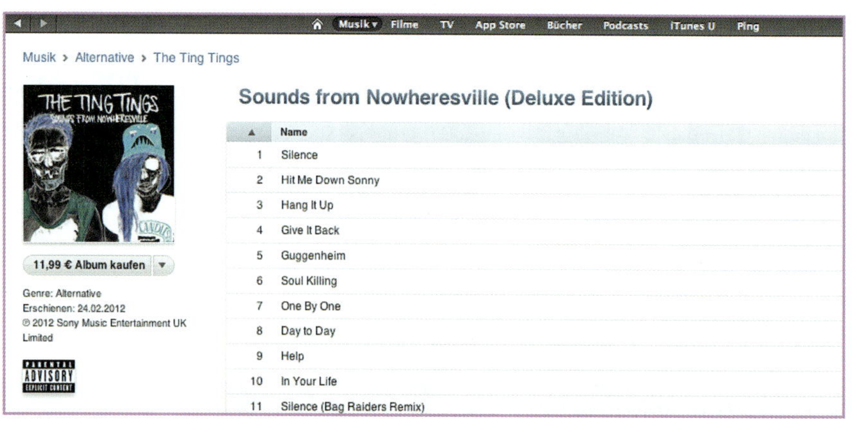

**11** Am Ende des Downloads springt das iTunes-Symbol in der Leiste (Dock) am Computer rauf und runter.
**12** iTunes bedankt sich in einem kleinen Fenster für den Einkauf und rät Ihnen zum Anfertigen einer Sicherheitskopie.

## Häufige Fragen

### Wo landen die gekauften oder geladenen Medien auf meinem Computer?

Sie müssen sich die Mediathek wie eine moderne Bibliothek vorstellen, nur eben für mehrere Medien und direkt auf Ihrem Computer. In der Mediathek stehen Ihnen Ihre Erwerbungen zum Abspielen, Ansehen oder zum Lesen bereit.

### Laufen auch Medien auf iTunes, die nicht von iTunes sind?

In der Regel können alle Medien mit iTunes verwendet werden. Im Betriebssystem iOS sind sie auf bestimmte Formate festgelegt. Nur wenige Mediendateien mit exotischen Formaten können unter iOS nicht wiedergegeben werden. Mac und PC können Sie diesbezüglich mit Zusatzsoftware wie zum Beispiel dem Realplayer erweitern.

### Wie funktioniert das, wenn ich mir einen Film „leihe"?

Sie laden einen Leihfilm mit dem Computer, iPhone oder iPad und können ihn dann auf alle Geräte übertragen. Am Computer geht das unter iTunes über den Befehl Nach verfügbaren Downloads suchen im Menü Store. Dann haben Sie einen Monat (30 Tage) Zeit, sich den Film anzusehen. Sobald Sie den Film allerdings einmal gestartet haben, sollten Sie ihn in den nächsten 48 Stunden zu Ende sehen. Danach ist er auf allen Geräten gelöscht.

### Was ist, wenn nicht alle Titel geladen werden?

Das kann passieren, wenn die Internetleitung gestört ist. Beim nächsten Start kümmert sich iTunes automatisch darum, die fehlenden Titel zu laden.

## MEDIENPLAYER MUSIK: VON BEATLES BIS LA TRAVIATA

Eigentlich stammt das iPhone vom iPod ab, einem Musikabspielgerät von Apple. Der iPod trat vor über zehn Jahren den Siegeszug an, weil er besser aussah und mehr Speicher hatte als andere digitale Musikabspielgeräte für MP3-Dateien. Heute sind die iPods in den iPhones und iPads als App integriert, hören aber neuerdings auf den kurzen wie einleuchtenden Namen Musik.

### Wie kann ich mit iPhone und iPad Musik hören?

- Beide Geräte haben einen recht kleinen, aber durchaus nicht leisen Lautsprecher.
- Beim iPhone können Sie die mitgelieferten weißen oder andere Kopfhörer anschließen.
- Beide Geräte lassen sich auch an eine Stereoanlage anschließen, meistens über den AUX-Anschluss. Dann brauchen Sie allerdings noch ein Kabel mit Cinchstecker an einem und mit einer Miniklinke am anderen Ende.
- Manche Autos haben ebenfalls einen Klinkensteckeranschluss. Auch hier hilft der AUX-Anschluss weiter.

### Reine Ansichtssache: Musik (iPhone)

Store **(1)**: Hier gelangen Sie zum iTunes Store, in dem Sie Musik kaufen können.
Suchen **(2)**: Geben Sie Namen oder Titel ein, um das Stück zu finden. Das Suchfeld wird immer dann sichtbar, wenn Sie am Anfang der Liste einmal nach unten wischen.
Alphabet **(3)**: Die Künstler werden alphabetisch angeordnet.
Listen **(4)**: Hier finden Sie Ihre eigenen Zusammenstellungen.
Interpreten **(5)**: Alphabetische Ordnung der Künstler.

Titel **(6)**: Alphabetische Ordnung der Titel ist ebenfalls möglich.
Alben **(7)**: Alphabetische Ordnung nach Albentitel.
Mehr **(8)**: Hier finden Sie Compilations (Sammelalben mit diversen Künstlern), Genres, Hörbücher u. a.

### Hochkant halten (rechts)

So sieht die Ansicht aus, wenn Sie das iPhone hochkant halten. Sie müssen nur noch auf das Album oder Lied tippen und die Musik startet.

### Quer halten (links)

Im Querformat können Sie am iPhone wie im Plattenschrank von Cover zu Cover blättern. Tippen Sie einmal darauf und wählen Sie dann ein Musikstück an.

### Musik abspielen

Die meisten dieser Knöpfe kennen Sie vermutlich von Ihrem CD-Player.
Zurück **(9)**: Mit diesem Pfeil geht es zurück zur Auswahl.
Titel **(10)**: Interpret und Album.
Übersicht **(11)**: Alle Titel des Albums auf einen Blick.
Wiederholen **(12)**: Das Album können Sie wie in einer Schleife immer wieder und wieder hören, oder nur den Titel. Je nachdem, wie oft Sie auf diese Taste drücken.
Zufällig **(13)**: Die Stücke können auch im Zufallmodus abgespielt werden.
Zurück **(14)**: Ein Lied zurück.
Play **(15)**: Spielen oder Pause.
Vor **(16)**: Ein Lied vor.
Lautstärke **(17)**: Mit dem Finger regulieren Sie die Lautstärke. Das geht aber auch mit den Tasten an der Gerätseite.
Anfasser **(18)**: Mit diesem Regler können Sie zu einer anderen Stelle des Musikstücks wechseln – vor und zurück.

## Woher kommt die Musik auf dem iPhone und iPad?

Zunächst befindet sich keine Musik auf Ihrem iPhone oder iPad. Mithilfe eines Computers können Sie Ihre CD-Sammlung digitalisieren und auf die iOS-Geräte bringen. Der andere Weg, der auch über die Geräte direkt funktioniert, ist der iTunes Store von Apple. Dort können Sie nach Herzenslust einkaufen.

Tipps: Wenn Sie Medien mit iPhone oder iPad anstatt mit dem Computer über iTunes laden, sollten Sie das besser mit einer WLAN-Verbindung durchführen, um Ihr beim Mobilfunkanbieter monatlich gekauftes Datenvolumen nicht zu verbrauchen. Beim Einkauf von Medien lohnt es sich außerdem, die Preise im Internet zu vergleichen.

## Häufige Fragen

### Wie kann ich Musik auf meinem iPhone oder iPad wieder löschen?

Variante iPhone: Halten Sie das iPhone hochkant in der Listenansicht. Von hier aus können Sie entweder alles von einem Künstler, ein bestimmtes Album oder nur einzelne Titel beseitigen. Sie müssen nur in der entsprechenden Zeile mit dem Finger in der Mitte ansetzen und dann nach links wischen. Sobald der Schalter Löschen erscheint, brauchen Sie ihn nur noch antippen. Fertig.

Variante iPad: Innerhalb eines Albums verfahren Sie wie eben beschrieben, um einzelne Lieder zu entfernen. Um aber ein komplettes Album zu löschen, wählen Sie die Albumansicht und tippen mit dem Finger etwas länger das Cover an. Wenn Sie jetzt auf das erscheinende × drücken, ist das Album gelöscht. Um alle Titel eines Interpreten zu entfernen, müssen Sie in die Interpretenansicht wechseln. Dort sehen Sie ein Cover, darunter steht die Anzahl der Stücke und Alben. Sobald Sie länger auf die Abbildung drücken, gehen Sie genauso wie beim Löschen von Alben vor.

Und bei Filmen?

Statt Musik rufen Sie die App Videos auf. Auch hier klappt der Trick mit dem Schieben nach links, um zu löschen.

**WICHTIG**

Sie löschen damit nicht gleichzeitig die entsprechenden Daten auf Ihrem Computer.

**Stimmt es, dass ich die Musik auf meinem Computer ohne Synchronisation auf dem iPhone oder iPad anhören kann?**

Ja, das geht im WLAN-Umfeld mit der Privatfreigabe unter iTunes auf Ihrem Computer. Eine nette Spielerei, wenn Sie im Garten jemandem Ihre Musiksammlung auf Ihrem Computer vorstellen wollen. Es funktioniert aber auch mit Filmen.

## MEDIENPLAYER VIDEOS

Nicht nur die Musik, auch das Kino wird mobil. Das liegt daran, dass sich digitalisierte Filme komprimieren lassen und somit die ungeheure Datenmenge eines Films auf iPhone und iPad passt.

### Woher bekomme ich die Filme?

Filme werden im Internet zum Kaufen und Ausleihen angeboten. Apple bietet im iTunes Store beides an. Am bequemsten ist es, die Filme und Serien an einem Computer herunterzuladen; mit WLAN fällt es auch mit iPhone und iPad nicht schwer.

Die zentrale Anlaufstelle ist der iTunes Store unter iTunes am Rechner oder die iTunes-App auf iPhone und iPad. Neben Kino- und Fernsehfilmen stehen Ihnen außerdem (Gratis-)Videopodcasts zur Verfügung.

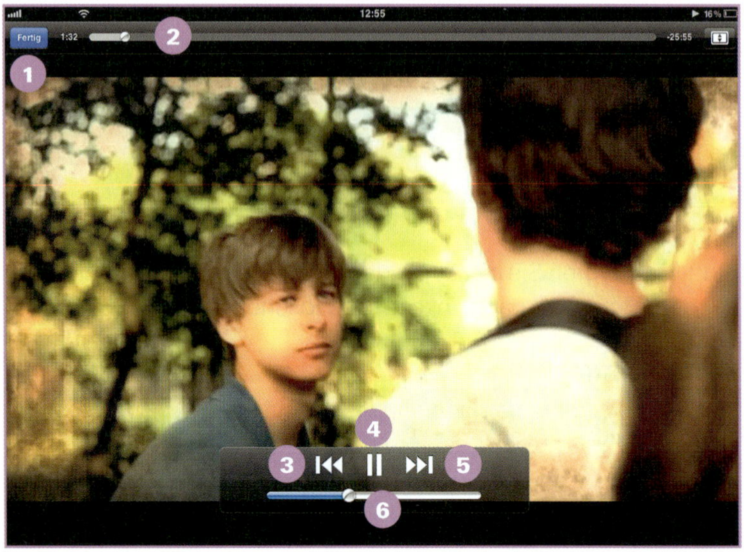


## Reine Ansichtssache: Video

Fertig **(1)**: Verlassen des Bildschirms.
Zeit **(2)**: Zeigt die zeitliche Stelle des Films an.
Zurück **(3)**: Zurückspulen oder springen.
Spielen/Pause **(4)**: Film abspielen oder anhalten.
Vor **(5)**: Vorspulen oder -springen.
Lautstärke **(6)**: Regulieren Sie die Lautstärke.

Die Zeitleiste ermöglicht es Ihnen, gezielt im Film zu springen. Falls die Bedienelemente verschwinden, reicht schon ein kurzes Tippen, um sie wieder zum Vorschein zu bringen. Mit einem Doppeltipp vergrößern oder verkleinern Sie die Ansicht.

## Das kleine Kino für unterwegs: YouTube

YouTube ist ein Videoportal, das von allen genutzt wird: Von Musikern, um ihre Videos zu präsentieren, von Filmfirmen, die ihre neusten Kinostreifen in Ausschnitten zeigen oder auch privaten Nutzern, die Ihre Lieblingskatze beim Spielen filmen etc. Auch viele Fernsehsendungen sind dort zu finden. Besonders hilfreich sind aber die Abertausenden von technischen oder handwerklichen Anleitungen, zum Beispiel zum Einbau eines Fensterrollos.

Generell ist das Betrachten von YouTube-Filmen ein kurzweiliges Vergnügen. Mit iPhone und iPad ist das Anschauen jedoch nur dann eine ungetrübte Freude, wenn es mit WLAN genutzt wird. Ansonsten kann es zu ruckeligem Abspielen und längeren Pausen kommen.

### Kann ich mit iPhone und iPad auch fernsehen?

Ja. Dafür gibt es Apps, die wir Ihnen auf Seite 144 vorstellen. Auch ein kleines Zusatzgerät namens Tivizen leistet Ihnen dabei Hilfe (siehe Seite 12).

## DIE LUST AM LESEN

Zu den größten Vorurteilen unserer Zeit gehört der Vorwurf, dass nicht mehr gelesen werde. Das stimmt nicht, es wird mehr denn je gelesen: Neben Zeitschriften und Büchern kommen die Onlinemagazine, E-Mails und Kurznachrichten sowie E-Books hinzu. Das sind Bücher, die nur elektronisch existieren, aber nicht mehr auf Papier gedruckt werden. Auch iPad und iPhone sind neben ihren vielen anderen Fähigkeiten gute E-Book-Lesegeräte. Schon seit Jahren geht ein Trend in Richtung E-Book, allerdings in Deutschland langsamer als in den USA.

### Lesen im Internet

Dazu zählen Nachrichtenseiten, aber auch interessante Magazine. Der Vorteil: Im Internet ist kein Thema zu speziell. Zu allem gibt es Webseiten und Meldungen. Oft können Sie auch kostenlos Newsletter abonnieren, um auf dem Laufenden gehalten zu werden.

### iBooks

Elektronische Bücher und auch PDF-Dokumente lassen sich gut unter Apples eigener App iBooks lesen und über den App Store kostenlos laden. Hier können Sie auch eine Auswahl an iBooks kaufen. Da Apple aber nicht Verträge mit allen Verlagen unterhält, müssen Sie auf viele Bücher verzichten. Amazons Kindle-App oder die App des E-Book-Händlers Kobo sind gute Alternativen und Ergänzungen.

E-Books lesen ist sehr einfach und Sie brauchen sich kaum umzugewöhnen. Sie blättern durch sanften Druck auf den Bildschirm. Sie setzen Lesezeichen, können Suchfunktionen nutzen und zu Verweisstellen springen. Viele Titel gibt es auch als Leseprobe, machen Sie mal den Test. Klassiker sind oft sogar gratis.

## Reine Ansichtssache iBooks: Bücheransicht

Das Regal **(1)**: Alle Bücher auf einen Blick.
Die Bücher **(2)**: Durch Antippen beginnen Sie mit der Lektüre.
Store **(3)**: Hier geht es zum Laden.
Sammlungen **(4)**: Legen Sie eigene Schwerpunkte in Ihren Sammlungen und Zusammenstellungen an. Standardmäßig unterscheidet die App bereits zwischen Büchern und PDFs.
Ansicht **(5)**: Die Werke gibt es in zwei Ansichten: als Bücher mit Umschlag oder als Liste.
Bearbeiten **(6)**: Damit sortieren Sie einzelne Bücher in Sammlungen oder löschen sie.

## Reine Ansichtssache iBooks: Listenansicht

Neben ähnlichen Funktionen, wie im vorigen Punkt beschrieben, suchen Sie hier auch nach Titel **(1)**, Autoren **(2)** oder Kategorien **(3)**.

### Ich möchte ein Buch herunterladen

**1** Gehen Sie auf iBooks.
**2** Tippen Sie auf Store.
**3** Gehen Sie auf Im Spotlight.
**4** Sie finden hier Joachim Gaucks „Freiheit. Ein Plädoyer" für 8,99 Euro.
**5** Wählen Sie Auszug laden, um sich zunächst einen Eindruck zu verschaffen.
**6** Der Auszug wird geladen.
**7** Berühren Sie das Buch in Ihrem Regal und beginnen Sie zu lesen.

Kaufen können Sie es später immer noch, entweder über den Store oder direkt im Buchladen.

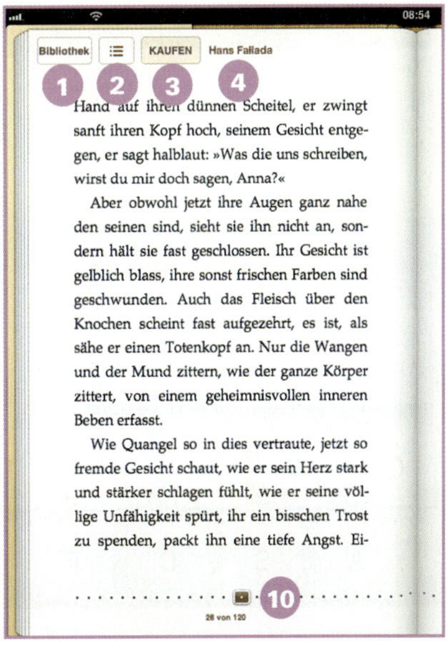


## So lesen Sie in einem elektronischen Buch

Geblättert wird wie in einem richtigen Buch: Fahren Sie mit dem Zeigefinger nach rechts oder links beziehungsweise tippen Sie rechts und links auf den Bildschirm, um vor- oder zurückzublättern.

Bibliothek **(1)**: Zurück zur Auswahl.
Übersicht **(2)**: Zum Inhaltsverzeichnis. Mit Lesezeichenanzeige.
Kaufen **(3)**: Hier geht es zum Kauf des Werkes.
Name des Autors **(4)**: In diesem Fall Hans Fallada.
Titel des Buches **(5)**: „Jeder stirbt für sich allein".

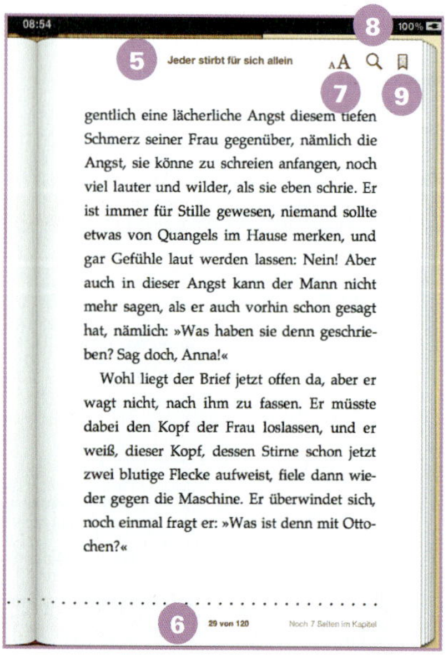


Seitenzahl **(6)**: Zeigt Ihnen Ihren gegenwärtigen Lesefortschritt an.
Helligkeit und Schrift **(7)**: Regulieren Sie die Helligkeit. Stellen Sie Größe, Form und Farbe der Schrift nach Ihren Bedürfnissen ein.
Suchen **(8)**: Fahnden Sie nach einem Stichwort.
Lesezeichen **(9)**: Ein Lesezeichen hilft beim erneuten Aufgreifen der Lektüre.
Anfasser **(10)**: Damit können Sie schneller Blättern.

## Bücher aufräumen

Zweifellos macht das bei E-Books nicht so viel Arbeit wie in einem echten Bücherregal. Günstig wäre es, mit einer eigenen Sammlung, also einer Kategorisierung, anzufangen: zum Beispiel Romane, Sachbücher, Kinderbücher, Bildbände.

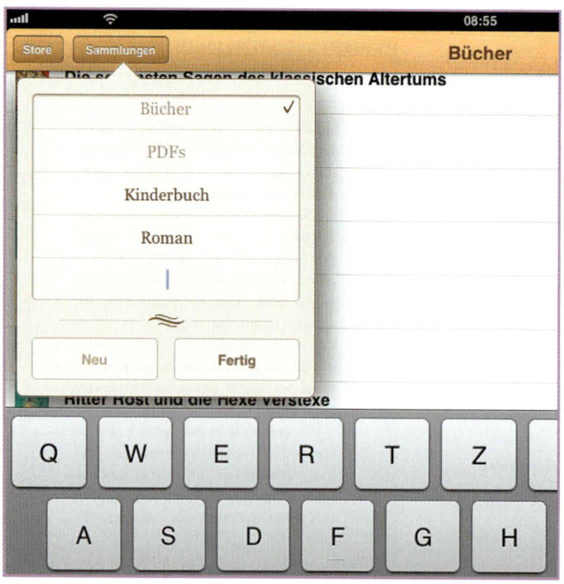


### Ich möchte eine Kategorie in meiner Sammlung erstellen und aufräumen

**1** Gehen Sie innerhalb der App iBooks ins Regal und tippen Sie auf Bücher.
**2** Tippen Sie auf Sammlungen, am iPhone trägt der Knopf immer gleich die Bezeichnung der Sammlung (PDFs, Bücher).
**3** Wählen Sie Neu an.
**4** Schreiben Sie zum Beispiel Roman.
**5** Gehen Sie auf Fertig.

**Nun folgt der zweite Schritt:**
**6** Gehen Sie in der Regalansicht auf Bearbeiten.

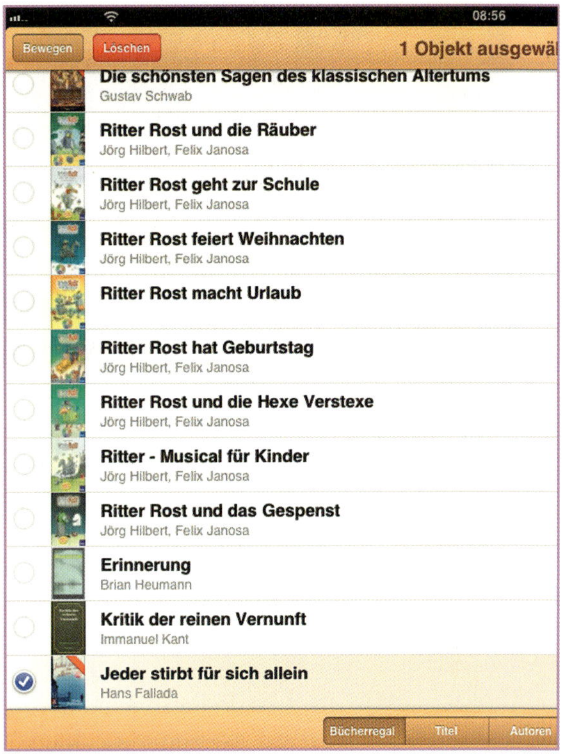


7 Tippen Sie das Buch an, bis es markiert ist.
8 Gehen Sie dann auf Bewegen.
9 Tippen Sie auf Romane.
10 Das Buch wird nun dort einsortiert.

Übrigens: Im selben Schritt können Sie statt auf Bearbeiten auch auf Löschen gehen, um das Werk aus Ihrer Sammlung zu entfernen.

## Häufige Fragen

### Kann ich die Bücher mit meinem Computer synchronisieren?

Ja, über iTunes und dann den Reiter Bücher. Über iCloud werden auch die Lesezeichen und die aktuelle Seite mitsynchronsiert. Sie können also am Computer, iPhone oder iPad genau an derselben Stelle weiterlesen.

## Zeitungskiosk

Mit dieser App können Sie ganz leicht Zeitschriften und andere Lektüre abonnieren. Dabei ist der „Zeitungskiosk" eine Art Ordner mit Zugriff auf den App Store. Die Verlage entscheiden allerdings selbst, ob sie in diesem Kiosk auftauchen oder eine eigenständige App anbieten. So ist „Die Welt" vorerst eine App, während der Berliner „Tagesspiegel" im Zeitungskiosk von Apple zu finden ist. Jede dieser Lösungen kostet für Sie als Nutzer Geld. Oft sind diese Onlinevarianten aber etwas günstiger als die Papierausgabe.

## Reine Ansichtssache Zeitungskiosk

Das Regal **(1)**: Hier finden Sie alle gewünschten Magazine auf einen Blick.

Die Zeitungen **(2)**: Nach Antippen beginnen Sie mit der Lektüre.

Store **(3)**: Suchen Sie nach Angeboten.

Jetzt können Sie lesen, möglicherweise eine einzelne Zeitung nachkaufen oder ein günstiges E-Paper-Abo abschließen. Der Kauf funktioniert genauso wie bei den anderen Medien: Sie müssen nur auf die Summe achten. Mit Ihrem Kennwort bestätigen Sie den Kauf. Das Geld wird dann von Ihrer Kreditkarte abgebucht.

# SELBST KREATIV WERDEN: FOTOGRAFIEREN

Eigentlich kann jeder ein Foto knipsen. Aber machen wir uns nichts vor: Wer ein leidenschaftlicher Fotograf mit Spiegelreflexkamera ist und ständig sein Objektiv wechselt, wird mit einem Handyfoto nie wirklich zufrieden sein. Kurz: Die eingebaute Kamera ist kein Ersatz für einen hochwertigen Fotoapparat, kann im Ergebnis dennoch mehr als zufriedenstellend sein und ersetzt ab dem iPhone 4 durchaus eine billige Knipse. Und das Beste: Sie können die Bilder nicht nur an Ort und Stelle mit entsprechenden Apps bearbeiten, sondern vor allem auch gleich verschicken.

## Knips dich, knips mich und drehe einen Film: Was diese Kamera kann

Während das iPad 1 noch ohne Fotofunktion auskommen muss, besitzen die Versionen ab iPhone 4 und iPad 2 jeweils zwei Kameras. Die eine Kamera liegt auf der Rückseite der Geräte, links oben in der Ecke. Um zu fotografieren, richten Sie die Linse bei geöffneter Kamera-App auf ein Motiv, sehen durch die Anzeige den Ausschnitt, tippen auf die Stelle, die scharf gestellt werden soll, und drücken dann auf den Auslöseknopf unten auf dem Bildschirm. Ab iOS 4 kann auch die Plustaste an der Seite des Geräts als Auslöser für Fotos mit dem iPhone benutzt werden. Die andere Kamera wiederum hat nur Sie im Visier und liegt oben über dem Bildschirm. Damit können Sie Selbstporträts anfertigen oder einen schnellen Schnappschuss mit einem Liebsten im Arm. Mit einem kleinen Schieber in der App stellen Sie die Kamera von Foto auf Video um.

Übrigens: Sie können die Kamerafunktion beim iPhone auch direkt aus dem Sperrbildschirm aufrufen. Drücken Sie hierfür die Hometaste zweimal und schieben Sie dann das Kamerasymbol hoch.

## Reine Ansichtssache: Kamera

Blitz **(1)**: Wahlweise ein- und ausschaltbar, nur beim iPhone.

Optionen **(2)**: Den Ausschnitt im Raster sehen. Das hilft zur genaueren Ausrichtung (Horizont). HDR ist ein spezieller kontrastverstärkender Modus.

Kameras mit Pfeilen **(3)**: Hier wechseln Sie die Perspektive von außen nach innen und umgekehrt.

Foto **(4)**: Miniaturansicht des letzten Fotos und Zugriff auf das Fotoalbum.

Kamera **(5)**: Der Auslöser.

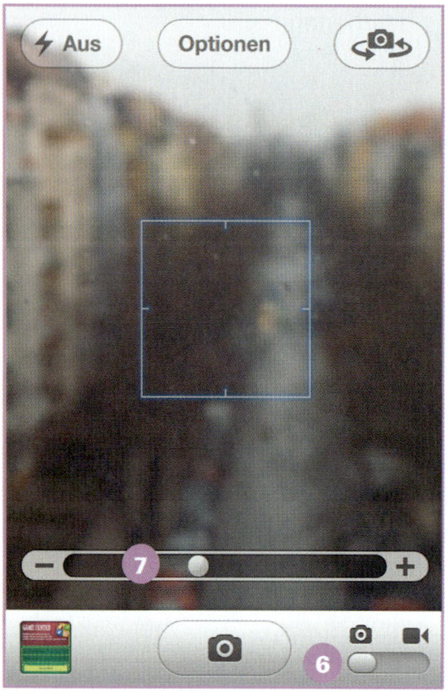


Schieberegler (6): Wechsel von Kamera auf Video.
Schieberegler im Sucher (7): Damit können Sie ein Bild näher heranholen (Zoom).

### Wie kann ich etwas näher heranholen? (Zoomen)

1 Gehen Sie auf die Kamera-App.
2 Wählen Sie Ihr Motiv aus.
3 Mit Spreiz- und Kneifgesten steuern Sie die Vergrößerung. Etwas feiner gelingt das über den eingeblendeten Zoomregler.
4 Im Sucher erscheint ein Regler (Zoom).
5 Schieben Sie den Regler nach rechts, um das Bild näher heranzuholen.
6 Drücken Sie auf den Auslöser.
7 Das Foto wandert automatisch in das Fotoalbum.

Tipp: Zoomaufnahmen gelingen besser, wenn Sie das iPhone/iPad auf einen festen Untergrund stellen, damit das Bild nicht verwackelt.

## Wie kann ich sehen, ob mein Foto etwas geworden ist?

Tippen Sie in der Kamera-App auf die letzte Aufnahme unten links. Von hier aus entscheiden Sie weiter, was Sie mit dem Ergebnis machen. Mit den Pfeiltasten sehen Sie sich alle Aufnahmen an. Sie können aber auch mit dem Finger schnelle Wischbewegungen nach links und rechts machen.

## Hier sind Ihre Aufnahmen: Die Foto-App

Das Symbol mit der Sonnenblume ist Fotoalbum für unterwegs. Darin tragen Sie nicht nur die Bilder herum, die Sie gerade geschossen haben, sondern können über die Synchronisation Ihre Lieblingsbilder oder Urlaubsaufnahmen aus Ihrem Computer mitnehmen. Bilder auf Bildschirmen sehen übrigens immer besser aus als auf dem Papier. Um sie auf dem iPhone oder iPad zu betrachten, tippen Sie das Symbol mit der Sonnenblume an.

## Rote Augen: Fotos bearbeiten

Tippen Sie auf das Fotosymbol. Sobald Sie in einem der Alben ein einzelnes Bild anwählen, sehen Sie einen Schalter Bearbeiten. Damit verändern Sie die Aufnahmen. Dieser Modus funktioniert beim iPad erst ab der Version iPad 2.

Abbrechen **(1)**: Sie können den Vorgang jederzeit abbrechen.
Sichern **(2)**: Speichern Sie die Änderungen.
Drehen **(3)**: Damit kippen Sie das Bild in verschiedene Richtungen.
Verbesserungen **(4)**: Kann flaue Bilder aufpeppen.
Rote Augen **(5)**: Beseitigt rote Augen. Gilt vor allem für das iPhone, weil es einen Blitz hat. Zoomen Sie ins Bild hinein, um das Auge genau zu treffen.
Beschneiden **(6)**: Hilft Ihnen beim Festlegen eines Ausschnitts.

Beim iPad gibt es außerdem die Funktionen Widerrufen, um den letzten Schritt zurückzunehmen, und Zurück zum Original.

## Bilder verwenden: Was Sie alles mit den Fotos machen können

Wenn Sie in der Fotoansicht sind, tippen Sie oben rechts auf die Aktionstaste mit dem Pfeil und schon haben Sie eine Reihe von Möglichkeiten: Im ersten Schritt können Sie mehrere Objekte auswählen, im zweiten Schritt entscheiden Sie, ob Sie die Bilder versenden, kopieren oder löschen wollen. Wenn Sie nur ein einzelnes Bild auswählen, befindet sich die Aktionstaste (Kasten mit dem Pfeil) unten links (siehe nächste Seite **(7)**).

### 1. Versenden Sie das Bild als E-Mail

Sie können das Bild in verschiedenen Größen versenden. Mit dem Tippen auf die Menüzeile Per E-Mail senden öffnet sich die E-Mail. Nachdem Sie einige Zeilen geschrieben haben, wählen Sie aus, welche Größe das Bild haben soll. Per WLAN können Sie getrost die großen Versionen versenden, über das Mobilfunknetz besser die kleineren.

### 2. Versenden als MMS-Nachricht mit dem iPhone

Wenn Sie auf Nachricht tippen, suchen Sie in der sich öffnenden Nachrichten-App zunächst den oder die Adressaten. Wenn Sie dann in das weiße Kästchen mit den runden Ecken tippen, in dem sich auch das Bild befindet, können Sie auch ein paar begleitende Worte schreiben. Ob es sich allerdings um eine MMS oder kostenlose iMessage handelt, lässt sich hier nicht zwingend erkennen.

**WICHTIG**

Beim iPad wird das Bild nur mit iMessage verschickt, wenn der Empfänger über iOS 5 oder eine Nachfolgeversion verfügt.

### 3. Weisen Sie das Foto einem Kontakt zu

Knipsen Sie ein Foto von einem Freund oder Verwandten. Wenn Sie es dann dem Kontakt in Ihrem Adressbuch zuweisen, macht es die Adressensammlung ein wenig persönlicher. Falls Sie ein iPhone haben, sehen Sie dieses Foto auch, wenn die Person Sie anruft oder Sie die Person anwählen.

### 4. Als Hintergrundbild speichern

Gefällt Ihnen das Bild so gut, dass Sie sich nicht daran sattsehen können, können Sie es als Hintergrundbild Ihres iPhones und iPads abspeichern. Tippen Sie dazu auf die Aktionstaste **(7)** und dann auf Als Hintergrundbild. Entscheiden Sie sich, ob Sie das Foto auf dem Sperrbildschirm beim Einschalten, als generellen Hintergrundbildschirm oder für beide Zwecke speichern wollen.

5. Kopieren
Kopieren Sie das Bild, um es in einer anderen Anwendung einzufügen. Beim iPad finden Sie den Befehl im Menü. Beim iPhone müssen Sie mit dem Finger länger die jeweilige Aufnahme drücken.

Übrigens: Bilder können Sie natürlich auch löschen. In der Foto-App lassen sich mit iPhone erstellte Fotos löschen, nicht aber Bilder in anderen Alben. Nachdem Sie auf das einzelne Bild getippt haben, erscheint beim iPhone in der Menüleiste unten rechts der Papierkorb. Beim iPad befindet sich der Papierkorb oben rechts.

## Häufige Fragen

### Verwenden: Jede Menge Fotos. Und nun?

Wenn Sie einen Airprintdrucker (siehe Seite 201 Zubehör) haben, können Sie ein Foto über WLAN auch an Ort und Stelle ausdrucken, indem Sie diesen Befehl über die Aktionstaste **(7)** anwählen. Bei vielen Fotos ist es jedoch kostengünstiger, wenn Sie die Bilder auf Ihren Computer überspielen. Von dort aus lassen sie sich auf einen Stick ziehen oder auf eine CD-R brennen. Von diesen Datenträgern kann Ihr Fotogeschäft dann Abzüge erstellen.

### Wie kommen die Bilder auf den Computer?

Es gibt zwei probate Wege.

Verbinden mit einem Kabel
Sie können iPhone und iPad mit dem Dock-Connector-Kabel an jeden modernen PC anschließen. Beide Geräte melden sich am USB-Anschluss als Digitalkameras an und je nach PC-Einstellung öffnet sich das bevorzugte Fotoprogramm, das nun fragt, ob es Fotos und Videos importieren soll. Anschließend entscheiden Sie, ob die Bilder auf dem Gerät verbleiben oder mangels Speicherplatz gelöscht werden sollen.

### Fotostream mit iCloud

Wenn Sie in iCloud Fotostream aktivieren, dann gelangen alle Fotos, die Sie mit dem iPhone oder iPad machen, automatisch in die Cloud oder auf den Computer.

### Das Kameraverschlussgeräusch abschalten

Manchmal soll nicht jeder mitbekommen, dass Sie gerade ein Foto machen. Dann verrät Sie natürlich das laute Kameraverschlussgeräusch. Beim iPhone können Sie das am Seitenregler ausschalten.

## HOLLYWOOD WARTET: VIDEOS DREHEN

Im Großen und Ganzen funktioniert das Drehen von Videos ähnlich wie das Fotografieren. Sie schalten lediglich in der Kamera-App die Kamerafunktion um **(1)**.

### Ein Video drehen

**1** Gehen Sie auf Kamera.

**2** Wechseln Sie den kleinen Regler rechts unten von Fotoapparat auf Filmkamera, ein kurzes Tippen auf den Regler genügt.

**3** Wählen Sie Ihr Motiv aus.

**4** Drücken Sie auf den roten Aufnahmeknopf. Sobald die Aufzeichnung beginnt, zählt oben rechts ein Zähler die abgelaufene Zeit und der rote Aufnahmeknopf beginnt zu blinken.

**5** Zum Beenden des Videos drücken Sie erneut den Aufnahmeknopf.

**6** Das fertige Video wandert automatisch in das Fotoalbum.

## Wie kann ich das Video bearbeiten?

Durch sogenanntes Trimmen. Sie können einen bestimmten Ausschnitt des Videos festlegen und nur diesen Clip speichern.

### Wie kann ich einen Ausschnitt aus meinem Video erstellen?

1 Gehen Sie auf Fotos.
2 Tippen Sie den Film an.
3 Oben **(3)** sehen Sie die einzelnen Aufnahmebilder Ihres Films.
4 Schieben Sie – nach Bedarf – den linken und rechten Randregler **(2** und **4)** zusammen, um den Ausschnitt festzulegen. Dabei wird die Umrandung gelb und oben rechts erscheint (ebenfalls in gelb) der Knopf Trimmen.
5 Tippen Sie auf Trimmen **(5)**.
6 Speichern Sie den neuen Clip ab oder löschen Sie das längere Original.

## Was Sie alles mit dem Video machen können

Tippen Sie in Fotos beim jeweiligen Film auf die Aktionstaste – und schon haben Sie verschiedene Möglichkeiten.

### 1. Senden Sie den Film als E-Mail.

Nutzen Sie dafür aufgrund des Datenvolumens WLAN.

### Ich möchte das Video per E-Mail senden

1 Tippen Sie auf das Viereck mit dem Pfeil und dann auf Per E-Mail senden.
2 Schreiben Sie in der sich nun öffnenden App Mail den oder die Adressaten und ein paar Begleitworte.
3 Gehen Sie auf Senden.

### 2. Löschen

Tippen Sie auf den Mülleimer, um das Video zu löschen.

# SERVICE: GUT ZU WISSEN

Auf den nächsten Seiten finden Sie jede Menge Hinweise, wie Sie iPhone und iPad nach Ihren eigenen Wünschen anpassen. Darüber hinaus bekommen Sie auch nützliche Zubehörempfehlungen, Tipps für kleine Helfer, wenn Sie nicht mehr so gut hören oder sehen können und wichtige Hinweise zum Thema Sicherheit.

## EINSTELLUNGEN: IPHONE UND IPAD DEN EIGENEN BEDÜRFNISSEN ANPASSEN

Die Menschen sind verschieden und haben unterschiedliche Bedürfnisse. Zum Glück lassen sich viele Details bei iPhone und iPad den spezifischen Wünschen anpassen. In den Einstellungen des iPhones und iPads erhalten Sie zunächst einen kurzen Überblick, was Sie an welcher Stelle abwandeln oder umjustieren können. Wir sagen Ihnen auch, ob das überhaupt sinnvoll ist.

### Ein erster Blick: Wie kann ich was wo einstellen?

- Flugmodus

Was ist das?

Sobald Sie den Flugmodus aktivieren, wird die Mobilfunkverbindung unterbrochen: Das bedeutet kein Telefonieren, keine neuen SMS oder E-Mails und kein Internet. Alle anderen Funktionen wie Musik hören, schreiben oder lesen funktionieren weiterhin.

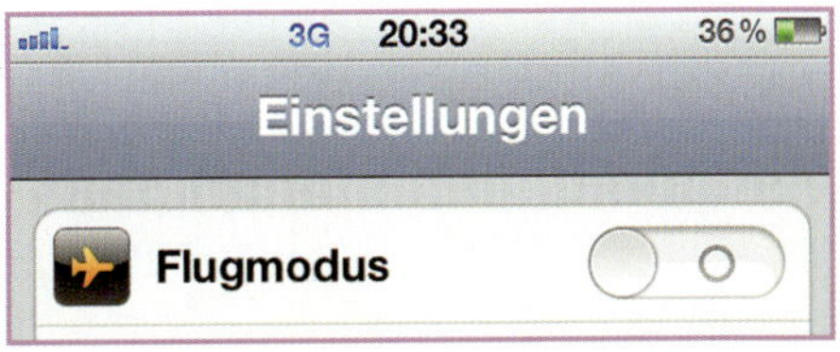

### Wozu brauche ich das?

Die Mobilfunkverbindung müssen Sie nicht nur bei Flügen unterbinden, sondern auch in Krankenhäusern. Die gute Nachricht: Damit sparen Sie auch Strom, wenn Sie mal das Netzteil vergessen haben, und sind sogar nachts vor Überraschungsanrufen sicher. Ihr Wecker funktioniert aber trotzdem.

## ■ WLAN

### Was ist das?

WLAN ist die kabellose Verbindung zum Internet.

### Wozu brauche ich das?

Hier stellen Sie für iPhone und iPad Ihre WLAN-Verbindung her. Üblicherweise merkt sich das System Ihre Eintragungen. Manchmal müssen Sie das Kennwort trotzdem noch einmal eingeben. Auch unterwegs oder auf Reisen finden Sie WLAN-Netze, die Ihnen einen Internetzugang ermöglichen.

## ■ Persönlicher Hotspot (nur iPhone)

### Was ist das?

Der persönliche Hotspot wird auch Tethering (Deutsch: anbinden) genannt. Mit dieser Funktion machen Sie Ihr iPhone zum Router, wie Sie ihn zu Hause für Ihr WLAN haben.

### Wozu brauche ich das?

Angenommen, Sie haben ein Notebook oder iPad ohne UMTS bei sich und wollen eine Datei verschicken. Sie bekommen aber keinen Zugriff auf Internet und WLAN in der Nähe. Dann machen Sie das iPhone zu Ihrem persönlichen Hotspot: Das bedeutet, Ihr mobiles Telefon versorgt den tragbaren Computer leihweise mit einem Internetzugang. Nach der Trennung vom Hotspot ist wieder alles wie vorher.

Ist Tethering kein Bestandteil des Mobilfunkvertrags, fehlt Ihnen dazu die Erlaubnis und häufig auch diese Einstellung.

■ Mitteilungen

Was ist das?

Sie können auf dem Bildschirm jederzeit von oben in der Mitte (wo die Uhrzeit steht) mit dem Finger eine Schiebebewegung nach unten machen – und schwupp springt ein Rollo mit den wichtigsten Neuheiten herab: Das ist die Mitteilungszentrale.

Wozu brauche ich das?

So überschauen Sie mit einem Handgriff Neuigkeiten auf einen Blick, ohne die zugehörige App bemühen zu müssen. Was im Einzelnen auf dem Rollo zu sehen sein soll (z. B. Wetter, Mails, Kalendereinträge), stellen Sie genau hier ein. Tippen Sie auf die einzelne Meldung, um ins Detail zu gehen.

■ Ortungsdienste

Was ist das?

Viele Apps würden zu gerne wissen, wo Sie stecken.

Wozu brauche ich das?

Für manche Apps ist das durchaus sinnvoll: bei Navigationssystemen oder der Umgebungssuche AroundMe. Aber wozu muss ein Spiel oder eine Diktier-App bitte wissen, an welcher Stelle Sie sich auf diesem Globus aufhalten? Das können Sie hier alles ein- oder getrost auch ausstellen.

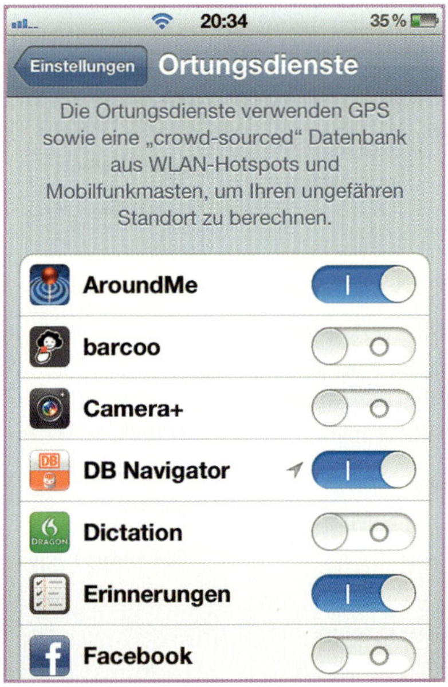

## Netzbetreiber

### Was ist das?

SIM-Karten-Besitzer aufgepasst: Hier sehen Sie in der Regel den Netzbetreiber, bei dem Sie einen Mobilfunkvertrag abgeschlossen haben.

### Wozu brauche ich das?

Im Ausland zum Beispiel dürfen Sie damit gezielt aussuchen, wer Sie mit einem Netz versorgen soll. Deaktivieren Sie automatische Netzwahl, wenn Sie sich nahe einer Landesgrenze aufhalten, um nicht aus Versehen teuer im Ausland zu telefonieren.

## Mobile Daten

### Was ist das?

Wenn Sie Mobile Daten bei Ihrem iPad ganz ausschalten, können Sie E-Mails, Webseiten und andere Dinge nur noch über WLAN empfangen.

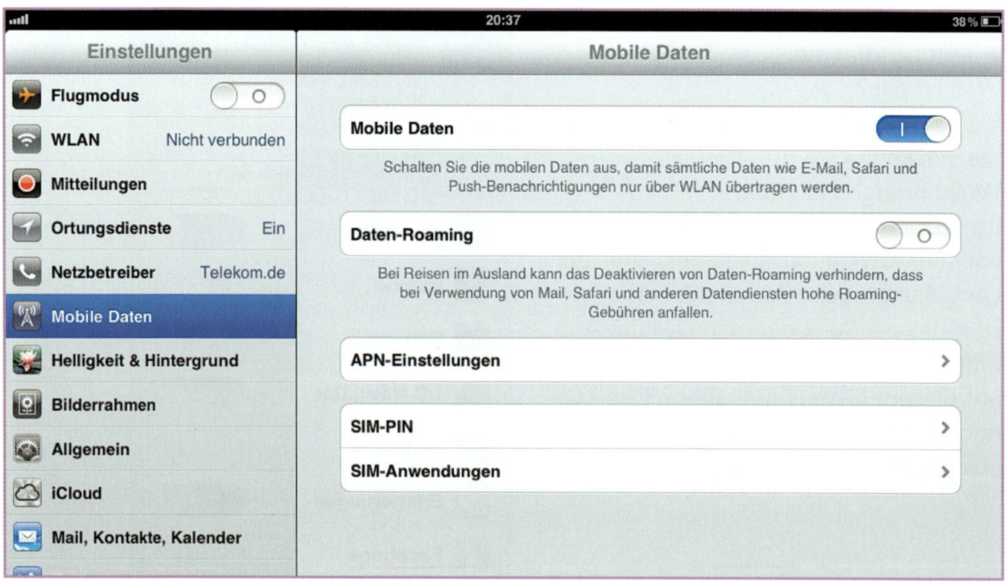

Wozu brauche ich das?

Datenroaming hat einen eigenen Schalter, damit es im Ausland keine Überraschungen gibt, siehe auch die Hinweise der Auslandsnutzung ab Seite 208. Beim iPhone können Sie dies unter einem anderen Punkt ein- und ausstellen (siehe Seite 209).

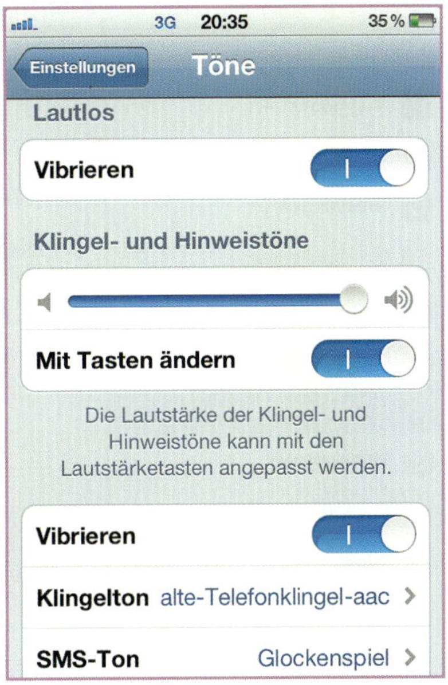


- Töne (nur iPhone)

Was ist das?

Regulieren Sie verschiedene Klingeltöne und andere Klänge Ihres iPhones.

Wozu brauche ich das?

Stellen Sie ein, ob das iPhone klingeln soll und in welcher Lautstärke. Auch die Vibration verstellen Sie hier.

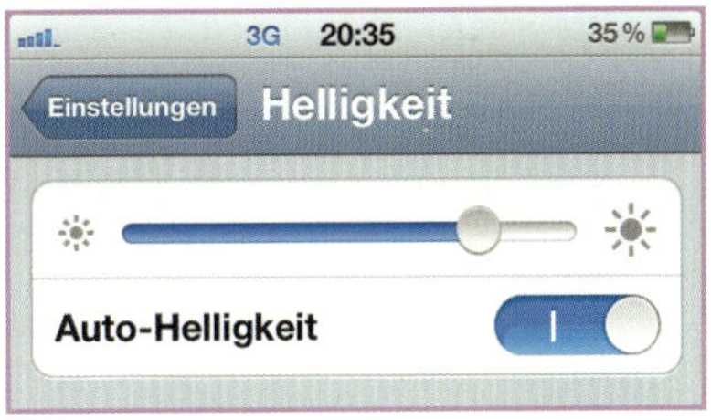


- Helligkeit (nur iPhone)

Was ist das?

Damit verändern Sie die Bildschirmhelligkeit am iPhone.

Wozu brauche ich das?

Passen Sie die Helligkeit Ihres Bildschirms Ihren Bedürfnissen an, wenn er Ihnen zu hell oder dunkel vorkommt.

- Hintergrund (nur iPhone)

Was ist das?

Beim iPhone ein eigener Menüpunkt.

Wozu brauche ich das?

Hintergrundbilder tragen zum individuelleren Aussehen bei. Das ist auch gut, wenn zwei teuflisch ähnlich aussehende iPhones mal auf dem Tisch nebeneinander liegen. Dann können Sie relativ schnell das eigene am persönlichen Bild ausmachen.

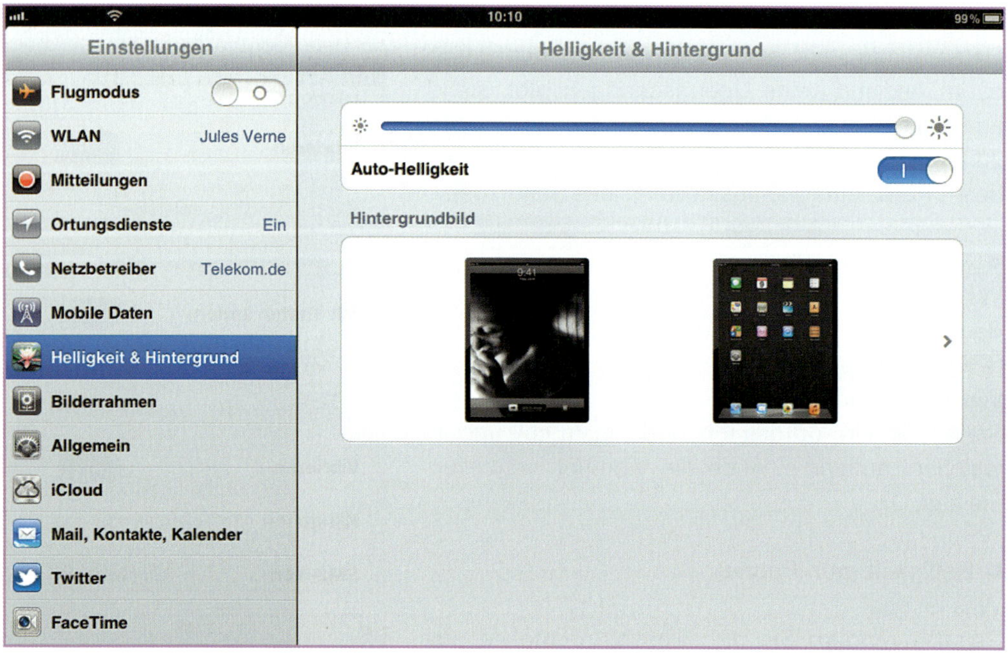


## ■ Helligkeit & Hintergrund (nur iPad)

### Was ist das?

Die Veränderung der Bildschirmhelligkeit und die Auswahl zweier Hintergrundbilder beim iPad.

### Wozu brauche ich das?

Die Helligkeit des Bildschirms passen Sie Ihren Bedürfnissen an, wenn er Ihnen zu grell oder zu dunkel vorkommt. Je heller der Bildschirm, desto höher der Stromverbrauch.

Hintergrundbilder tragen zum individuelleren Aussehen Ihres Gerätes bei, indem Sie zum Beispiel ein eigenes Foto verwenden.

Wählen Sie hier zwei Hintergrundbilder aus:

**1** Das Startbild vor dem Entsperren.

**2** Das Hintergrundbild Ihres Hintergrundbildschirms.

## Ein zweiter Blick: Allgemein

■ Info

Was ist das?

Praktische Übersicht.

Wozu brauche ich das?

Um den Überblick zu behalten, erfahren Sie auf einen Blick, wie viele Musikstücke, Bilder, Videos oder Apps sich auf Ihrem Gerät befinden. Hilfreich für den Fall der Fälle: Hier finden Sie auch Ihre Seriennummer.

■ Benutzung

Was ist das?

Prüfen Sie an dieser Stelle, ob Sie genug Speicher haben und welches Datenvolumen Sie seit dem letzten Rücksetzen der Statistik verbraucht haben.

Wozu brauche ich das?

Ein Blick in den Speicher zeigt Ihnen, welche Apps wie viel Platz auf Ihrem Gerät benötigen. Auch den Speicherplatz auf iCloud behalten Sie von hier im Auge. Interessant ist außerdem, die Statistik für Ihre im Mobilfunknetz versendeten und empfangenen Daten einzusehen. Wenn Sie die Statistik immer zu Beginn eines Abrechnungszeitraums auf Null setzen, können Sie schauen, wie viel Datenvolumen noch verbleibt, bevor der Netzbetreiber Sie ausbremst. Denn auch sogenannte Flatrates werden ab einem bestimmten verbrauchten Datenvolumen quälend langsam.

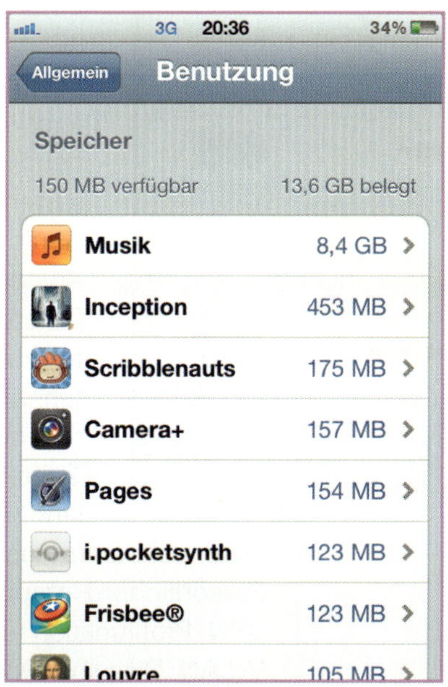

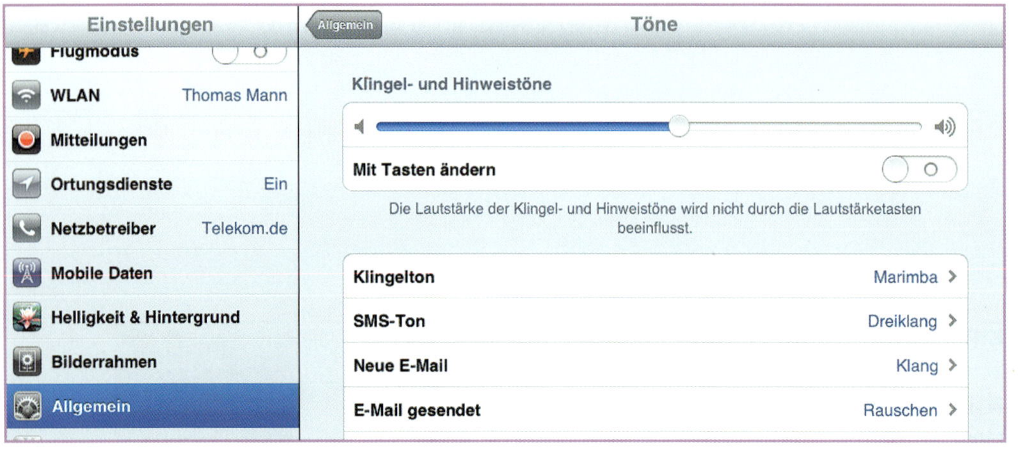


## Töne (nur iPad)

### Was ist das?

An diesem Punkt nehmen Sie beim iPad Veränderungen an Tönen, Lautstärke und anderen Funktionen vor.

### Wozu brauche ich das?

Stellen Sie ein, in welcher Lautstärke das iPad Töne von sich geben soll. Auch die Vibration verstellen Sie hier.

## Netzwerk

### Was ist das?

Justieren Sie die wichtigsten Onlinefunktionen.

3G: Hier können Sie die UMTS-Fähigkeit Ihres iPhones aktivieren und deaktivieren. UMTS, auch 3G genannt, wird dort, wo das Mobilfunknetz es anbietet, automatisch genutzt, verbraucht allerdings auch mehr Batteriestrom. Schalten Sie 3G ab, können Sie unterwegs nur noch mit reduziertem Tempo surfen (EDGE). Einem bekannten WLAN gibt das Gerät jedoch immer den Vorzug.

Kostenfallen abschalten: Hier stellen Sie Mobile Daten aus, falls Ihr Mobilfunkvertrag gar keine Daten zulässt. Bei Auslandsbesuchen schalten Sie Datenroaming ab, um eine überraschend hohe Telefonrechnung zu vermeiden. Es gibt inzwischen auch Tarife, mit denen Sie Ihr Datenvolumen auch im Ausland nutzen können und mehr oder minder günstige Datenpakete für das Ausland kaufen können.

Persönlicher Hotspot: Können Sie hier abschalten (s. Seite 172).

VPN: Profifunktion für gesicherten Zugriff auf Firmennetze.

WLAN: Dieselbe Funktion wie in der ersten Ebene der Einstellungen.

■ Bluetooth

Was ist das?

Kabellos andere Geräte nutzen.

Wozu brauche ich das?

Bluetooth ist ein gut eingeführtes kabelloses Funkverfahren, wenn Sie mit iPhone oder iPad eine Freisprechanlage nutzen. Ohne Kabel. Oder sie binden eine bluetoothfähige Tastatur an.

■ iTunes WLAN Sync

Was ist das?

Verbinden mit dem Computer: bisher ging das nur mit Kabel. Seit iOS 5 können Sie vom iPhone oder iPad an dieser Stelle den aktualisierenden Datenaustausch starten.

Wozu brauche ich das?

Ohne Kabel für zwischendurch bequemer.

■ Spotlight-Suche

Was ist das?

Spotlight ist die Suchmaschine auf dem iPhone und iPad.

Wozu brauche ich das?

Unter diesem Punkt nehmen Sie Themen wie Musik oder Videos von der Suche aus und organisieren die Reihenfolge der Ergebnisse um.

■ Automatische Sperre

Was ist das?

Um Ihr iPhone oder iPad zu nutzen, müssen Sie es jedes Mal entriegeln. Nach einer Weile ist es dann wieder gesperrt.

Wozu brauche ich das?

Stellen Sie den genauen Zeitraum ein, wann das Gerät nach der Nutzung automatisch in Schlummer fallen soll.

■ Codesperre

Was ist das?

Verhindern Sie mit einem Code, dass Unbefugte an Ihre privaten Daten und Informationen gelangen.

Wozu brauche ich das?

Mit dem Code vermeiden Sie, dass jemand auf Ihrem iPhone oder iPad Informationen findet. Selbst wenn das Gerät gestohlen wird, schützt der Code vor Missbrauch, weil der Dieb nicht an die Daten kommt. Benutzen Sie das Gerät nur zu Hause, wird es anstrengend, bei jeder Benutzung den Code einzugeben. In diesem Fall sollten Sie es lassen.

■ Einschränkungen

Was ist das?

Wenn Kinder das Gerät verwenden dürfen, können Sie hier zusätzliche Vorgaben machen.

Wozu brauche ich das?

Kindersicherung: Wenn Sie Ihre Enkel mit dem iPhone oder iPad spielen lassen, können Sie hier viele Anwendungen für die Kindernutzung deaktivieren.

■ Ausrichtungssperre & Ton aus (nur iPad)

Was ist das?

Hier legen Sie die Funktion des Seitenschalters Ihres iPads fest: Kippsperre oder Ton an/Ton aus. Beim iPhone gibt es für die Ausrichtungssperre einen virtuellen Schalter (siehe Seite 38).

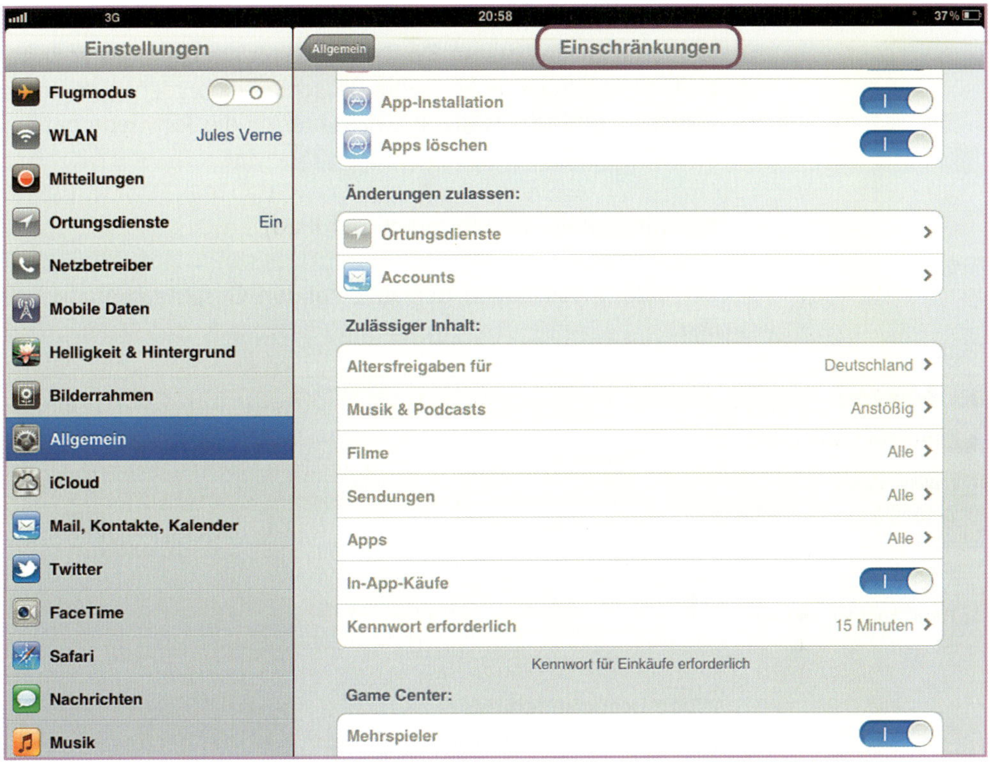
3G
20:58
37 %
Einstellungen
Allgemein
Einschränkungen
Flugmodus
WLAN
Jules Verne
Mitteilungen
Ortungsdienste
Ein
Netzbetreiber
Mobile Daten
Helligkeit & Hintergrund
Bilderrahmen
Allgemein
iCloud
Mail, Kontakte, Kalender
Twitter
FaceTime
Safari
Nachrichten
Musik
App-Installation
Apps löschen
Änderungen zulassen:
Ortungsdienste
Accounts
Zulässiger Inhalt:
Altersfreigaben für
Deutschland
Musik & Podcasts
Anstößig
Filme
Alle
Sendungen
Alle
Apps
Alle
In-App-Käufe
Kennwort erforderlich
15 Minuten
Kennwort für Einkäufe erforderlich
Game Center:
Mehrspieler

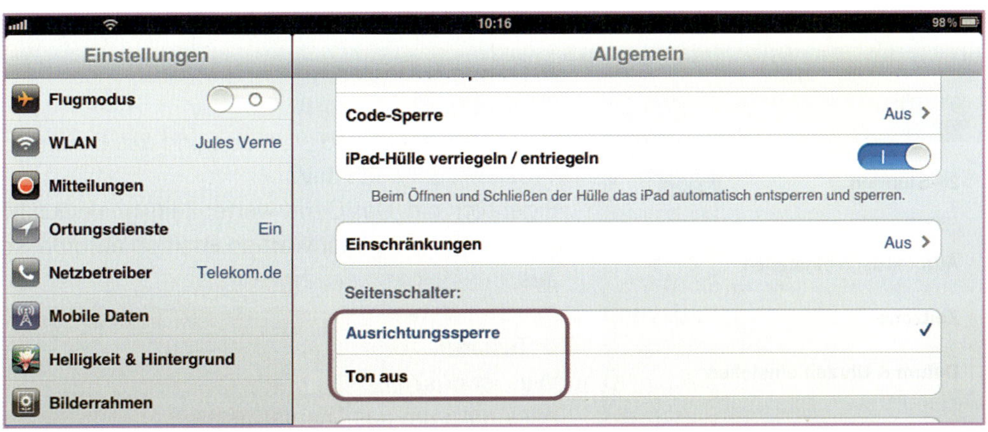
10:16
98 %
Einstellungen
Allgemein
Flugmodus
WLAN
Jules Verne
Mitteilungen
Ortungsdienste
Ein
Netzbetreiber
Telekom.de
Mobile Daten
Helligkeit & Hintergrund
Bilderrahmen
Code-Sperre
Aus
iPad-Hülle verriegeln / entriegeln
Beim Öffnen und Schließen der Hülle das iPad automatisch entsperren und sperren.
Einschränkungen
Aus
Seitenschalter:
Ausrichtungssperre
Ton aus

Wozu brauche ich das?

An dieser Stelle können Sie dem Schalter am Gehäuse entweder die Funktion zuweisen, dass der Bildschirm nicht mehr automatisch gedreht wird, oder festlegen, dass hiermit die Tonwiedergabe unterdrückt wird.

■ Multitasking-Bedienungen (nur iPad)

Was ist das?

Ein- oder Ausschalten der abkürzenden Gestensteuerung beim iPad.

Wozu brauche ich das?

Um rascher zwischen Anwendungen hin- und herzuwechseln. Eine nähere Beschreibung finden Sie dazu ab Seite 105.

■ Datum & Uhrzeit

Was ist das?

Hier korrigieren Sie die Uhrzeit und das Datum.

Wozu brauche ich das?

Eigentlich nie. Das Gerät wertet Zeitsignale aus Mobilfunk und die gegenwärtige Position automatisch aus.

■ Tastatur

Was ist das?

Alles rund um das Thema Tastatur.

### Wozu brauche ich das?

Unter diesem Punkt schalten Sie Autokorrektur ein oder aus oder legen sich eine zweite, fremdsprachliche Tastatur zu, die Sie dann auf Knopfdruck wechseln. Noch eine nützliche Eigenschaft sind die sogenannten Kurzbefehle, die Sie hinzufügen können. So können Sie Grußfloskeln mit einem Kürzel versehen („MFG"), dennoch erscheint dann der komplette Gruß („Mit freundlichen Grüßen").

## ■ Landeseinstellungen

### Was ist das?

Regeln Sie Sprache und Kalenderfunktionen.

### Wozu brauche ich das?

Das iPhone oder iPad sollte in Ihrer Muttersprache laufen, damit ein reibungsloser Umgang möglich ist.

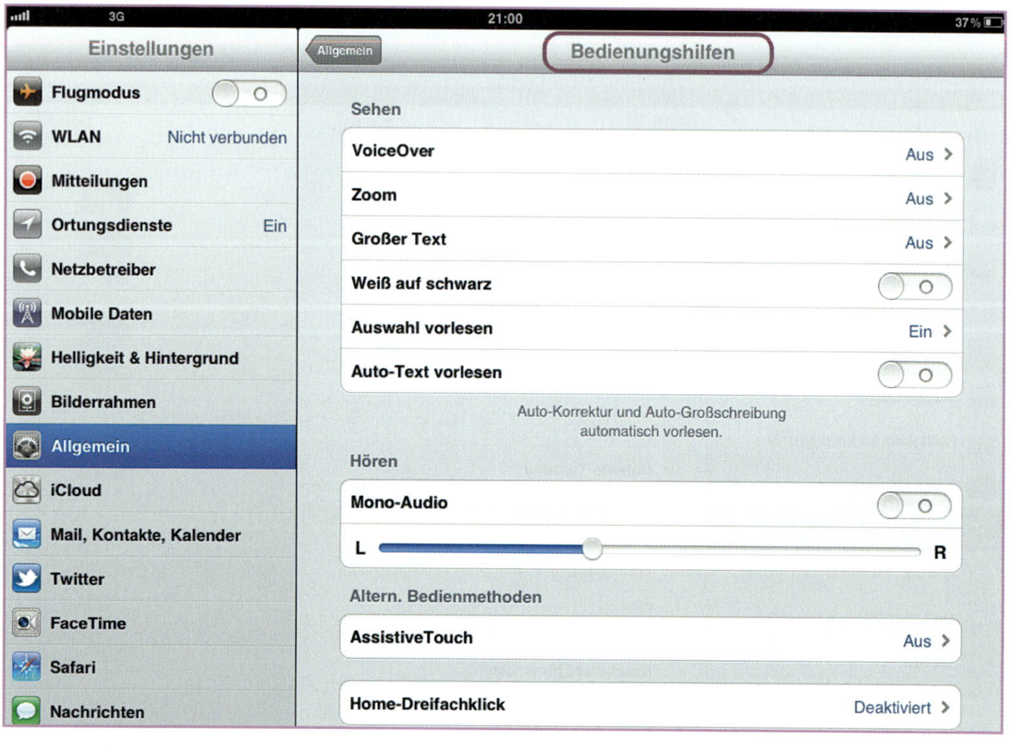


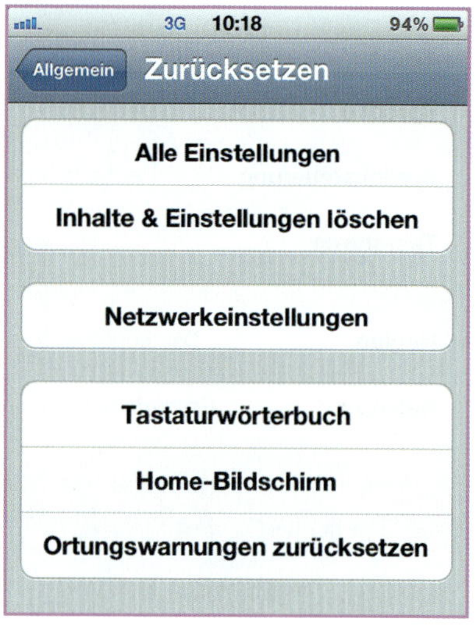


Bei den Kalendern wechseln Sie zwischen Gregorianisch (westliche Welt), Japanisch und Buddhistisch.

## ■ Bedienungshilfen

### Was ist das?

Hilfe für Menschen mit u. a. Sehschwächen.

### Wozu brauche ich das?

Sie können sich alles vorlesen lassen oder die Schriften vergrößern. Dazu finden Sie ab Seite 194 ein eigenes Kapitel.

## ■ Zurücksetzen

### Was ist das?

Damit versetzen Sie das Gerät in den Ursprungszustand.

### Wozu brauche ich das?

Wenn Sie das iPhone oder iPad verschenken oder verkaufen wollen, entfernen Sie auf diese Weise alle Ihre persönlichen Daten.

## Ein dritter Blick: Restliche Einstellungen

- iCloud

### Was ist das?

iCloud ist Apples Onlinedienst mit E-Mail, Backup (Sicherungskopie Ihrer Daten) und vielen nützlichen Funktionen zum Datenabgleich. Siehe Seite 23.

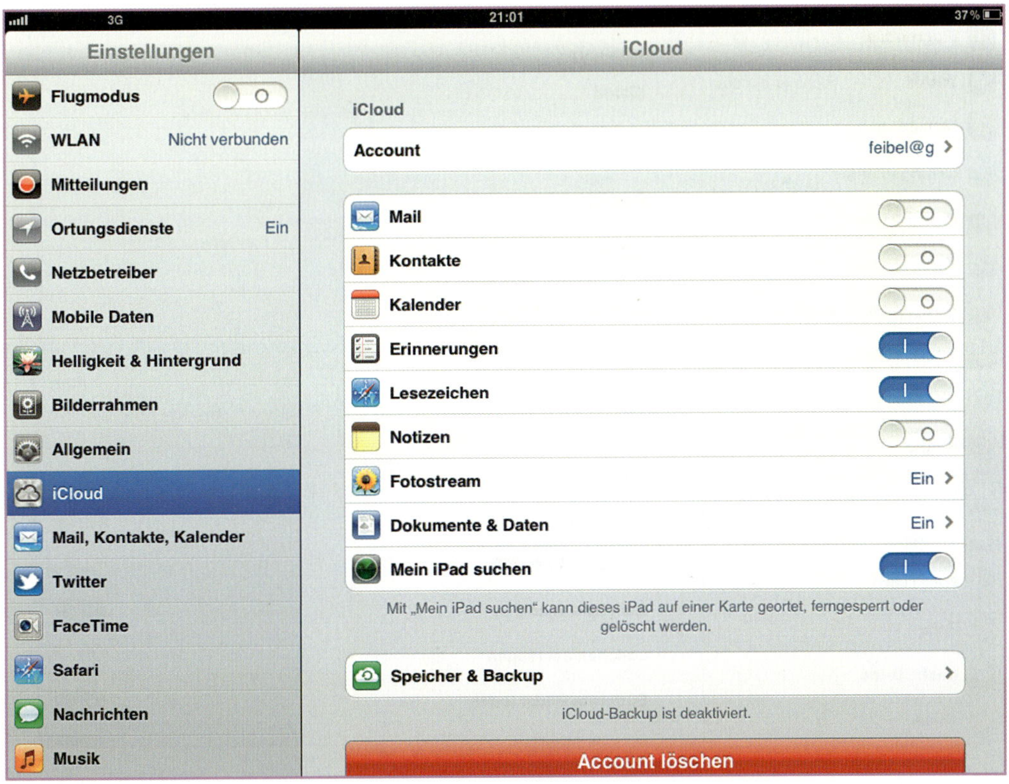

### Wozu brauche ich das?

Regeln Sie hier verbindlich für alle iPhones, iPads und Computer, was genau über iCloud abgeglichen werden soll: zum Beispiel, ob Sie wirklich Termine, die Sie über iPhone oder iPod eintragen, zeitgleich auf dem Kalender Ihres Computers haben wollen.

## ■ Mail, Kontakte, Kalender

### Was ist das?

Zu diesen drei Themen können Sie Feinjustierungen vornehmen.

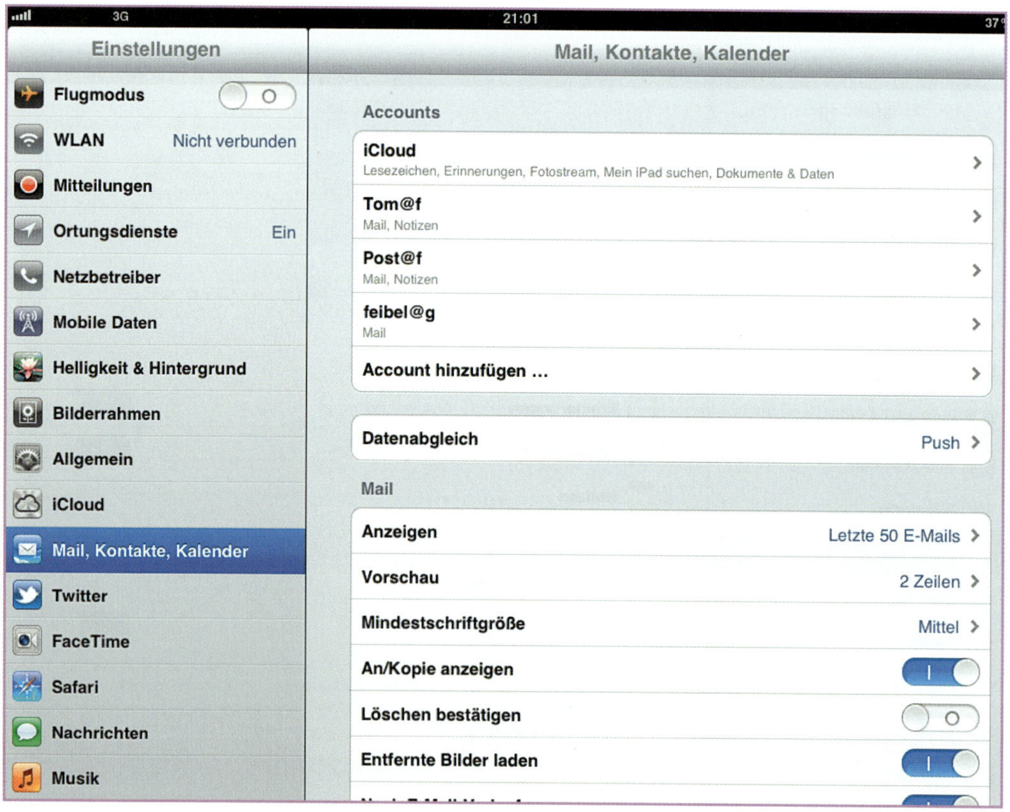

Wozu brauche ich das?
Eine wichtige Einstellung findet sich relativ weit unten: die Signatur Ihrer E-Mails. Signaturen entsprechen in etwa dem klassischen Briefkopf, nur dass sie am Ende einer Mail stehen. Weiter oben im Menü können Sie der Mail-App auch neue E-Mail-Accounts bekannt geben, damit sich diese ebenfalls abrufen lassen.

- Telefon (nur iPhone)

Was ist das?
Nähere Einstellungen zu Ihrem iPhone.
Wozu brauche ich das?
Stellen Sie ein, ob Sie makeln oder nicht makeln, also zwischen zwei Anrufern hin- und herwechseln wollen. Sie regeln an dieser Stelle auch, ob der andere Teilnehmer Ihre Nummer sehen soll.
Hier können Sie außerdem Ihre SIM-PIN so ändern, dass Sie sich diese besser merken können.

- FaceTime

Was ist das?
Videotelefonie mit anderen Apple-Nutzern.
Wozu brauche ich das?
Spart Mobilfunkgebühren, denn der Anruf funktioniert über die WLAN-Internetverbindung. Sie brauchen es außerdem, wenn Sie Ihren Gesprächspartner beim Telefonieren sehen möchten oder ihm etwas mit der Außenkamera zeigen wollen.

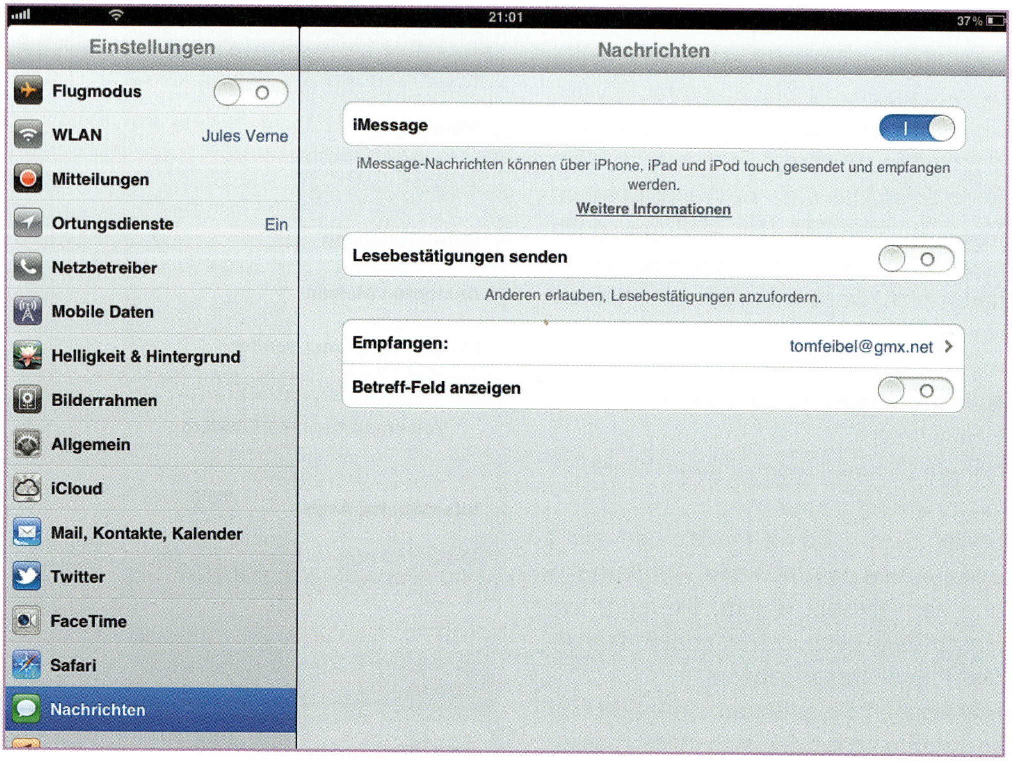


## ■ Nachrichten

### Was ist das?

Hier schreiben Sie Ihre Kurznachrichten: SMS oder iMessage.

### Wozu brauche ich das?

iPhone: Das Schreiben von SMS geschieht hier auf zweierlei Weise. Wenn der Empfänger ein iPhone oder iPad besitzt, schreiben Sie mit iMessage kostenlos Kurznachrichten. Alle anderen Geräte erhalten eine normale, über Ihren Mobilfunkvertrag verbindlich geregelte SMS.

iPad: Nachrichten schreiben funktioniert hier nur mit iMessage. Sie können also niemandem eine SMS schreiben, der kein Apple-Gerät besitzt.

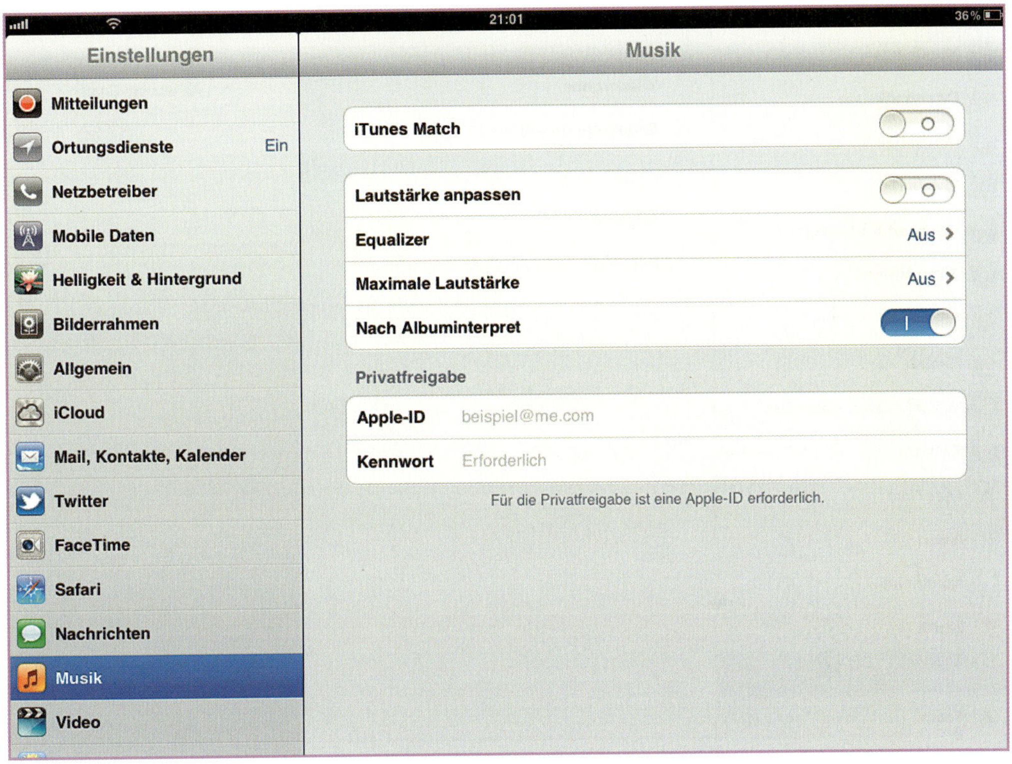


## Musik

### Was ist das?

iPhone und iPad sind Musikabspielgeräte, an deren Einstellungen Sie noch ein wenig Einfluss nehmen können.

### Wozu brauche ich das?

Lautstärke anpassen, um Schwankungen zwischen Liedern zu harmonisieren. Der Schalter Maximale Lautstärke soll Hörschäden vermeiden.

Beim iPhone und iPad hingegen können Sie noch die Privatfreigabe freischalten. Damit lassen sich im WLAN Filme und Musik aus dem iTunes-Programm Ihres Computers auf dem iPhone oder iPad abspielen.

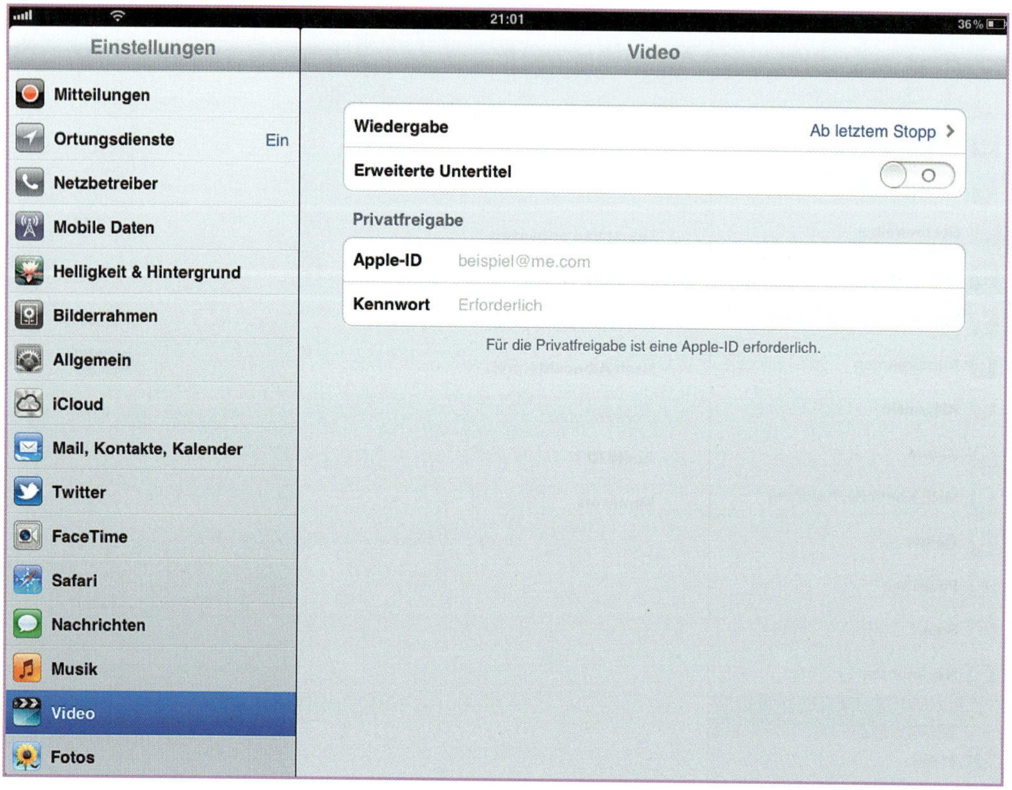


## ■ Video

### Was ist das?

iPhone und iPad spielen auch Videos ab, die Einstellungsmöglichkeiten sind hier allerdings begrenzt.

### Wozu brauche ich das?

Über die Privatfreigabe empfangen Sie über WLAN aus Ihrem iTunes-Programm Filme.

## ■ Fotos

### Was ist das?

Feinere Einstellungen an den eigenen Fotos nehmen Sie an dieser Stelle vor.

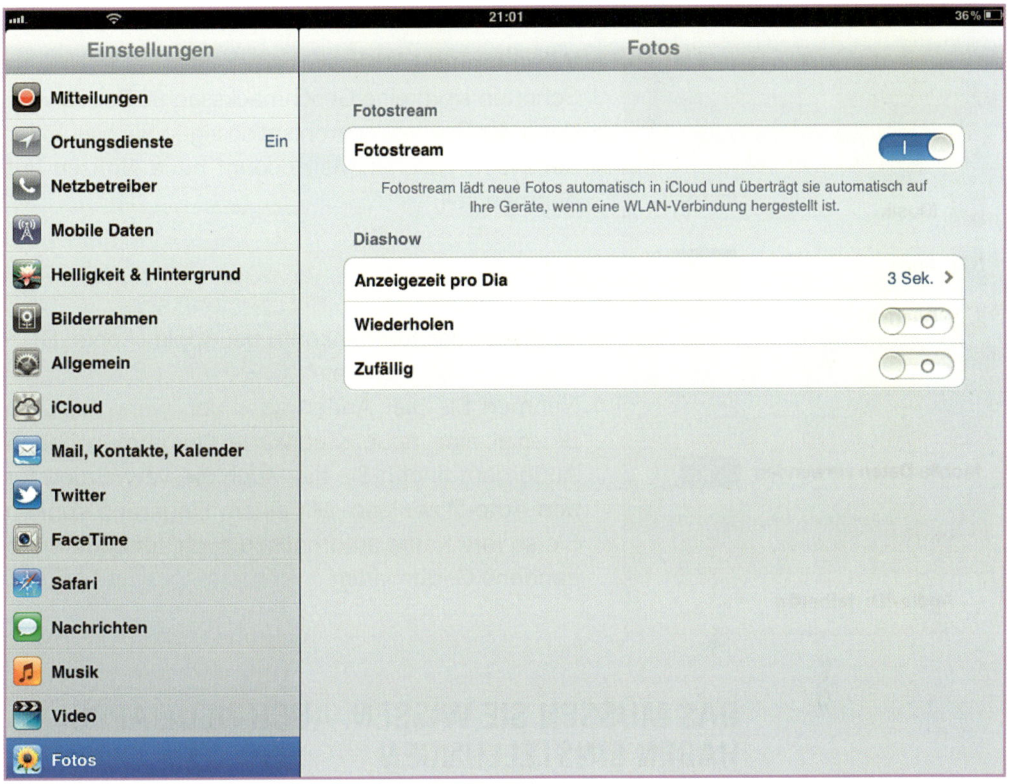


### Wozu brauche ich das?

Zum einen können Sie die Länge der Anzeige bei Diashows festlegen, zum anderen schalten Sie mit Fotostream eine sehr nützliche iCloud-Funktion ein: Schießen Sie mit iPhone und iPad ein Foto und übertragen Sie es automatisch auf Ihren Rechner. Ohne Kabel.

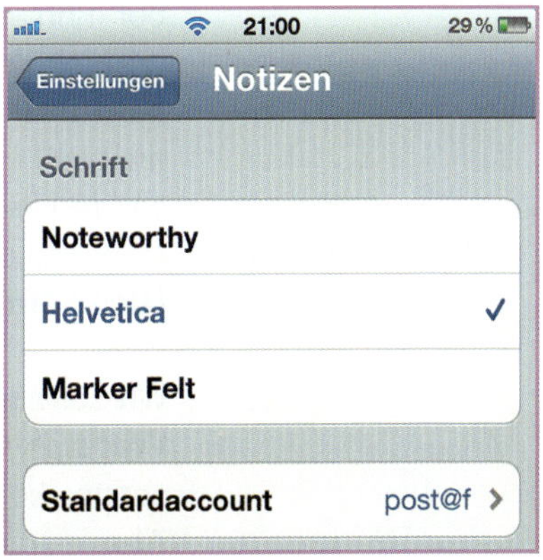


## ■ Notizen

### Was ist das?

Unter diesem Punkt ändern Sie einfach nur die Schrift für Ihre Notizen.

**Wozu brauche ich das?**

Schriften sind reine Geschmackssache. Bei Verwendung der Onlinesynchronisation legen Sie hier außerdem fest, welcher Mailaccount neue Notizen aufnehmen soll.

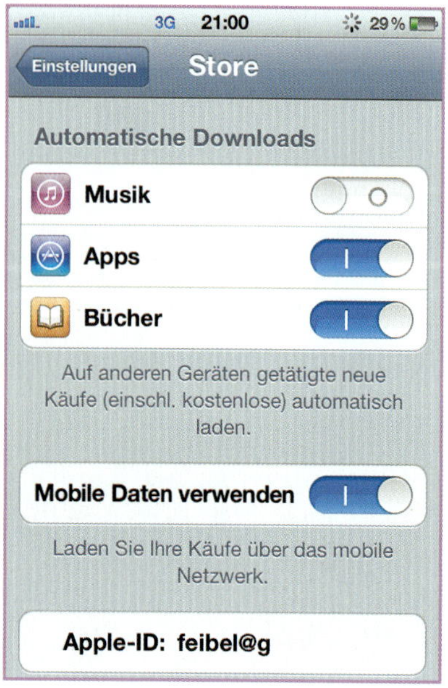


- Store

**Was ist das?**

Verwaltet das Kundenkonto bei Apple (Apple ID).

**Wozu brauche ich das?**

Nehmen Sie hier Änderungen vor, wenn Sie zum Beispiel eine neue Kreditkarte bekommen haben. Außerdem finden Sie hier auch die Verwaltung für den Auto-Download. Mit einem Fingertipp können Sie so Ihre Käufe automatisch auch auf andere vorhandene Geräte laden.

## DAS MÜSSEN SIE WISSEN: AUCH NEUE APPS HABEN EINSTELLUNGEN

Nach dieser Übersicht der wichtigsten Einstellungsmöglichkeiten bei iPhone und iPad sollten Sie wissen, dass Sie hier später im unteren Feld auch Ihre neu erworbenen kostenlosen und kostenpflichtigen Apps finden. An nahezu jeder App können Sie dann individuell die Einstellungen nach Ihren Wünschen und Bedürfnissen regeln.

### Drei schnelle Griffe

#### Wie stelle ich die Helligkeit ein?

Wer sich vor wenigen Jahren mit dem Notebook in den Garten setzte, konnte nicht gerade viel auf dem Bildschirm erkennen. Aber gerade iPhone und iPad besitzen extrem gute Bildschirme, die nur bei grellem Sonnenlicht keine ausgezeichnete Figur machen. Die Helligkeit des Bildschirms wird von einem Umgebungslichtsensor automatisch angepasst. Sie können das trotzdem nach Ihren Wünschen verändern. Am iPad geht das auch über den Programmumschalter (siehe Seite 37).

### Helligkeit ändern

1 Gehen Sie auf Einstellungen.
2 Wählen Sie Helligkeit.
3 Schieben Sie den Regler nach links oder rechts bis zum gewünschten Helligkeitsniveau.

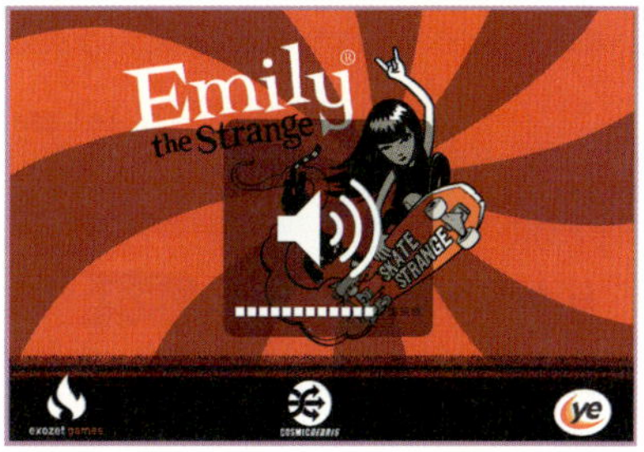


### Wie verändere ich die Lautstärke?

Am Gehäuserand von iPhone und iPad finden Sie Bedienknöpfe für die Lautstärke. Beim iPad sind sie wie eine Wippe ausgeführt, beim iPhone sind es zwei separate Knöpfe. Wenn Sie diese Knöpfe drücken, sehen Sie ein Lautsprechersymbol. Je mehr kleine gefüllte Vierecke zu sehen sind, desto lauter ist der Klang. Wenn das dennoch nicht ausreichend ist, sollten Sie vielleicht Kopfhörer benutzen. Haben Sie jedoch ohnehin große Probleme mit dem Hören, gibt es auch noch sogenannte Bedienungshilfen, die Sie mit größerer Schrift und anderen Dingen unterstützen. Siehe dazu auch Seite 194. Übrigens gibt es auch Hörgeräte mit Bluetooth und Kopfhörer mit Fernbedienung.

### Mitteilungszentrale – alle Nachrichten auf einen Blick

Die Mitteilungszentrale ist ein unsichtbares Rollo, das Sie mit aktuellen Informationen auf einen Blick versorgt. Sie gehen dazu mit dem Zeigefinger auf die Uhrzeit und ziehen mit dem Finger nach unten. Sofort kommt dieses Rollo herab und präsentiert

Ihnen alle Neuigkeiten auf einen Blick: das Wetter, den Aktienticker, Kalendereinträge, neue E-Mails und noch viel mehr. Sobald Sie auf eines der Felder tippen, gelangen Sie automatisch zum entsprechenden Programm. Sie dürfen auch selbst aussuchen, was in der Mitteilungszentrale erscheint.

**Ich möchte bestimmen, was in meiner Mitteilungszentrale erscheint**

1 Gehen Sie auf Einstellungen.
2 Tippen Sie auf Mitteilungen.
3 Gehen Sie auf die einzelnen Programme, die sich darin befinden.
4 Sobald Sie einmal darauf tippen, können Sie diese unter dem Schalter In der Zentrale aktivieren oder deaktivieren.
5 Über den Schalter Bearbeiten lässt sich die Reihenfolge ändern.

## WENN AUGEN UND OHREN NICHT MEHR SO RECHT WOLLEN: BEDIENUNGSHILFEN FÜR IPHONE UND IPAD

Wir stellen im Folgenden nur die Funktionen vor, die Apple mit iPhone und iPad mitliefert. Es gibt auch spezielle Apps, die das Leben erleichtern: Blättern Sie dafür auf die Seite 146.

### Schriften vergrößern

Kleiner Trick, große Wirkung: Manchmal reicht es schon, wenn Sie für die entscheidenden Apps die Schrift vergrößern, um besser lesen zu können.

Wo lassen sich die Schriften vergrößern?

- in Mail vergrößern Sie die Schrift der E-Mails
- in Nachrichten vergrößern Sie SMS und andere Kurzmitteilungen

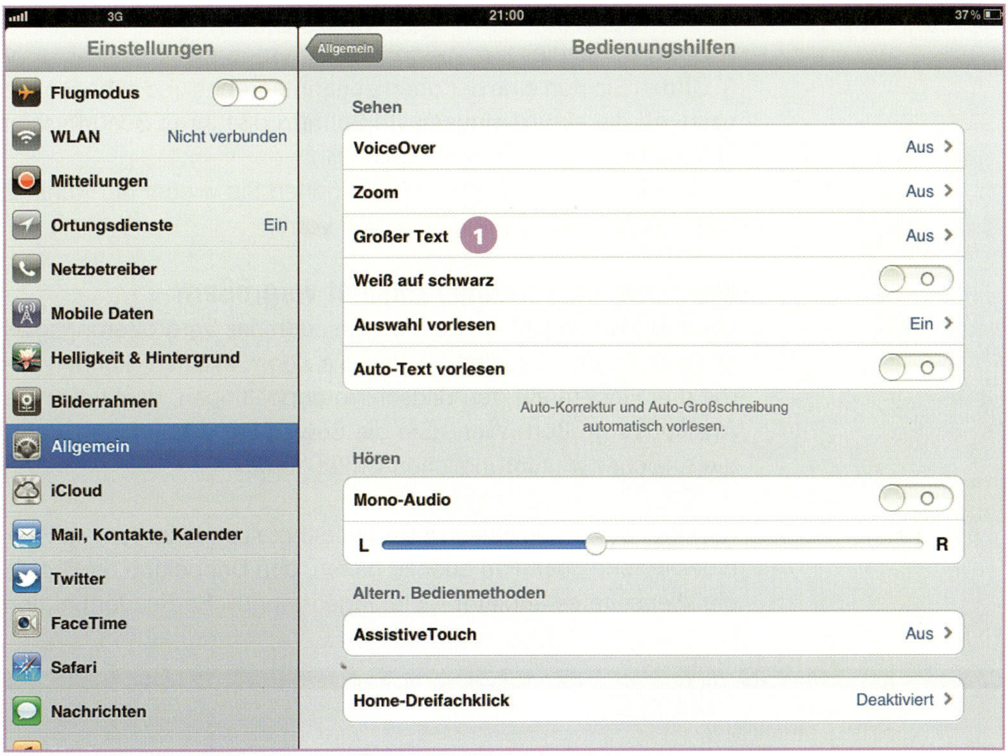


- in FaceTime vergrößern Sie die Darstellung der Kontakte
- in Kontakte vergrößern Sie Namen, Anschrift und andere Details
- in Notizen vergrößern Sie Ihre persönlichen Aufzeichnungen

**Die Schrift in Mail, Notizen, Kontakten vergrößern**

1 Gehen Sie auf Einstellungen und dann auf Allgemein.
2 Berühren Sie Bedienungshilfen.
3 Gehen Sie auf Großer Text **(1)**.

4 Wählen Sie eine Ihnen angenehme Schriftgröße aus.
5 Drücken Sie die Hometaste.
6 Öffnen Sie nun eine der oben genannten Apps und schauen Sie nach, ob die aktuell eingestellte Schriftgröße Ihren Bedürfnissen entspricht.
7 Um die Schriftgröße zu ändern, gehen Sie wieder auf Punkt 2 dieser Anleitung und beginnen von vorne.

## Mit Zoom die jeweilige Ansicht vergrößern

Unter Bedienungshilfen können Sie auch das Vergrößerungsglas namens Zoom einstellen. Haben Sie Zoom aktiviert, können Sie mit drei Fingern auf den Bildschirm doppeltippen, damit sich die Ansicht vergrößert. Wenn Sie die Bewegung wiederholen, kehrt die Ansicht zur ursprünglichen Größe zurück.

Ein alternative Möglichkeit ist auch, generell beim Surfen mit Safari das iPhone oder iPad quer zu halten, den Doppeltipp und – falls die Webseite es anbietet – die augenfreundliche Readerfunktion

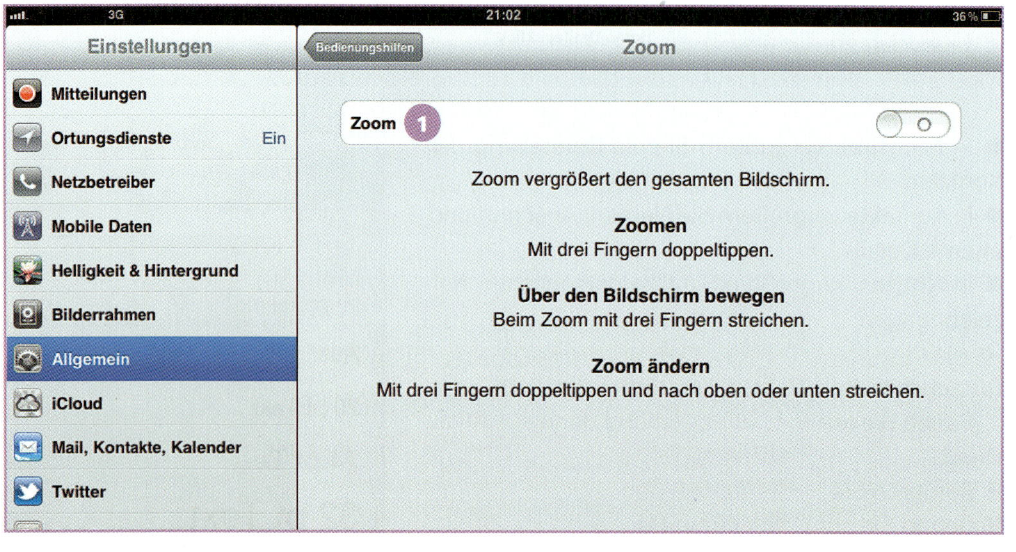

(siehe Seite 79) zu nutzen. In manchen Apps anderer Anbieter können Sie die Schrift auch in der Anwendung selbst ändern.

#### Alles größer machen

1 Gehen Sie auf Einstellungen und dann auf Allgemein.
2 Berühren Sie Bedienungshilfen.
3 Gehen Sie auf Zoom **(1)**.
4 Aktivieren Sie den Zoomschalter.
5 Mit drei Fingern doppelt tippen und Sie vergrößern die Ansicht sehr stark.
6 Mit drei Fingern erneut doppelt tippen und Sie verkleinern die Ansicht wieder.
7 Sie können in der Vergrößerung alles hin- und herschieben, indem Sie mit drei Fingern gleichzeitig den Bildschirm berühren.

## Von VoiceOver alles vorlesen lassen

Wenn die beiden eben beschriebenen Wege zur Vergrößerung der Schrift nicht ausreichen, lesen iPhone und iPad auch vor, was am Bildschirm zu sehen ist. Das geht schon bei der Menüführung los. Punkt für Punkt wird dabei alles benannt, was Sie mit den Fingern berühren.
Mithilfe des Vorlesesystems namens VoiceOver trägt das jeweilige Gerät aber auch ganze Passagen aus E-Mails, Webseiten und teilweise auch von E-Books vor. Hörbare Signale deuten zusätzlich darauf hin, dass Sie einen anderen Teil des Bildschirms erreicht haben. Darüber hinaus stellen Sie in VoiceOver ein, was genau vorgelesen werden soll.

**WICHTIG**
VoiceOver benötigt sehr viel Einarbeitungszeit und richtet sich an Menschen mit signifikanter Sehschwäche.

#### Den Vorlesedienst VoiceOver nutzen

1 Gehen Sie auf Einstellungen und dann auf Allgemein.
2 Am unteren Rand tippen Sie auf Bedienungshilfen.

3 Berühren Sie VoiceOver (**1**).
4 Aktivieren Sie auf der nächsten Seite den Schalter bei VoiceOver.
5 Ab sofort bekommen Sie alles vorgelesen.

Auf dieser Unterseite nehmen Sie auch noch einzelne Veränderungen vor, zum Beispiel das Vorlesetempo, die Vorlesesprache oder das Unterbinden unterschiedlicher hoher Töne beim Eintippen oder Löschen.

## Fingerübungen: VoiceOver bedienen

**WICHTIG**
Durch die Vorlesefunktion verändert sich auch die bisherige Navigation sehr stark. Da alles vorgelesen wird, reagieren iPhone und iPad anders und Sie müssen zur Steuerung nun mehrere Schritte vollziehen. Das bedarf sehr viel Training.
Tipp: Probieren Sie unter VoiceOver-Übungen verschiedene Manöver auf dem Display mit den Fingern aus.

### Einfingerübungen

Berühren: Um etwas anzuwählen, berühren Sie den entsprechenden Punkt auf dem Bildschirm. Doppeltippen: Damit aktivieren Sie ein Objekt. Aktivieren bedeutet, etwa eine App zu starten oder eine Taste zu drücken – ganz so wie beim Doppelklick am Computer.

### Zweifingerübungen

Mit zwei Fingern einmal tippen: Vorlesen unterbrechen oder fortführen.

Mit zwei Fingern doppelt tippen: So starten Sie eine App oder eine Anwendung.

Mit zwei Fingern nach oben streichen: Die Seite wird vom Seitenanfang vorgelesen.

Mit zwei Fingern nach unten streichen: Ab dem ausgewählten Punkt vorlesen.

### Dreifingerübungen

Mit drei Fingern nach links streichen: So blättern Sie eine Seite nach rechts.

Mit drei Fingern nach rechts streichen: So blättern Sie eine Seite nach links.

Mit drei Fingern nach oben streichen: So blättern Sie eine Seite nach unten.

Mit drei Fingern nach unten streichen: So blättern Sie eine Seite nach oben.

Mit drei Fingern einmal tippen: Angewählte Bereiche werden vorgelesen.

### Der unsichtbare Knopf zum Drehen: VoiceOver mit Rotor

Um schneller Veränderungen mit der VoiceOver-Funktion vorzunehmen, müssen Sie nicht jedes Mal in das Einstellungsmenü. Mit dem Einschalten von VoiceOver aktivieren Sie auch den Rotor, damit gibt Ihnen Apple einen unsichtbaren Drehknopf an die Hand: Dazu drehen Sie zwei Finger so im Kreis, als würden Sie am Herd den Regler bewegen. Damit legen Sie unter anderem fest, was vorgelesen wird oder welche Schwerpunkte Sie auf eine Webseite legen wollen: Zeichen, Zeilen, Überschriften oder Bedienelemente bei Onlineformularen. Auch das bedarf einiger Übung.

## Weitere hilfreiche Funktionen

#### Wie bei einem Negativ: Weiß auf schwarz

Manche Menschen können eine weiße Schrift auf einem dunklen Hintergrund besser lesen. In den Bedienungshilfen ändern Sie mit weiß auf schwarz die Ansicht wie bei einem Negativ.

#### Hilfe für blinde Menschen: Braille Blindenschrift

Sollten Sie ein bluetoothfähiges Blindenschriftgerät besitzen, lässt es sich über die Bluetoothfunktion von iPhone oder iPad benutzen.

#### Bedienungshilfen abkürzen: Home-Dreifachklick

Um nicht jedes Mal umständlich durch die Menüs gehen zu müssen und damit Sie die Bedienungshilfen leichter nutzen können, aktivieren Sie den sogenannten Home-Dreifachklick. So rufen Sie durch das dreifache schnelle Drücken der Hometaste VoiceOver auf, die Zoomfunktion oder auch das Umschalten von weiß auf schwarz.
An der gleichen Stelle deaktivieren Sie diese Elemente auch wieder.

### Wenn Stereo nichts nützt: Mono Audio

Wenn Sie schlecht hören und mit Stereosignalen über Kopfhörer große Schwierigkeiten haben, schalten Sie lieber auf Monofunktion um.

### Ausgleich für die Ohren: Balance

Ein Ohr hört meistens besser als das andere. Für die Benutzung der Kopfhörer gleichen Sie hier mit dem Links- und Rechtsschalter das Defizit des schwächeren Ohrs aus.

### Schluss mit Fiepen: Störungsfreier Hörgerätebetrieb

Nur bis iPhone 4. Moderne Hörgeräte werden immer kleiner und sind kaum noch sichtbar. Manchmal kommt es dennoch zwischen Mobiltelefonen und Hörgeräten zu klanglichen Störgeräuschen und Rückkopplungen. Dieser Schalter kann das möglicherweise beheben. Beim iPhone 4S ist das nicht mehr nötig.

### Sehen statt hören: Wenn es bei Neuigkeiten blitzt

Bei schlechtem Gehör kann auch auf optische Signale gesetzt werden. Dann blitzt es kurz auf, wenn eine SMS oder eine andere Nachricht eintrifft. Dieses Zeichen ist allerdings nur nützlich, wenn das iPhone auf dem Bildschirm liegt. Schließlich befindet sich der LED-Blitz auf der Rückseite des Smartphones.

## DRUCKER

Für das Ausdrucken mit iPhone und iPad benötigen Sie einen Drucker, der im WLAN funktioniert und über eine sogenannte Airprintfunktion verfügt.
Falls Sie bereits einen Computer mit einem älteren Drucker besitzen, ist diese Anschaffung möglicherweise nicht notwendig.

# SPRACHSTEUERUNG MIT UND OHNE SIRI

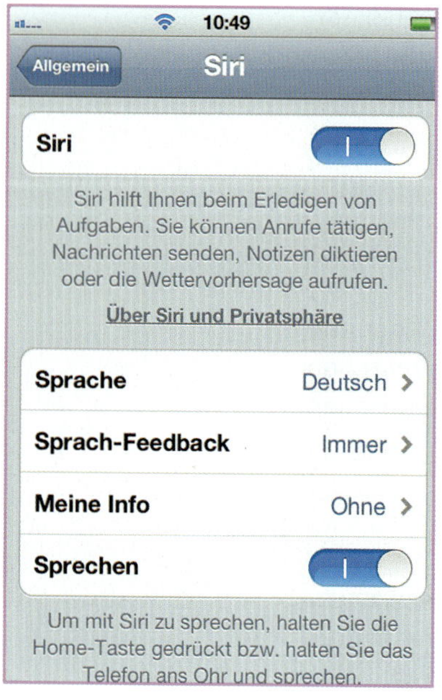


Der Sinn von Spracherkennung beim iPhone liegt in der bequemeren Handhabung und der Überwindung der Tastatur. Es ist doch viel komfortabler, nach dem Wetter zu fragen, anstatt die Wetter-App zu suchen und dann anzutippen.

## IPhone 4: Die alte Sprachsteuerung

Die systemintegrierte Sprachsteuerung gibt es bei Apple schon länger und ist beim iPhone 4 standardmäßig dabei. Um sie zu aktivieren, halten Sie die Hometaste gedrückt. Jetzt können Sie Musiktitel ansagen oder Namen aus Ihrem Kontakteverzeichnis namentlich nennen, damit der- oder diejenige angerufen wird. Aber um es auf den Punkt zu bringen: Diese Sprachsteuerung versteht leider oft Bahnhof und kann nicht wirklich überzeugen. Auf dem iPhone 4S und Nachfolgern gibt es jedoch eine neue Sprachsteuerung: Siri.

## Spracherkennung mit iPhone 4S und Nachfolgern: Keiner versteht mich. Außer Siri.

Siri ist eine Spracherkennung, die überraschend gut funktioniert. Voraussetzung ist ein Internetzugang.
Mit Siri können Sie

- jemanden anrufen
- Musik abspielen
- Nachrichten, E-Mails und Notizen diktieren
- einen Kalendereintrag oder eine Erinnerung ansagen
- nach einem Thema im Internet suchen lassen
- nach der Uhrzeit, dem Wetter oder einer Adresse fragen

Ab iOS 6 geht sogar noch mehr.

**Siri ein Kommando geben**

1 Halten Sie die Hometaste gedrückt.

2 Das Mikrofon erscheint.

3 Formulieren Sie einen Satz, der Siri sagt, was sie tun soll. Zum Beispiel: „Rufe Klaus Müller an". Siri fragt auch nach. Wenn Sie zum Beispiel sagen „Ruf meine Frau an", will Siri wissen, wie Ihre Frau heißt. Wenn Sie es einmal mitgeteilt haben, merkt sich Siri, mit wem Sie verheiratet sind.

# ZUBEHÖR

Bis auf Netzteil und Kabel gibt es eigentlich kein weiteres Zubehör, das im Lieferumfang enthalten ist. Nur beim iPhone wird außerdem ein Kopfhörer mit eingebautem Mikrofon zur Verfügung gestellt.

## Mitgelieferter Kopfhörer beim iPhone

Die Kopfhörer von Apple sind beim iPhone schon dabei und die preisgünstigste Variante, um beim Telefonieren die Hände frei zu haben. Der Kopfhörer besitzt ein Mikrofon und ist auch die Fernbedienung für das iPhone. Sie können diese Kopfhörer auch separat für das iPad erwerben.

So funktioniert's beim Telefonieren mit dem iPhone:

Drücken Sie mit Zeigefinger und Daumen auf den Mittelteil **(1)** der kleinen Fernbedienung, damit nehmen Sie in der Telefonfunktion ein ankommendes Gespräch an oder beenden es. Durch Drücken auf Plus **(2)** oder Minus **(3)** regulieren Sie die Lautstärke.

So funktioniert's beim Musik hören mit dem iPhone:
Drücken Sie mit Zeigefinger und Daumen auf den Mittelteil **(1)**, können Sie beim Musikhören einen Titel starten oder beenden. Wenn Sie diesen Vorgang schnell zweimal hintereinander durchführen, wechseln Sie zum nächsten Musikstück, bei dreimaliger Wiederholung springen Sie zurück. Mit Plus **(2)** und Minus **(3)** regulieren Sie die Lautstärke. Halten Sie den Mittelteil länger gedrückt, öffnet sich entweder die Sprachsteuerung oder ab iPhone 4S Siri.

## Weiteres Zubehör

### Schutzhüllen

Es gibt verschiedene Schutzhüllen für iPhone und iPad.

Folien: Mit einer transparenten Folie schützen Sie den Bildschirm von iPhone und iPad vor Kratzern und anderem Unbill. Wenn Sie eine gute Hülle haben und etwas vorsichtig sind, ist solch eine Folie jedoch eigentlich nicht nötig.

Schutzhüllen und feste Boxen: Für iPhone und iPad gibt es jede Menge Taschen und Schutzhüllen. Von superbillig bis exklusiv ist alles dabei.

### Tastatur

Für Vielschreiber ist eine Tastatur einfach besser. Sie können das gewöhnliche Apple-Wireless-Keyboard, aber auch Tastaturen von Fremdanbietern verwenden.

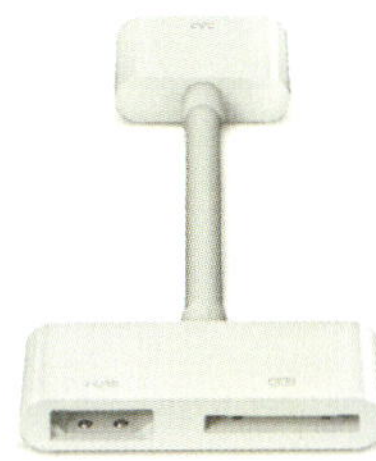

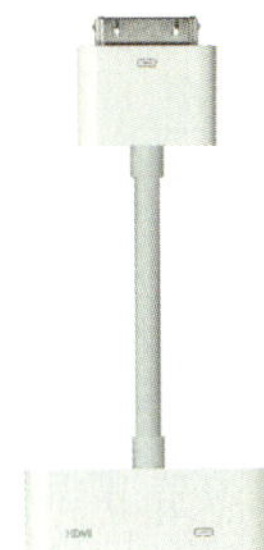

### Kabel und Verbindungsstecker

Klinkenstecker auf Cinch: Damit schließen Sie Ihr iPhone/iPad an eine Stereoanlage an.
Apple-Digital-AV-Adapter: Damit schließen Sie Ihre Geräte am Fernseher an, um sich zum Beispiel Fotos anzusehen.
Ersatznetzteil: Netzstecker werden häufig vergessen. Wenn Sie sich also einen Ersatz zulegen, kann das nicht schaden.
Ersatz-Dock-Connector-Kabel: Zum Aufladen und Synchronisieren.
iPad-Connection-Kit: Das iPad hat keinen USB-Zugang. Mit diesem Kombinationspack können Sie einen digitalen Fotoapparat anschließen oder Ihre SD-Karte auslesen, um die Bilder zu bearbeiten oder weiterzuversenden. Das Kit ist auf Bilder ausgerichtet. Anderes USB-Zubehör funktioniert fast nie damit.
12-Volt-USB-Netzteil: Lädt im Auto über den Zigarettenanzünder das iPhone oder auch iPad auf.

### Ersatzakkus

Ökologisch: Die Firma Stromwerk hat eine Tasche entwickelt, die mit Solarenergie einen installierten Akku auffüllt. Damit können Sie dann unterwegs Ihr iPhone wieder aufladen, wenn der Strom zur Neige geht. Günstiger ist es, sich für rund 15 Euro einen Ansteckakku zuzulegen.

### Medizinisches Zubehör

Mittlerweile gibt es eine Reihe von Blutdruckmessgeräten, die in Verbindung mit einem iPhone gut funktionieren. Lieferbar sind auch spezielle Hörgeräte mit Bluetoothfunktion, die aber sehr teuer sind.

Blutdruckmesser

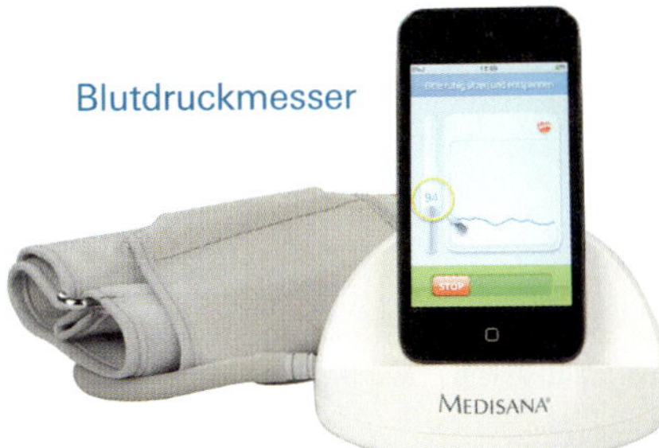


### Fernsehen

Die Hersteller Elgato und Equinox bieten kleine DVB-T-Empfänger für iPhone und iPad an, mit denen Sie das terrestrische Fernsehprogramm auf iPhone und iPad sehen können.

# SICHERHEIT

Dieses Kapitel zeigt Ihnen, was Sie selbst ohne großen Aufwand dazu beitragen können, die Sicherheit Ihrer Privatsphäre zu gewährleisten.

## Stichwort Kennworte

Weil das Ausspähen von Benutzernamen und Kennwörtern mittlerweile zum bevorzugten Ziel von Betrügern geworden ist, kommt einem sicheren Kennwort eine besondere Bedeutung zu.
Sicher heißt:

- Das Kennwort steht in keinem Wörterbuch.
- Das Kennwort ist keinesfalls ein Name, etwa der Ihres Haustieres.
- Das Kennwort ist ausreichend lang. Je länger ein Kennwort ist, desto schwieriger ist es zu knacken. Acht Zeichen sollten es mindestens sein.
- Das Kennwort besitzt große und kleine Buchstaben, mindestens eine Zahl und gerne ein Sonderzeichen.

## SIM-PIN: iPhone und iPad sichern

Die vierstellige SIM-PIN Ihres Mobilfunkbetreibers in Ihren Unterlagen schützt Sie davor, dass Fremde den Mobilfunk Ihres Gerätes nutzen.

### iPhone mit SIM-PIN sperren

1 Gehen Sie auf Einstellungen.
2 Wählen Sie Telefon und tippen Sie auf SIM-PIN.
3 Tippen Sie auf den SIM-PIN-Schalter.
4 Geben Sie Ihre SIM-PIN ein.

### iPad mit SIM-PIN sperren

1 Gehen Sie auf Einstellungen.
2 Wählen Sie Mobile Daten und tippen Sie auf SIM-PIN.
3 Tippen Sie auf den SIM-PIN-Schalter und aktivieren Sie ihn.
4 Geben Sie Ihre SIM-PIN ein.

## Zu kompliziert: SIM-PIN ändern

Warum nicht eine Nummer für alles nehmen? Hierfür können Sie bei iPhone und iPad die SIM-PIN ändern. Im Sinne des Komforts mag das sicherlich eine gute Lösung sein. Aber ist diese Nummer einmal verraten, steht alles offen. Wägen Sie also genau ab.

### SIM-PIN beim iPhone ändern

1 Gehen Sie auf Einstellungen.
2 Wählen Sie Telefon und dann SIM-PIN.
3 Tippen Sie auf den SIM-PIN-Schalter.
4 Geben Sie Ihre alte SIM-PIN ein.
5 Geben Sie Ihre neue Wunsch-PIN zwei Mal ein.

### SIM-PIN beim iPad ändern

1 Gehen Sie auf Einstellungen.
2 Wählen Sie Mobile Daten.
3 Wählen Sie SIM-PIN.
4 Tippen Sie auf den SIM-PIN-Schalter.
5 Geben Sie Ihre alte PIN ein.
6 Tippen Sie SIM-PIN ändern.
7 Geben Sie nun Ihre Wunsch-PIN zweimal ein.

## Einrichtung der Codesperre

Im Gegensatz zur SIM-PIN verhindert erst die Codesperre konsequent den Zugriff auf Ihre Daten und ist unter den Einstellungen zu finden. Sofern Sie diesen Schutz aktivieren, müssen Sie dann vor jeder Nutzung den Code eingeben.

### Codesperre einrichten

1 Wählen Sie unter Einstellungen den Punkt Allgemein.
2 Tippen Sie weiter unten auf die deaktivierte Codesperre.
3 Gehen Sie auf Code aktivieren.
4 Geben Sie einen neuen Code ein.
5 Wiederholen Sie die Eingabe.
6 Die Codesperre ist jetzt aktiv.

Um den Vorgang wieder rückgängig zu machen, deaktivieren Sie an derselben Stelle den Code. Sie müssen ihn zuvor als Sicherheitsabfrage noch einmal eingeben.

## Sicherheit bei E-Mails und im Internet

Viele Betrüger wollen Ihnen per E-Mail vorgaukeln, dass Sie es mit Ihrer Hausbank oder einer anderen vertrauenswürdigen Institution zu tun haben, um an Ihre Bankkontodaten zu gelangen.
Meist werden Sie dabei aufgefordert, auf eine Webseite zu gehen und Ihre Daten, Kontonummer oder Ihr Passwort einzugeben.

**WICHTIG**
Tun Sie das auf keinen Fall. Ihre Bank würde Ihnen niemals eine solche E-Mail senden, damit Sie Ihre Kontodaten ändern!

- Seien Sie einfach vorsichtig, wenn Sie den Absender nicht persönlich kennen.
- Klicken Sie nicht auf jeden Link in einer Mail, die Ihnen ein Unbekannter schickt.
- Seien Sie vorsichtig, wenn Sie eine Antwort erhalten, obwohl Sie selbst der Person gar nichts geschrieben haben.
- Seien Sie achtsam, wenn es statt einer persönlichen Anrede „Lieber Kunde" heißt.
- Geben Sie niemals Ihre Daten ein, wenn Sie in einer E-Mail dazu aufgefordert werden. Und schon gar keine Passwörter oder PIN-Codes.

## Sicherheit im Ausland: Kostenfallen

Im Urlaub zu telefonieren kann recht teuer werden, denn auch der ausländische Provider möchte an Ihnen verdienen. Er erlaubt Ihnen zwar das Einbuchen in sein Netz (Roaming), berechnet dafür aber Kosten, die Ihnen Ihr Provider weiterreicht.
Internet auf Mobilfunkbasis ist noch teurer und kann einen im Ausland in den Ruin treiben. Deshalb sind iPhone und iPad von Apple so eingestellt, dass sie außerhalb des Heimatnetzes nicht mit dem

Internet verbinden. Am besten nutzen Sie im Hotel oder Ferienhaus das angebotene WLAN.

Tipps:

- Telefonieren Sie nur, wenn es nicht anders geht.
- Fassen Sie sich kurz, auch wenn Sie angerufen werden.
- Verzichten Sie auf das Versenden von MMS mit Bildern o. ä.
- Schalten Sie die Voicemailfunktion (Anrufbeantworter) wie auf Seite 209 beschrieben ganz ab.
- Surfen Sie nur an Orten, an denen Sie kostenlos oder günstig WLAN nutzen können.

### Daten-Roaming beim iPhone ein- und ausschalten

1 Öffnen Sie Einstellungen.
2 Tippen Sie auf Allgemein.
3 Wählen Sie Netzwerk.
4 Tippen Sie auf den Schalter Daten-Roaming, um das Internetsurfen im Ausland ein- oder auszuschalten.

### Daten-Roaming beim iPad ein- und ausschalten

1 Öffnen Sie Einstellungen.
2 Gehen Sie auf Allgemein.
3 Wählen Sie Mobile Daten.

4 Tippen Sie auf den Schalter Daten-Roaming, um das Internetsurfen im Ausland ein- oder auszuschalten.

Denken Sie bitte daran, nach Ihrem Urlaub das Daten-Roaming unbedingt wieder zu deaktivieren, damit Sie nicht bei einem späteren Ausflug über die Landesgrenze ungewollt Kosten verursachen.

### Was tun, wenn ich mein iPhone oder iPad nicht finden kann oder es gestohlen wurde?

Wenn Ihr iPhone oder iPad weder zu Hause noch im Auto oder bei Freunden ist, können Sie das tun, wofür Apple auch schon gescholten wurde: Sie können es orten. Sie brauchen dazu ein anderes iPhone, iPad oder einen Computer und die App iPhone suchen aus dem App Store. Sie können sich damit den Aufenthaltsort Ihres Telefons auf einer Karte anzeigen lassen, es auch bei deaktivierter Lautstärke klingeln lassen. Mit dieser App können Sie die Geräte sogar im Nachhinein sperren und fernlöschen. Wichtigste Bedingung: iPhone oder iPad müssen eingeschaltet sein.
Sie können sich in diesem Fall auch auf einem anderen iPhone oder iPad eines Bekannten mit Ihrer Apple ID und Ihrem Kennwort einloggen, um die Suche zu starten. Am Computer gehen Sie auf www.icloud.com, geben ebenfalls Ihre Apple ID und das passende Kennwort ein und wählen „Mein iPhone suchen" an.

## WAS TUN, WENN IPHONE ODER IPAD NICHT MEHR FUNKTIONIEREN

Es gibt immer wieder kleinere Probleme, die sich aber meist leicht beheben lassen:

### Was tun, wenn eine App nicht mehr reagiert?

Halten Sie den Ausschaltknopf gedrückt, bis der Regler Ausschalten erscheint. Drücken Sie nun die Hometaste und halten Sie diese einige Sekunden gedrückt. Die App wird beendet.

### Was tun, wenn die App immer wieder Probleme macht?

Versuchen Sie es zunächst mit einem Update, falls der App-Anbieter eines zur Verfügung stellt. Wenn es dann immer noch keine Verbesserung gibt, sollten Sie die App entfernen und noch einmal installieren. Führt auch das zu keiner Lösung des Problems, dann entfernen Sie die App am besten dauerhaft (siehe Seite 138).

### Was tun, wenn iPhone oder iPad nicht mehr reagieren?

Ganz abschalten. Drücken Sie so lange auf den Ausschaltknopf, bis die Abschaltroutine beginnt. Nach einer kurzen Pause schalten Sie es wieder an.

### Was tun, wenn das iPhone oder iPad gar nicht mehr angeht?

Stellen Sie sicher, dass das Gerät aufgeladen ist. Wenn es sich dennoch nicht einschalten lässt, drücken Sie gleichzeitig die runde Hometaste und den Einschaltknopf. Nach ein paar Sekunden sollte es wieder funktionieren.

### Was tun, wenn iPhone und iPad nicht vom Computer erkannt werden?

Oft liegt der Fehler am Anschluss mit dem USB-Kabel: Sie müssen es direkt am Rechner anschließen, nicht an der Tastatur. Wenn es daran nicht liegt, starten Sie den Recovery-Modus, indem Sie Ihr Gerät zurücksetzen. Wichtig: Machen Sie vorher ein Backup.

Für weitere Probleme können Sie auch auf der Apple-Seite nach Lösungen suchen.
http://www.apple.com/de/support/iphone/assistant/
http://www.apple.com/de/support/ipad/assistant/
Apple hilft Ihnen auch am Telefon. In den ersten drei Monaten nach Kauf ist das sogar kostenlos.

### Telefonkontakt zu Apple

Rufen Sie die technische Unterstützung von Apple an. Halten Sie die Seriennummer und Ihre Kreditkarte bereit.
0180 5009 433

### Garantieversicherungen

Garantieversicherungen für iPhone und iPad sorgen für eine gewisse Sicherheit und erhöhte Kosten. Apple selbst bietet mit Apple Care einen umfassenden, aber nicht gerade günstigen Schutz an. Zusatzversicherungen werden Ihnen zum Beispiel auch gerne bei Vertragsabschluss von Ihrem Mobilfunkanbieter mitgeliefert. Leider gibt es keine Glaskugel, die Ihnen sagt, ob Sie ein Montagsgerät bekommen haben oder nicht. Aber Fakt ist, dass jede weitere Versicherung zur Ausgabe von Gerät und monatlichen Kosten dazukommt. Generell bietet Ihnen Apple ein Jahr Garantie auf Ihr iPhone und iPad. Als Privatkunde haben Sie weitere zwölf Monate Anspruch auf Gewährleistung.

Aufgrund der hohen Kosten sollte gut überlegt sein, was Ihre Haftpflichtversicherung bereits abdeckt. Überlegen Sie auch: In welchen Fällen springt die Zusatzversicherung nicht ein? Sie können diese Verträge übrigens auch später abschließen. Für den Apple-Care-Protection-Plan haben Sie bis zu zwölf Monaten nach Ihrem Kauf Zeit zu entscheiden: Solange Ihre Garantie noch nicht abgelaufen ist, können Sie noch einsteigen.

## DIE AUSWAHL DES RICHTIGEN PROVIDERS

Welcher Tarif und welcher Provider passt zu mir? Kaum eine Frage ist schwieriger zu beantworten als diese. Wohnen Sie in einer Stadt, werden Sie sicher alle vier Netze in guter Qualität empfangen können. Meistens sind die Netze von Telekom und Vodafone stärker, deren Tarife aber auch teurer, wenn Sie direkt bei diesen Firmen Kunde werden. Es gibt jedoch sogenannte Service-Provider, die ebenfalls diese Netze nutzen, auch zu Prepaid-Konditionen. Lassen Sie sich nicht einreden, Sie könnten Ihr iPhone oder iPad nur mit Verträgen mit fester (langer) Laufzeit und hohen monatlichen Kosten in Anspruch nehmen. Ab acht Euro monatlich für ein Datenvolumen und ungefähr 8 Cent pro Minute Telefongespräch kann der Spaß beginnen. Bei Telekom, Vodafone und den anderen beiden Anbietern mit eigenem Netz, O2 und E-Plus, zahlen Sie nur für (hoffentlich) besseren Service und einige Zusatzfunktionen. Dennoch können sich diese Angebote lohnen, wenn man die Inklusivleistungen oft nutzt (beispielsweise kostenloser Zugang zu WLAN-Netzen der Anbieter und ähnliches). Bei O2 ist das Netz nach einer Untersuchung von uns etwas schlechter als bei den großen zwei, bei E-Plus der Verlust an Netzqualität deutlicher zu spüren. Besonders das iPhone mag gerne schnell ausgebaute Datennetze, da hinkt E-Plus noch hinterher. Das kann sich aber ändern, fragen Sie deshalb am besten einen Nachbarn (der ebenfalls ein Smartphone nutzt) und den örtlichen Elektrohändler, bevor Sie sich für einen Provider entscheiden.

## Die Qual der Wahl: Prepaid oder Vertrag?

Das iPhone für nur einen Euro – das bieten lediglich Mobilfunkverträge mit zweijähriger Laufzeit. Und darum will das gut überlegt sein, denn 24-mal wird die Grundgebühr fällig und die ist mit vielleicht 100 Euro gar kein Schnäppchen mehr. Verpasst man den Kündigungstermin, wird aus dem iPhone ein wirklich teures Vergnügen. Die Provider bieten aber nicht bloß solch kostspielige Verträge, sondern auch alltagstaugliche Tarife an. 40 bis 50 Euro werden dann im Monat fällig und das iPhone kostet bloß ein Drittel des Preises, den Apple für ein unsubventioniertes Gerät verlangt. In den speziellen iPhone-Tarifen ist immer eine Flatrate für das Surfen inbegriffen, meistens auch ein Minutenkontingent zum Abtelefonieren, oft eine Flatrate für Anrufe ins Festnetz und ein SMS-Guthaben.

Wer sich gegen einen Vertrag mit Laufzeit entscheidet, kann ein iPhone auch direkt von Apple kaufen. Die Vorjahresmodelle sind günstiger zu bekommen. In jedem Fall können Sie sich dann für den Anbieter und den Tarif Ihrer Wahl entscheiden, müssen meist keine langfristigen Bindungen eingehen und können SIM-Karte und Provider problemlos wechseln. Meistens wird Ihr Provider dann mit Ihnen im Prepaid-Verfahren abrechnen: Sie müssen erst ein Guthaben aufladen und danach können Sie telefonieren oder eine Daten-Flat buchen. Mittlerweile geschieht dieses Aufladen auch komfortabel per Bankeinzug und fühlt sich fast wie ein „Vertrag" an.

Aber aufgepasst: Diese Daten-Flats sind keinesfalls ein Ersatz für DSL und WLAN. Haben Sie das sogenannte Inklusivvolumen verbraucht, dreht Ihnen der Provider den Hahn zu, bis nur noch ein Rinnsal durch das Netz kommt. Diese „Daten-Drossel" gibt erst zum nächsten Abrechnungsmonat die Leitung wieder ganz frei, eine SMS informiert Sie darüber.

### Und beim iPad?

Die Subventionierung für das iPad fällt nach unserer Beobachtung deutlich geringer aus als beim iPhone. Weil Sie keine SMS und MMS versenden und Telefongespräche führen können, kann der Provider bloß mit einem Datentarif Geld verdienen. Oft lohnt sich das nicht für Sie. Wenig-Surfer sollten eher das iPad im Handel kaufen und bei Ihrem Provider nachfragen, ob sie für einen bestehenden Handy- oder iPhone-Vertrag eine zusätzliche SIM-Karte (Twin-Card, Multi-SIM) erhalten können und gegebenenfalls ein Datenpaket dazubuchen. Ihr Provider möchte sicher lieber einen Neuvertrag abschließen, bleiben Sie hartnäckig.

Wollen Sie speziell das iPad und das Internet per Handynetz intensiv nutzen, achten Sie besonders auf das Inklusivvolumen. Vielleicht haben Sie zu Hause noch gar keinen Internetanschluss mit DSL und WLAN. Dann wählen Sie am besten einen Prepaid-Anbieter und ein Inklusivvolumen mit über einem Gigabyte (GB) pro Monat. 5-GB-Flatrates kosten monatlich nicht mehr als 25 Euro. Sympathisch sind auch Offerten mit einer Tages-Flatrate und der Garantie einer monatlichen Obergrenze.

## So viel Datenvolumen brauchen Sie

Haben Sie zu Hause eine schnelle Datenverbindung und nutzen die mobile Datenverbindung nur gelegentlich, reichen 200 oder 300 MB in der Regel locker aus. Bei den meisten Anbietern kann man auch später aufstocken, wenn das Volumen nicht reichen sollte. Fangen Sie zunächst klein an. Im ersten Monat ist das verbrauchte Volumen in der Regel höher als in den Folgemonaten, da man am Anfang noch mehrere Funktionen ausprobiert und herumspielt und so Datenverkehr produziert.

### Wie finde ich einen günstigen Vertrag?

Die Mobilfunkbranche ist ständigen Preisänderungen unterworfen. Meistens zu Ihren Gunsten. Auf www.test.de finden Sie eine Möglichkeit, nach günstigen Handytarifen zu aktuellen Konditionen zu suchen.

## DIE WICHTIGSTEN NEUERUNGEN IN IOS 6

iOS 6, die neue Version des Apple-Betriebssystems, bietet im Vergleich zu der bisherigen Variante 200 Neuerungen. Vorgesehen ist es für iPhones ab dem Modell 3GS, den iPod touch 4G und iPad 2 und 3 – das bedeutet jedoch leider, dass man als Besitzer eines iPads der ersten Generation von vielen neuen iOS-Funktionen nicht profitieren kann. Aber selbst auf Geräten, die das neue Betriebssystem verwenden, sind nicht alle Funktionen nutzbar. Manches bleibt nur den neusten Geräten vorbehalten, zum Beispiel die „Flyover"-Funktion (siehe nächster Absatz) in Maps.

### Maps: Karten-App in neuem Gewand

Bei der komplett überarbeiteten Karten-App stehen eine normale Kartenansicht und eine Satellitenansicht zur Auswahl, zusätzlich lassen sich mit der neuen „Flyover"-Funktion ganze Städte in

spektakulären dreidimensionalen Ansichten auf dem Display durchfliegen.
Für das Kartenmaterial arbeitet Apple bei iOS 6 mit TomTom zusammen, nutzt aber komplett eigene Quellen ñ da die vorigen Daten vom Konkurrenten Google Maps stammten.

## Navigation: Schritt für Schritt zum Ziel

Die neue Karten-App fungiert außerdem wie ein richtiges Navigationsgerät mit Sprachansagen, die den Weg Schritt für Schritt beschreiben. Besonders praktisch sind noch weitere Zusatzinformationen wie hohes Verkehrsaufkommen auf einer geplanten Route oder die geschätzte Fahrtzeit.

## Spracherkennung 2.0: Mehr Siri

Spracherkennung Siri findet mit iOS 6 nicht nur den Zugang zum iPad, sondern hat für das neue System auch einiges dazugelernt: Sie können nun auch Spanisch, Italienisch, Koreanisch oder Chinesisch mit Siri reden. Wichtiger wird für Sie aber sein, über Siri nun auch Apps zu öffnen und zu steuern. Fragt man das System beispielsweise nach dem kürzesten Weg zum nächsten Kino, sucht es ihn mit der entsprechenden App automatisch heraus. Zukünftig soll sich Siri auch mit Dingen wie Sport und Film auskennen.

## Mehr Ruhe: Erreichbar, wenn ich will

iOS 6 liefert eine Vielzahl von Möglichkeiten, die eigene ständige Erreichbarkeit über das iPhone einzuschränken. Ein neuer „Bitte nicht stören"-Regler sorgt dafür, dass bei eingehenden Anrufen oder Nachrichten weder Töne noch Licht aus dem Gerät dringen. Diese Sperre lässt sich allerdings auch aufweichen: Wenn dieselbe Telefonnummer mehrmals hintereinander anruft, lässt iOS 6 den Anruf durch, da es sich dann offenbar um etwas wirklich Wichtiges handelt. Praktisch: Wer gerade nicht ans Telefon gehen kann oder will, sendet mit einer neuen Funktion geräuschlos schnelle Kurzmeldungen an den Anrufer oder speichert für einen späteren Zeitpunkt eine Rückruferinnerung.

## Wenn das iPhone weg ist: Für ehrliche Finder

Apple hat in iOS 6 eine Funktion eingebaut, die es ehrlichen Finder einfacher macht, das Gerät seinem rechtmäßigen Besitzer zuzuführen. Mithilfe des sogenannten „Lost Modes" kann der Besitzer via iCloud eine Nummer an das verloren gegangene Smartphone senden, damit der mögliche Finder sich meldet. Das Besondere: Die gesendete Nummer ist vom verlorenen Smartphone auch dann anwählbar, wenn das Gerät gesperrt ist. Wer sein Telefon dank dieser Neuerung dann wieder in den Händen hält, kann darüber hinaus auch nachverfolgen, wo es in der Zwischenzeit gewesen ist. Ganz nett, aber sicher keine Revolution.

## iOS 6-Family: Fotos mit anderen teilen

Der „Shared Photo Stream" ermöglicht es, Fotos einfach und direkt mit Familienmitgliedern und Freunden zu teilen. Dazu müssen zu den ausgewählten Dateien nur die entsprechenden Empfänger ausgewählt werden, und schon können diese die neuen Fotos auf ihren Apple-Geräten betrachten ñ natürlich nur, wenn auch sie iOS 6 installiert haben.

# REGISTER

## IMPRESSUM



Stiftung Warentest
Lützowplatz 11–13
10785 Berlin
Tel. 0 30/26 31-0
Fax 0 30/26 31-25 25
www.test.de

**Vorstand:** Hubertus Primus
**Weiteres Mitglied der Geschäftsleitung:**
Dr. Holger Brackemann
(Bereichsleiter Untersuchungen)



**Programmleitung:** Niclas Dewitz
**Autor:** Thomas Feibel
**Projektleitung/Lektorat:** Niclas Dewitz, Christiane Weidemann
**Lektoratsassistenz:** Florian Ringwald
**Fachliche Beratung:** Ole Meiners
**Korrektorat:** Andreas Busche

**Titelentwurf:** Susann Unger, Berlin
**Layout:** Pauline Schimmelpenninck Büro für Gestaltung, Berlin
**Grafik und Satz:** Oxana Rödel, Absatz DTP-Service, Teltow
**Bildredaktion:** Anne-Katrin Körbi, Oxana Rödel
**Fotos Innenteil:** Apple Inc. (S. 44, 203u., 204u., 205, 216); gettyimages (S. 4, 5, 92, 128, 170); Matthias Rödel (S. 204); plainpicture (S. 112); shutterstock (S. 24, 46); Stiftung Warentest (S. 4, 5, 6, 13, 14, 15, 16, 17, 27u., 34, 35, 36, 118, 201, 205u.)
**Screenshots:** Thomas Feibel

**Verlagsherstellung:** Rita Brosius (Ltg.), Susanne Beeh
**Produktion:** Vera Göring
**Litho:** tiff.any GmbH, Berlin
**Druck:** AZ Druck und Datentechnik GmbH, Berlin / Kempten

**Einzelbestellung**
Stiftung Warentest
Tel. 0 180 5/00 24 67
Fax 0 180 5/00 24 68
(je 14 Cent pro Minute aus dem Festnetz, maximal 42 Cent pro Minute aus dem Mobilfunknetz)
www.test.de

**ISBN: 978-3-86851-214-4**